인류에게 필요한
11가지
약 이야기

인류에게 필요한 11가지 약 이야기

정승규 지음

역사를 만들고
미래를 연
인류 최고의 발명

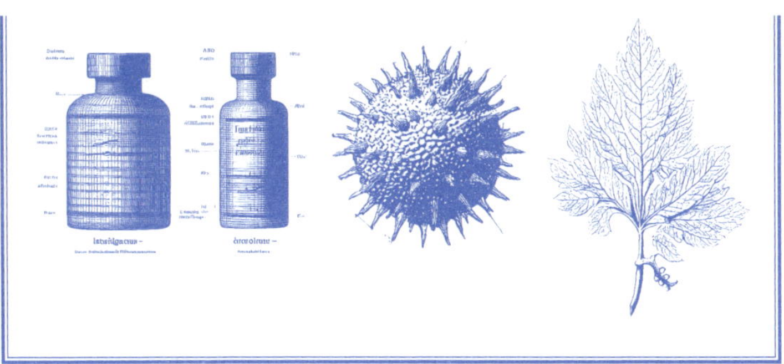

큰숲

일러두기

- 외국 인명과 지명을 포함한 고유명사와 의약학 전문용어의 표기는 외래어표기법에
  따랐다. 다만 그중 일부는 저자의 의도로 사회에 널리 쓰이는 표기를 따랐다.
- 단행본과 잡지는 겹낫표(『 』), 단편과 논문은 낫표(「 」), 영화는 겹화살괄호(《 》), 그림은
  홑화살괄호(〈 〉)로 표기했다.

차례

머리말 역사와 문화가 담긴 약, 과학을 품은 약 · 9

1 바이러스의 공격을 막는 방패 항바이러스제

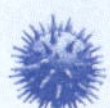

2 여권 신장을 가져온 피임약

9 혈당을 낮춰주는 당뇨약

10 기생충을 없애는 구충제

11 새로운 지평을 여는 유전자 치료제

역사와 문화가 담긴 약, 과학을 품은 약

평소 약에 관련한 교양도서가 부족해 아쉬움이 많았다. 전공도서는 전문 분야를 다루기에 내용이 어려운 경우가 많아서 학생이나 일반인도 손쉽게 읽을 수 있는 책이 있으면 좋겠다고 생각했다. 재미와 실용성을 갖춘 교양도서는 잘 보이지 않았다. 이런 고민은 약대를 다닐 때부터 해왔는데 중고등학교 과정에서 대학으로 이어지는 징검다리가 되는 책의 필요성을 절실히 느꼈다. 대학원에 가서도 마찬가지였는데 단계를 오를 때마다 도움이 되는 참고도서를 찾기는 쉽지 않았다. 전문지식을 쌓는다고 하면 원서로 된 논문과 전문용어가 가득한 두꺼운 전공 분야의 책을 연상하지만, 사람에게 꿈을 꾸고 도전하게 하는 용기를 주는 것은 역사적 사건과 인물 뒤에 숨어 있는 에피소드인 경우가 많다.

살다 보면 나와 다른 분야의 일이나 전문적인 지식을 어느 정도는 알아야 할 경우가 생긴다. 타 전공 책을 찾아보는 사람도 간혹 있겠지만 보편적이지는 않다. 고도로 분업화된 사회에서 바쁘게 살아가는 현대인은 생소한 분야에 대한 올바른 지식을 얻기가 힘들어 중요한 결정을 내리는 데 어려움을 겪기도 한다. 그럴 때면 정확하고 믿을 만한 교양도서의 중요성을 깨닫게 된다. 쉽고 재미있고 유익하다면 금상첨화겠지만 이런 책은 외국에서 들여온 경우가 많고, 우리 실정에 맞는 책은 드물다.

이러한 현실에서 쉽게 읽을 수 있는 약에 관한 교양도서가 있으면 좋겠다는 생각에서 『인류를 구한 12가지 약 이야기』를 출간했다. 많은 사람이 호평해준 덕분에 후속편이 나오게 되었다.

이번 책에서는 코로나19 이후 관심이 높아진 항바이러스제, 스트레스와 초고령사회 진입으로 사용이 늘어난 정신과 약, 그리고 당뇨약에서 발전해 새로운 치료 흐름을 만든 비만치료제까지 다루었다. 약에 관한 내용뿐 아니라 관련된 역사적, 사회적, 문학적인 내용을 추가해 이해하기 쉽게 구성하고 인류의 삶에 큰 영향을 준 혁신적이고 획기적인 약을 개발된 순서대로 배치했다. 궁극적으로는 실생활에서 많이 사용하는 중요한 약을 잘 이해하는 것이 목적이다. 지금 이 약이 있기까지 어떤 역사적 과정을 거쳤는지를 따라가다 보면 어렵고 복잡해 보이는 최첨단 신약도 이해하기 쉽고 약과 질병의 본질도 파악할 수 있다.

이 '약 이야기'를 기술하는 방법은 신채호의 『조선상고사朝鮮上古史』에서 아이디어를 얻었다. 신채호는 한국 고대사를 정리하면서 우리나라 역사책이 정치사에 관한 내용이 대부분이고 문화사는 얼마 되지 않는다는 점에 유감을 표했다. 지나온 일을 되돌아보고 새로운 것을 알기 위해서는 핵심이 되는 사실뿐 아니라 그 배경을 입체적이고 다각적으로 이해해야 한다. 그래서 이 책에서는 약에 관한 과학적인 설명과 더불어 당시 시대적 상황과 약이 개발됨으로써 일어난 변화에 중점을 두어 서술했다. 약의 작용 원리나 개발 과정을 정치사라고 한다면 나머지는 문화사에 비유할 수 있다.

내가 문과가 아니라 이과 출신임에도 역사에 관심이 많았던 이유는 초등학교 시절 부모님께서 사주신 '세계문학 전집' 덕분이다. 1980년대에 출간된 것으로 그림은 몇 장 없고, 세로쓰기로 되어 있었다. 이 전집을 읽으면서 자연스럽게 세계적인 작가들의 사상을 접하게 되었다. 전집의 첫 권은 전염병 페스트가 유행하던 시절을 배경으로 이탈리아 작가 보카치오가 쓴 『데카메론Decameron』이었다. 신이 아니라 인간을 주제로 한 『데카메론』을 1권으로 배치한 것은 페스트라는 대사건을 통해 중세가 끝나고 근대가 시작되었다는 역사적 인식 때문이라고 생각한다. 전집은 유럽, 미국 등의 유명 작가 작품들이 대부분이었는데 서양 문학을 제대로 이해하기 위해서는 종교라는 벽을 넘어야 했다. 종교를 이해하기 위해 세계사 공부를 시작했고 차례로 정치, 경제, 사회, 철학에도 관심을 가지게 되었다. 긴 지식의 여정을 시작하게 해주신 부모님께 이 자리를 빌려 감사드린다.

　마지막으로 주말마다 동네 도서관에서 글을 쓸 수 있도록 도와준 아내 이유미, 군 입대를 앞두고 있는 아들 정예성, 블로그를 관리해주는 딸 정예원에게 고맙다는 말을 전하고 싶다.

2025년 12월
정승규

1

바이러스의 공격을 막는 방패

항바이러스제

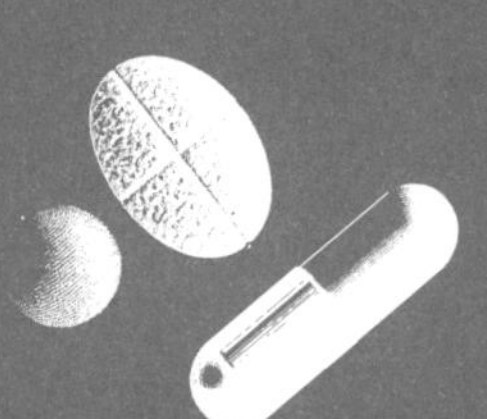

2020년, 인류는 시간이 멈춘 듯한
아찔한 경험을 했다. 신종 바이러스가
순식간에 국경을 넘어 퍼지며 도시는 정지했고,
사람들은 두 장의 공적 마스크를 받기 위해
약국 앞에 길게 줄을 서야 했다.
코로나19 팬데믹은 현대 문명의 취약성을 드러낸
비극이었다. 그러나 1년도 채 되지 않아
과학자들이 mRNA 백신을 개발하며 희망이 피어났다.
델타, 오미크론 변이가 위기를 이어갔지만,
백신과 치료제는 결국 팬데믹을 엔데믹으로 전환시키는
결정적인 무기가 되었다.

#바이러스 #종두법 #스페인독감 #아시클로버 #AZT #인수공통감염
#타미플루 #mRNA #팍스로비드

보이지 않는 적,
바이러스와의 전쟁

지구는 바이러스가 가득한 행성이라고 해도 지나친 말이 아니다. 과학자들은 지구에 존재하는 바이러스가 약 160만 종에 이를 것으로 추정한다. 그렇지만 지금까지 확인된 것은 5,500여 종에 불과하다. 사람과 가축은 물론 곤충, 식물, 심지어 세균에 이르기까지 생명이 있는 곳에는 어김없이 바이러스가 함께한다. 그러나 바이러스의 정체는 여전히 베일에 싸여 있다. 그중 특히 많은 연구가 이루어지는 대상은 사람과 가축에 병을 일으키는 종들이다. '바이러스virus'라는 말은 라틴어로 '독'을 뜻하는 비루스에서 유래했다.

바이러스가 처음 발견된 것은 19세기 말이었다. 당시 세균이 섞인 액체를 세라믹 재질의 세균 여과기bacterial filter에 통과시키면 세균은 걸러진다는 사실을 알고 있었다. 그런데 여과기를 통과한 액체가 여전히 병을 옮긴다는 점이 밝혀지면서, 세균보다 훨씬 작은 새로운 병원체가 존재한다는 단서가 드러났다. 이 현상은 담배모자이크병을 연구하는 과정에서 더욱 분명하게 확인되었다.

담배모자이크병에 걸린 잎의 즙을 여과기로 걸러 세균은 제거했지만, 그 액체는 여전히 다른 잎에 병을 옮겼다. 세균보다 훨씬 작은 존재가 있다는 뜻이었다. 학자들은 이를 '여과성 병원체'라 불렀고, 1939년 전자현미경이 나오기 전, 광학현미경으로는 그 모습을 볼 수조차 없었다.

세균과 바이러스의 가장 큰 차이는 스스로 생명 활동을 하며 살아갈 수 있느냐 없느냐이다. 세균은 살아갈 수 있는 기관이 있어 먹이를 먹고 유기물을 만들어 번식한다. 하지만 바이러스는 그런 활동이 없다. 바이러스는 생존에 필요한 물질을 만들 수 없어 숙주세포에 의존해 증식한다. 이런 이유로 바이러스를 생명체가 아니라 입자로 보기도 한다.

우리 몸에 침입해 병을 일으키는 바이러스에 맞서 인류는 오래전부터 면역을 얻는 방법을 찾아왔다. 그 출발점이 영국 외과 의사 에드워드 제너Edward Jenner의 종두법이다. 그는 젖소 젖을 짜는 여자들이 천연두에 걸리지 않는 것을 의아하게 생각했다. 젖소의 유방에 궤양이 생기는 질환인 우두牛痘는 사람에게 옮는다. 손에 콩알 같은 발진이 돋는데 일단 낫고 나면 다시는 천연두에 걸리지 않았다. 제너는 우두를 일으키는 병독에 사람이 감염되면서 천연두에 면역이 생긴다고 생각했다.

1796년 그는 소젖을 짜는 여인의 손바닥에 생긴 종기에서 고름을 채취해 여덟 살 소년 제임스 핍스의 팔에 접종했다. 핍스는 팔에 상처가 생겼으나 금방 회복했다. 6주 후에는 진짜 천연두 고름을 주사해도 천연두에 걸리지 않았다. 이것이 최초의 천연두 백신이다. 백신을 접종하면 천연두에 걸리지 않았고, 걸리더라도 가볍게 앓고 회복되었다.

암소를 라틴어로 '바카vacca'라고 하는데, 여기에서 따와 접종한 우두의 고름을 백신vaccine이라고 불렀다. 이것이 최초의 백신이다. 이후 프랑스 미생물학자 루이 파스퇴르Louis Pasteur가 광견병과 콜레라 백신을 개발했다. 애초 '백신'은 제너의 종두법만을 의미했다. 파스퇴르는 제너의 업적을 기리기 위해 자신이 개발한 예방약에도 같은 이름을 붙였다. 이때부터 '백신'이라는 말은 우두법만이 아니라 모든 예방 접종을 통칭하는 용어가 되었다. 그는 감염병이 미생물로 인해 발생하며, 병원체를 약화시켜 인체에 접종하면 면역을 유도하는 백신이 될 수 있다는 사실을 실험으로 입증했다.

천연두같이 오랫동안 인류를 괴롭혀온 바이러스는 대체 어디서 온 것일까? 약 1만 년 전, 인간이 수렵 중심의 삶에서 농경과 목축을 시작하며 생활 양식이 크게 바뀌었다. 사람과 가축이 가까이 지내기 시작하자, 동물에 있던 바이러스가 종을 건너 인간에게 침입한 것이다. 이처럼 동물에서 사람으로 병원체가 넘어와 감염을 일

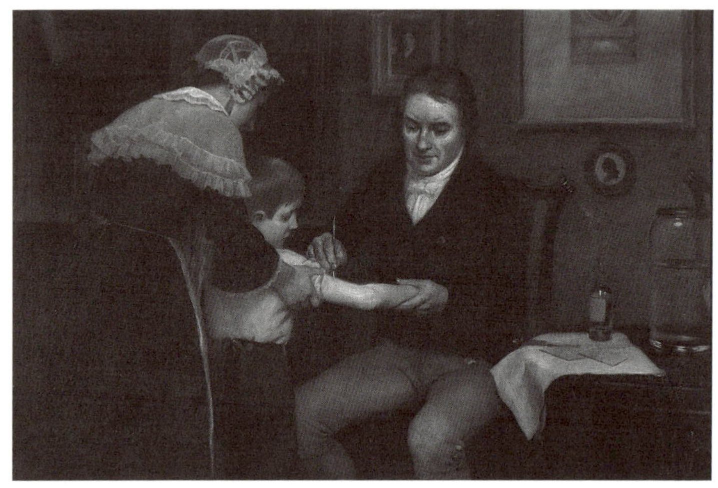

1796년 8세 소년 제임스 핍스에게 최초의 천연두 백신을 접종하는 영국 의사 에드워드 제너. 제너는 예방 의학의 기초를 닦아 현대 의학에 큰 영향을 미친 면역학의 아버지로, 소의 우두를 접종하면 천연두를 예방할 수 있다는 사실을 발견해 인류를 천연두로부터 구하는 데 크게 공헌했다. ⓒWellcome Collection

으키는 것을 인수공통감염_{仁獸共通感染}이라고 한다. 가축을 숙주로 삼아 증식하던 바이러스가 돌연변이를 일으키면서, 면역 체계와 생화학적 환경이 전혀 다른 사람에게도 전파될 수 있는 능력을 갖추게 된 것이다.

바이러스는 새로운 숙주 환경에 적응하기 위해 끊임없이 돌연변이와 자연선택의 과정을 거친다. 그러나 이 과정에서 숙주와 균형을 이루지 못하면 예상치 못한 결과가 나타난다. 다른 종으로 옮겨 가는 순간, 바이러스는 과도한 면역 반응이나 지나친 독성을 일으켜 숙주에게 병을 일으키거나 심하면 죽일 수도 있다. 숙주의 생명이 다하면 바이러스 역시 함께 소멸하므로 바이러스에게도 불리한 일이다. 이런 현상은 특히 종간 전파가 일어나는 초기 단계에서 자주 나타난다.

제너가 백신을 개발한 이후, 우여곡절을 거쳐 천연두 바이러스는 1980년에 공식적으로 퇴치되었지만, 다른 바이러스의 침공은 끝나지 않았다. 인플루엔자, HIV(후천성면역결핍증 바이러스), 간염바이러스, 조류 인플루엔자, 코로나바이러스 등 다양한 병원체가 호시탐탐 우리를 노리고 있다. 바이러스는 눈에 보이지 않지만, 잠잠해졌다 싶으면 다시 나타나 엄청난 위력을 휘두른다. 현실적으로 자연계에 존재하는 바이러스를 완전히 없앨 수 없기에, 바이러스의 특성을 이해하고 함께 공존하는 법이 중요하다.

대량 살상 무기가 된
스페인 독감

제1차 세계대전의 배경에는 유럽 열강의 식민지 경쟁과 민족주의 충돌이 있었다. 영국과 프랑스가 아시아와 아프리카에 거대한 식민지 제국을 구축하는 동안, 통일이 늦었던 독일은 해외 진출에서 뒤처졌다. 이러한 제국주의 경쟁은 범게르만주의와 범슬라브주의의 대립과 맞물려 세계 규모의 전쟁으로 이어졌다.

독일이 프랑스를 침공하자 양측은 전선을 지키기 위해 거대한 참호망을 구축했다. 북해에서 스위스 국경까지 700km에 이르는 이 참호전은 끝없는 소모전을 낳았고, 베르됭과 솜 전투에서 수십만 명이 쓰러졌지만 전황은 변하지 않았다. 서부전선은 병사들에게 끝이 보이지 않는 지옥으로 남았다.

1917년 볼셰비키 혁명으로 러시아가 전장에서 이탈하자, 이듬해 독일은 동부전선의 100만 병력을 서부로 이동시켜 총공세를 감행했다. 그러나 그들을 덮친 것은 새로운 병기나 포탄이 아니라, 봄부터 퍼지기 시작한 스페인 독감이었다. 신종 전염병의 확산과 미군의 대규모 참전으로 독일은 항복할 수밖에 없었다. 스페인 독감의 확산은 독일군의 병력과 사기를 크게 약화시켜 전쟁의 종결을 재촉하는 요인으로 작용했다.

파리 강화회의에 참석한 미국 대통령 우드로 윌슨Woodrow Wilson은 스페인 독감으로 병세가 악화되어 협상에서 영향력을 제대로 행사하지 못했다. 그 공백을 틈타 프랑스 총리 조르주 클레망소 Georges Clemenceau와 영국 총리 로이드 조지Lloyd George가 주도한 베르사유조약은 독일에 과도한 부담을 안겼고, 이후의 경제 붕괴와 사회 불안은 나치의 부상을 촉진했다. 스페인 독감은 전쟁의 막바지뿐 아니라 전후 국제 질서에도 적지 않은 영향을 남긴 셈이다.

제1차 세계대전으로 약 1,000만 명의 병사가 전장에서 목숨을 잃었지만, 같은 시기 세계를 휩쓴 스페인 독감은 이보다 훨씬 더 큰 희생을 남겼다. 당시 세계 인구 약 18억 명 가운데 5억 명이 감염되었고, 그중 2,000만~5,000만 명이 사망한 것으로 추정된다. 전쟁보다 더 많은 목숨을 앗아간 스페인 독감은 20세기 인류가 겪은 가장 참혹한 전염병이었다.

'스페인 독감'이라는 명칭과는 달리, 이 병의 가장 주목받는 기원은 1918년 봄 미국 캔자스주 포트 라일리 군부대에서 일어난 집단 발병이다. 밀집된 병영 생활은 신종 인플루엔자 바이러스가 빠르게 퍼질 수 있는 이상적인 조건이었다. 전선에 투입되기 위해 철도로 병력이 이동하면서 미국 동부, 남부 해안에 있는 군사기지에도 인플루엔자가 퍼졌다. 미군은 대서양 건너 유럽을 감염시켰고, 아프리카와 태평양까지 번졌다. 1~2년 사이 인플루엔자는 전 세계를 감염시키고 수많은 생명을 앗아갔다.

전쟁 당시 스페인은 중립국이어서 독감이 퍼지는 사건에 관해 자유롭게 기사를 쓸 수 있었다. 반면 교전국들은 검열을 강화해 자국 군대가 신종 전염병에 걸린 사실을 보도하지 않았다. 새로 생긴 독감을 단순한 감기라고 말하며 국민을 안심시키기에 바빴다. 결국 스페인에서 독감을 자주 보도하면서 스페인 독감이라는 이름이 붙었다.

스페인 독감에 걸리면 호흡이 곤란해지고 폐 염증을 유발해 체액이 차서 폐렴을 일으켰다. 일반적으로 독감에 걸리면 면역에 약한 유아나 고령자가 위험한데, 스페인 독감은 유독 20~40대 사망률이 높았다. 이 현상을 설명하는 이론이 사이토카인 폭풍cytokine storm이다. 사이토카인은 몸에서 분비되는 면역 물질이다. 병원체가 들어오면 면역세포가 활성화되고, 사이토카인이라 불리는 단백질이 면역세포 간 신호전달을 조율해 면역 반응을 이끈다.

그러나 이 반응이 지나치면 사이토카인이 홍수처럼 쏟아져 몸을 지키기는커녕 오히려 폐와 장기를 공격한다. 이것이 바로 '사이토카인 폭풍'이다. 이 역설적인 면역 반응은 특히 면역력이 왕성한 젊은 층에서 치명적인 폐 손상을 일으켜 사망에 이르게 할 수 있다. 그렇다면 스페인 독감은 어떻게 면역을 파괴할 만큼의 폭풍을 일으켰을까? 그 해답은 바이러스가 지닌 고유한 정체와 비정상적으로 강한 병독성에 있다.

2005년 미국 연구팀은 오래전 알래스카의 영구동토층(해가 바뀌어도 녹지 않는 얼어붙은 땅)에 묻혀 있던 한 여성의 폐 조직에서 스페인 독감 바이러스를 찾아냈다. 이들은 바이러스의 유전체를 해독하는 데 성공했고, 합성생물학synthetic biology 기법을 통해 스페인 독감이 유행했을 당시의 바이러스 유전자를 인공적으로 재현할 수 있었다.

분석 결과, 1918년 스페인 독감 바이러스는 야생 조류 인플루엔자에서 유래한 고병원성 H1N1(표면 단백질인 H1과 N1을 가진 독감 바이러스)으로 추정된다. 이 바이러스가 가진 특정 단백질은 면역세포를 과도하게 자극하거나 항바이러스 방어를 회피해 염증 신호를 급격히 높이는 성질이 있다. 일반적인 계절성 인플루엔자가 면역 반응으로 비교적 잘 통제되는 것과 달리, 면역계를 과도하게 활성화해 폐 조직 손상을 일으켰고, 과잉 면역 반응이 바로 사이토카인 폭풍으로 나타났다.

스페인 독감은 유라시아 대륙 동쪽 끝, 멀리 떨어진 한반도에도 예외 없이 밀려왔다. 1918년 9월 조선에 상륙한 이 전염병은 당시 1,700만 명 인구 가운데 무려 740만 명을 감염시켰고, 약 14만 명의 목숨을 빼앗았다. 피해는 참혹했다. 시신을 거둘 사람이 없어 마을마다 방치되었고, 농가에서는 일손이 부족해 논의 절반 이상이 수확되지 못했다는 기록도 남아 있다. 스페인 독감은 결코 먼 나라의 이야기가 아니었다.

사람은 한 번도 경험하지 못한 신종 바이러스 앞에서 특히 취약하다. 감염되면 병에 걸리고, 심하면 목숨까지 잃는다. 과거에는 교통수단이 철도와 배에 한정되었기에, 먼 나라에서 발생한 전염병이 다른 곳에 도달하기까지 시간이 걸렸다. 다행히 그사이 유행이 잦아들기도 했다. 하지만 오늘날은 비행기로 이동한다. 단 하루 만에 전 세계가 감염병의 위협에 노출될 수 있다. 과거와 달리 지

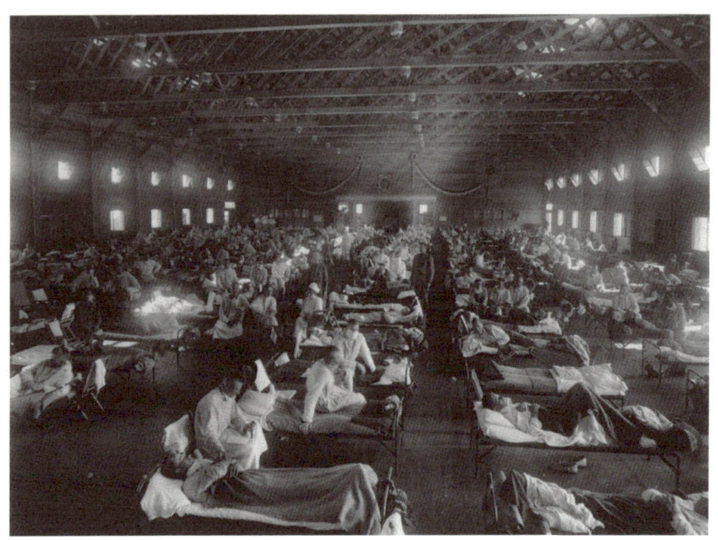

스페인 독감 유행 당시 캔자스주 캠프 펀스턴Camp Funston의 응급 병원. 독감은 미국이 전쟁 중에 발생하여 군함을 타고 대서양을 가로질러 전파되었다. 20세기 들어 가장 크게 유행하고 치명률이 높았다. 독감에 걸린 사람 중에는 2~3일 만에 사망하는 경우도 있었다. 이 일을 계기로 독감 예방 접종 문화가 시작되었다. ⓒNational Museum of Health and Medicine

금은 효과적인 항바이러스제와 견고한 의료 체계가 마련되어 있고, 정보통신망이 신속한 방역을 가능하게 한다.

항바이러스제 시대를 연 아시클로버

20세기 중반까지만 해도 바이러스 감염증은 치료법이 없는 영역이었다. 페니실린과 스트렙토마이신, 테트라사이클린 같은 획기적인 항생제가 잇달아 등장하며 세균 감염은 치료 가능한 질병이 되었지만, 바이러스만큼은 여전히 손쓸 방법이 없었다. 바이러스는 세균과 달리 독자적으로 살아가는 존재가 아니라 숙주 세포에 숨어들어 세포의 자원을 빌려 증식한다. 따라서 바이러스만 골라 죽이고 숙주는 건드리지 않는 약을 개발하는 것은 불가능하다고 여겨졌다.

이런 이유로 몸속 신경절에 숨어 지내다 면역이 떨어지면 모습을 드러내는 헤르페스 바이러스 감염은 평생을 따라다니는 질환이었다. 피로해서 입술 주변이나 생식기 근처에 붉은 수포가 발생하는 단순포진과 노인에게 극심한 통증을 일으키는 대상포진은 별다른 치료법이 없었다. 의사가 처방할 수 있는 것은 고작 진통제나 혹은 "잘 쉬라"는 조언뿐이었다.

1970년대 중반, 새로운 시대가 시작되었다. 미국 노스캐롤라이나주에 있는 제약사 웰컴 연구소의 약리학자 거트루드 엘리언 Gertrude Elion과 조지 히칭스George Hitchings 그리고 화학자 하워드 샤퍼Howard Schaeffer 등이 중심이 되어 새로운 화합물을 합성했다. 그것이 바로 아시클로버acyclovir다. 엘리언과 히칭스는 이미 1950~60년대에 퓨린과 피리미딘의 대사를 방해하는 백혈병약(메르캅토퓨린), 면역 억제제(아자티오프린), 통풍약(알로푸리놀)을 개발해 명성을 얻고 있었다. 퓨린과 피리미딘은 DNA와 RNA 같은 핵산을 구성하는 핵심 물질이다. 이런 단순한 생화학적 차이를 정밀하게 겨냥한 것이 그들의 연구 철학이었다. "인체세포와 병원체의 대사 차이를 공략하라." 이 원칙에 따라 그들은 병원체만 선택적으로 억제하면서도 인체에는 독성을 최소화하는 화합물을 찾았다.

이런 접근법으로 탄생한 아시클로버는 정상 세포에서는 거의 활성화되지 않는다. 하지만 헤르페스 바이러스에 감염된 세포에서는 상황이 달라진다. 바이러스가 지닌 티미딘 키나아제thymidine kinase라는 효소가 아시클로버를 인산화해 활성형으로 바꾸기 때문이다. 활성화된 아시클로버는 바이러스 DNA의 복제 과정에 끼어들어 사슬 연장을 차단하고, 바이러스의 증식을 억제한다. 이는 항바이러스제 연구사에서 혁명적인 돌파구였다.

1980년대 초, 임상 시험을 거쳐 아시클로버가 출시되자 의학계와 사회는 큰 충격에 휩싸였다. 언론은 앞다투어 '바이러스 시대의 신약'이라고 대서특필했고, 난치병이었던 단순포진과 대상포진을 치료할 수 있다는 희망을 품었다. 아시클로버는 단순포진 뇌염 같은 치명적인 질환에도 놀라운 효과를 보였다. 이전에는 헤르페스 바이러스에 감염된 신생아는 치료하지 않으면 사망률이 약 75%에 달했지만, 아시클로버 도입 후 생존율이 획기적으로 높아졌다.

아시클로버 연고와 크림은 약국에서 쉽게 구할 수 있는 일반의 약품으로 피부에 물집이 생겼을 때 바르면 포진이 가라앉는다. 전문의약품으로 나오는 먹는 알약도 있고 아시클로버를 개량해 1일 2회로 복용 횟수를 줄인 팜시클로버famciclovir도 사용되고 있다.

아시클로버는 바이러스에 맞설 수 있다는 새로운 패러다임을 제시했다. 아시클로버와 그 이전에 진행된 병원체 대사를 겨냥한 약물 연구를 인정받아 거트루드 엘리언과 조지 히칭스는 1988년 노벨 생리·의학상을 수상했다. 여기서 특히 주목받은 인물이 여성 과학자 거트루드 엘리언이다. 엘리언은 연구에 대한 열정이 누구보다 컸지만, 여성 과학자에게 닫혀 있던 시대의 장벽은 쉽게 넘을 수 없었다.

1930년대 그녀는 대공황의 그늘 속에서도 여성에게 배움의 문턱을 낮춰준 뉴욕의 무료 대학 헌터 칼리지에 입학했다. 수석으로 졸업한 엘리언은 1941년 뉴욕 대학에서 화학 석사학위를 받았다. 그러나 여성이라는 이유로 정식 박사과정 문은 끝내 열리지 않았다. 전통 학문 경로를 밟지 못한 그녀는 연구소의 보조 연구원, 식품 품질 검사원 같은 주변부의 일을 전전해야 했다.

그럼에도 엘리언은 포기하지 않았다. 제2차 세계대전이 발발해 남자 과학자들이 전장으로 떠나자 공백이 생겼고, 그녀는 빈자리를 대신해 마침내 연구 현장에 들어갈 기회를 얻었다. 그녀는 '학위보다 중요한 것은 실험 결과'라는 신념으로 밤낮을 가리지 않고 연구에 몰두했다.

엘리언은 "나는 박사학위가 없다는 것을 부끄러워한 적이 없다. 대신 결과로 증명하면 된다"라고 말했다. 그녀의 불타는 집념은 최초로 안전하고 전신 치료에 효과적인 항바이러스제 아시클로버를 탄생시켰다. 노벨상은 그런 그녀의 노고를 인정하는 상징적인 사건이었다.

아시클로버는 통증을 완화화고 생존율을 향상시켰을 뿐만 아니라, 환자를 낙인과 수치심으로부터 해방시켜주었다. 단순포진은 누구나 걸릴 수 있는 흔한 감염인데도, 성병과 연관된 편견 때문에 환자들은 종종 부당한 시선을 감내해야 했다. 아시클로버는 단순포진을 치료할 수 있는 질환으로 인식하게 해주었다. 수많은 환자가 더 이상 숨기지 않고 병원을 찾게 되었고, 질병을 관리하고 예방하는 데도 큰 도움이 되었다.

아시클로버의 성공은 다른 연구자들에게도 엄청난 자극을 주었다. "바이러스를 약으로 잡을 수 있다"라는 확신은 이후 HIV 치료제, B형·C형 간염 치료제, 인플루엔자 치료제 개발로 이어졌다. 항바이러스제 개발의 흐름은 아시클로버의 독창적인 설계에서 비롯되었다고 할 수 있다. 아시클로버는 인류가 바이러스에 맞서 던진 첫 번째 정교한 창이었으며, 항바이러스 약물 시대를 연 핵심 열쇠였다.

20세기 흑사병
에이즈

사람 몸에는 외부에서 침입하는 병원체를 막아내는 면역세포들이 있다. NK세포와 백혈구는 바이러스에 감염된 세포를 직접 파괴하며, 태어날 때부터 갖춰진 방어 체계인 자연면역을 구성한다. 이는 신속하고 즉각적인 신체 방어막 역할을 한다. 반면 T세포와 B세포가 관여하는 후천면역은 훨씬 정교하고 복잡하게 작동한다. 특정 병원체를 기억해 항체를 만들고, 이후 같은 병원체가 침입하면 신속하고 강하게 대응하는 것이 후천면역이다. 그러나 이 정교한 방어 체계를 무너뜨리는 치명적인 바이러스가 등장했다. 대표적인 사례가 바로 인간 면역결핍 바이러스인 HIV다.

1981년 미국 동성애자에게서 발견된 HIV는 특이하게 T세포를 공격한다. 바이러스에 의해 T세포가 파괴되면 면역 기능이 떨어져 감염증에 잘 걸린다. 세균, 곰팡이, 바이러스 등을 면역세포로 없애지 못하면 서서히 면역이 결핍되어 감염되어 죽는다. 이렇게 후천적으로 면역이 결핍되어 나타나는 증상을 에이즈AIDS라고 하며, 원인은 HIV다.

2024년 기준 전 세계 HIV 감염자는 약 4,080만 명에 달하며, 에이즈 관련 사망자는 약 63만 명이다. 정점을 찍은 2004년의 사망자 약 210만 명에 비하면 사망률이 약 70%나 감소했다. 지역적으로는 사하라 사막 남쪽의 동부 및 남부 아프리카에 환자가 집중되어, 전 세계 감염자의 약 3분의 2 이상이 이 지역에 몰려 있다.

현재는 치료제가 개발되어 선진국에서 에이즈는 관리 가능한 만성질환이 되었다. 하지만 동유럽과 중앙아시아, 중동 등 일부 지역에서는 여전히 감염자가 증가하는 추세다. 혈액, 모유, 질 분비물, 정액 등이 가장 위험한 HIV의 감염원이다. 예전에는 수혈로 감염되는 경우가 많았는데, 현재는 성관계를 통해 주로 감염된다.

바이러스는 스스로 번식할 수 없으므로 숙주에 들어와 그 세포의 자원을 탈취해 복제한다. 바이러스는 DNA나 RNA 중 하나의 유전 물질을 가지는데, 캡시드capsid라는 단백질에 둘러싸여 있다. HIV의 유전 물질은 RNA다. 분자생물학의 기본 원리를 센트럴 도그마central dogma라고 한다. 일반적으로 유전 정보는 DNA에서 RNA를 거쳐 단백질로 전달된다.(DNA→RNA→단백질) 그러나 HIV 같은 RNA 바이러스는 이와 다르게 작동한다. RNA를 먼저 DNA로 바꾼 뒤, 다시 RNA와 단백질을 합성하는 것이다.(RNA→DNA→RNA→단백질) 이러한 '역순' 과정을 거치기 때문에 HIV를 역전사 바이러스, 곧 레트로바이러스retrovirus라고 한다.

유전 정보를 담당하는 DNA는 두 가닥이어서 안정적이다. 염기배열에 변이가 일어나도 교정 효소가 있어서 자체적으로 복구하는 시스템이 있다. 그러나 RNA 바이러스는 한 가닥이어서 오류가 생기면 쉽게 복구하지 못해 돌연변이가 훨씬 높은 빈도로 발생한다. RNA 바이러스에서 돌연변이가 발생할 확률은 DNA 바이러스보다 100~1,000배나 높다.

최초의 에이즈 치료제는 아지도티미딘AZT, azidothymidine이다. AZT는 DNA를 구성하는 티미딘thymidine 유사체인데, RNA가 DNA를 합성하기 위해 작용하는 역전사효소에 결합해 바이러스의 복제를 막는다. 원래 AZT는 항암제로 개발된 화합물이었다. AZT가 DNA 합성을 억제해 암세포 증식을 막을 거로 생각했지만, 동물실험에서 항암 효과가 나타나지 않았다. 나중에 레트로바이러스의 증식을 억제한다는 사실이 발견되었지만, 인체에서 레트로바이러스는 거의 발견되지 않아서 발견 당시에는 관심을 끌지 못했다.

1985년 HIV에 걸린 T세포에 AZT를 투여하자 역전사효소의 활동이 억제되어 바이러스 증식이 줄어든다는 사실이 드러났다. 그때는 에이즈 치료제가 전혀 없는 다급한 상황이라, 독성 실험을 하지 않고 바로 사람에게 임상 시험을 시작했다. 그 결과 에이즈 환자에게 심각한 부작용 없이 T세포의 면역 기능이 회복되었다.

빠른 속도로 진행된 임상 시험 덕분에 미국 식품의약국FDA, Food and Drug Administration은 1987년 AZT를 에이즈 치료제로 승인했다. 에이즈에 대한 세계적인 공포감 때문에 AZT 효과를 확인하고 나서 승인받기까지 25개월밖에 걸리지 않을 정도로 신속하게 신약 개발이 진행되었다. 그러나 얼마 지나지 않아 AZT에 내성이 있는 바이러스가 출현했다.

AZT 이후 다양한 계열의 항레트로바이러스제가 개발되었다. 돌연변이가 쉽게 발생하는 HIV는 한 종류의 치료제로는 부족해 여러 기전을 가지는 약을 복합해서 사용해야 했다. 여러 가지 약을 동시에 써야 했기에 초기에는 하루 수십 정의 약을 여러 번 나눠 복용해야 했다. 그러다 1996년에 강력한 HIV 치료제들이 나오면서 약을 복용하기가 쉽고 간편해졌다. 이에 따라 감염자의 사망률도 급격하게 줄었다.

지금은 HIV 치료에 고강도 항레트로바이러스 요법을 쓴다. 3~4가지 약을 섞어 투여한다고 해서 흔히 '칵테일' 요법이라고도 부른다. 에이즈를 치료하기 위해서는 약을 빠뜨리지 않고 꾸준하게 복용해 혈중 HIV 수치를 낮은 수준으로 유지하는 것이 제일 중요하다. 그러면 바이러스가 다른 사람에게 전파될 확률이 아주 낮아져 정상인처럼 생활할 수 있다.

그러나 아직 에이즈를 완치할 방법은 없다. 수십 년간 연구가 이어졌지만 HIV는 돌연변이가 워낙 많아 백신 개발에 번번이 실패했기 때문이다. 그럼에도 치료제가 발전한 덕분에 에이즈는 더 이상 절망적인 병이 아니다. 한때 '20세기의 흑사병'이라 불리며 두려움의 상징이었던 에이즈는 이제 꾸준히 약을 복용하면 증상 악화를 막을 수 있는 지속 관리형 질환으로 분류되고 있다.

사스, 신종플루 그리고 메르스

2002년 말 중국 광둥성(광동성)에서 발생한 중증급성 호흡기증후군, 사스SARS는 중국과 홍콩을 중심으로 8,000여 명이 걸려 그중 774명이 사망했다. 2003년 4월이 되어서야 이 병의 원인이 신종 코로나바이러스라고 밝혀졌다. 코로나바이러스는 사람과 가축 주변에 흔한, 감기를 앓게 하는 비교적 순한 바이러스였다. 하지만 바이러스가 변이를 일으켜 종種의 경계를 뛰어넘는 순간 악몽이 시작되었다. 바로 사스의 등장이다. 인류에게 치명적인 위협으로 돌변한 사스, 그 시작점은 어디였을까?

중국과 동남아에서는 전통적으로 야생동물을 보양식으로 먹는 문화가 있다. 재래시장에는 다양한 야생동물이 거래되었고, 사스가 처음 퍼질 무렵 다수의 환자가 시장에서 야생동물을 손질하거나 요리하다가 감염되었다. 역학 조사를 통해 사스 바이러스는 박쥐에서 사향고양이를 거쳐 사람에게 전파된 것으로 밝혀졌다. 유전자 염기서열을 분석한 결과, 사람에게서 검출된 바이러스는 사향고양이에서 나온 바이러스와 99% 이상 일치했다.

바이러스가 동물에서 사람으로 종간 장벽을 넘어 옮겨갈 때는 새로운 환경에 적응해야 하므로 보통 유전자가 많이 변한다. 그런데 사향고양이와 사람에게서 나온 사스 바이러스는 거의 차이가 없었다. 이는 사스가 퍼질 때 사람과 사향고양이가 비슷한 시기에 동시에 감염되었다는 뜻이다. 사향고양이는 재래시장에서 거래되는 과정에서 우연히 감염된 중간 숙주였고, 바이러스를 처음 가지고 있던 원래 숙주는 과일박쥐였다.

박쥐는 포유류 가운데 유일하게 날아다니면서 군집 생활을 한다. 박쥐가 날개로 난다고 생각하지만, 해부학적으로 날개 부위는 앞발이다. 박쥐는 앞발에 있는 피부 막으로 날아다닌다. 박쥐의 몸은 수백 종 이상의 바이러스를 품고 있으며, 이 가운데 상당수가 사람에게 옮겨올 수 있는 인수공통 감염병의 원인으로 지목된다.

사람과 달리 박쥐는 평소에도 항바이러스 반응을 유도하는 특수 단백질 인터페론interferon을 발현한다. 인터페론은 바이러스가 침입했을 때 세포가 분비하는 방어 단백질로, 세포들이 감염되지 않도록 돕는다. 그러면 박쥐는 과도한 염증 반응 없이 바이러스와 공존할 수 있어, 다양한 바이러스의 저장소 역할을 한다. 박쥐는 밤마다 수십 km 이상을 날아 먹이를 찾으며, 멀리 바이러스를 퍼뜨린다. 비행 시 체온이 크게 올라 발열과 비슷한 상태가 되는데, 이는 바이러스 증식을 억제하는 데 도움이 된다.

사스가 치명적인 위협이 된 것은 원래 박쥐에 있던 바이러스가 재래시장에서 거래되던 사향고양이를 거쳐 사람에게 전파되었기 때문이다. 박쥐의 독특한 면역 체계 때문에 수많은 바이러스가 그 속에서 살아남았고, 사람과 접촉이 잦아지면서 종간 장벽을 넘어왔다. 변이를 거의 거치지 않고 전파된 이 신종 코로나바이러스는 사람의 면역 방어를 무력화했고, 사스는 순식간에 전 세계로 퍼지며 치명적인 결과를 일으켰다.

2009년 멕시코의 돼지농장에서 처음 보고된 신종플루는 곧 전 세계로 퍼져나갔다. 세계보건기구WHO 집계에 따르면 2010년까지 약 1만 8,500명이 사망했다. 그러나 이후 심장마비 등 합병증으로 인한 간접 사망자까지 포함해 다시 계산하자, 실제 사망자는 20만 명을 훌쩍 넘는 것으로 추정되었다. 우리나라에서도 약 76만 명이 감염되었고, 그중 270명이 목숨을 잃었다.

인플루엔자 바이러스는 표면에 있는 단백질의 종류에 따라 A, B, C형으로 나뉜다. 이 가운데 사람에게 주로 질병을 일으키는 것은 A형과 B형이다. B형은 변이가 적고 증상도 상대적으로 가볍지만, A형은 표면에 있는 두 종류의 단백질 조합에 따라 다양한 아형이 생긴다. 바로 헤마글루티닌H, hemagglutinin과 뉴라미니다아제N, neuraminidase다.

헤마글루티닌은 바이러스가 숙주 세포에 침투할 수 있도록 돕고, 뉴라미니다아제는 증식한 바이러스가 세포 밖으로 퍼져나가도록 한다. 현재까지 알려진 아형은 H가 18종, N이 11종으로, 이론상 198가지 조합이 가능하다. 2009년 전 세계를 뒤흔든 신종 인플루엔자 A형은 바로 그중 하나인 H1N1이다. 1918년 유행한 스페인 독감도 H1N1인데, 두 바이러스는 계통이 완전히 다르다. 스페인 독감은 조류 바이러스가 사람에 적응해 생긴 반면, 신종플루는 돼지 체내에서 조류·인간·돼지 바이러스가 뒤섞여 탄생한 새로운 변종이었다.

　가금류나 돼지가 철새의 분변으로 오염된 물을 마시면 조류 인플루엔자 바이러스가 몸속에 들어와 증식한다. 조류독감에 걸린 닭이나 오리는 대부분 곧바로 죽지만, 돼지는 치명적인 증상을 보이지 않고 오래 살아남는다. 그사이 돼지의 몸속에서는 서로 다른 바이러스가 함께 증식하며 섞일 수 있다. 여기에 사람의 인플루엔자 바이러스까지 돼지에게 전파되면, 바이러스가 서로 섞여 상황은 더 복잡해진다.

　돼지는 상부 호흡기에 조류 인플루엔자 바이러스 수용체와 사람 인플루엔자 바이러스 수용체를 모두 가지고 있어, 두 종류의 바이러스가 동시에 감염될 수 있다. 이때 서로의 유전자가 섞여 새로운 변종이 탄생하는데, 이를 유전자 재편성genetic reassortment이라 한다.

　바이러스의 전파 경로는 주로 비말감염(기침이나 재채기에서 나온 침방울)과 접촉감염(바이러스가 묻은 손이나 물건을 통해 전파)인데, 사람이 밀집한 좁은 공간에서는 공기 중의 미세한 에어로졸을 통해서도 감염될 수 있다. 이처럼 전파 경로가 다양해 한번 확산되기 시작하면 통제하기 어려운데, 다행히 당시에는 효과적인 항바이러스제가 준비돼 있었다. 신종플루 대유행 때 사용된 치료제가 타미플루Tamiflu다. 위급한 상황임에도 약이 있어서 사회적 혼란과 공포가 덜했다. 이 약은 인플루엔자 바이러스 표면에 있는 단백질 뉴라미니다아제의 기능을 억제한다.

　뉴라미니다아제의 입체 구조는 1980년대 X선 연구를 통해 밝혀졌다. 이 효소에는 바이러스가 세포 밖으로 빠져나갈 때 꼭 거쳐야 하는 작은 통로가 있다. 타미플루는 그 통로를 막아버려 효소가 제 기능을 하지 못하게 한다. 이 때문에 세포에서 새로 만들어진 바이러스 입자들은 숙주 세포 표면에 그대로 달라붙어 세포 밖으로 퍼져나갈 수 없게 된다. 인플루엔자 감염을 치료하거나 예방하는 효과를 발휘해 감염병의 확산이 차단된다.

타미플루는 미국 캘리포니아에 본사를 둔 길리어드 사이언스 Gilead Sciences의 연구실에서 탄생했다. 당시 연구를 주도한 과학자는 오스트리아 출신 화학자 노르베르트 비쇼프베르거Norbert Bischof-berger였다. 그는 1990년대 초, 해마다 반복되는 계절 인플루엔자가 세계적으로 수십만 명의 목숨을 앗아가는 현실을 해결하고자 했다. 이미 시장에는 아만타딘과 리만타딘 같은 항바이러스제가 있었지만, 이 약들은 내성이 쉽게 생기고 효능도 제한적이었다. 새로운 접근이 필요했다.

비쇼프베르거와 그의 동료들은 바이러스의 증식을 막는 가장 효과적인 방법은 숙주 세포에서 빠져나오는 출구를 차단하는 것이라 판단했다. 그렇게 해서 만들어진 합성 화합물이 바로 타미플루다. 개발 소식이 알려지자, 로슈가 발 빠르게 나섰다. 거대한 글로벌 유통망을 가진 로슈는 길리어드 사이언스에서 판권을 인수했고, 대신 길리어드 사이언스는 매출의 일부를 로열티로 받는 계약을 체결했다.

이 신약은 임상 시험을 거쳐 1999년 미국 FDA의 승인을 받았다. 그때부터 타미플루는 계절 독감 치료의 새로운 선택지로 자리 잡았고, 2009년 전 세계를 휩쓴 신종플루에서 항바이러스 효과를 확실히 보여주며 확산 억제에 중요한 역할을 했다.

우리나라에서도 신종플루가 퍼지자 약국마다 타미플루를 찾는 환자로 붐볐다. 공급된 약은 빠르게 바닥나 일시적인 품절 사태가 이어졌다. 그때 정부가 비축해둔 러시아산 제제를 풀어 보건소를 통해 약국에 공급하면서 겨우 수급이 이어졌다. 약사들은 긴장된 분위기에서 쏟아져 들어오는 처방전을 감당해야 했고, 환자들은 약을 손에 쥐자 한숨을 돌릴 수 있었다.

하지만 타미플루가 만능은 아니다. 독감 증상이 시작된 뒤 48시간 안에 복용해야 약효가 가장 크고, 이 시기를 지나면 효과는 급격히 떨어진다. 이 짧은 골든타임이 치료 결과를 좌우한다.

2015년 5월 우리나라에서 중동호흡기증후군, 메르스MERS가 발생해 186명의 환자가 확진되고 38명이 사망했다. 치명률은 약 20%에 달했다. 감염은 주로 병원에서 일어났으며, 콧물이나 재채기로 전파되는 상기도 감염보다는 기관지와 폐에서 증식하는 하기도 감염이어서 전염력 자체는 높지 않았다. 하지만 병원 내 과밀 환경과 슈퍼전파자super-spreader의 등장으로 대규모 확산이 일어났다.

메르스 코로나바이러스는 유전자 염기서열 분석 결과 박쥐 바이러스와 유사해 박쥐가 자연 숙주로 지목되었고, 사람에게는 단봉낙타를 매개로 옮겨온 것으로 확인되었다. 실제로 중동에서는

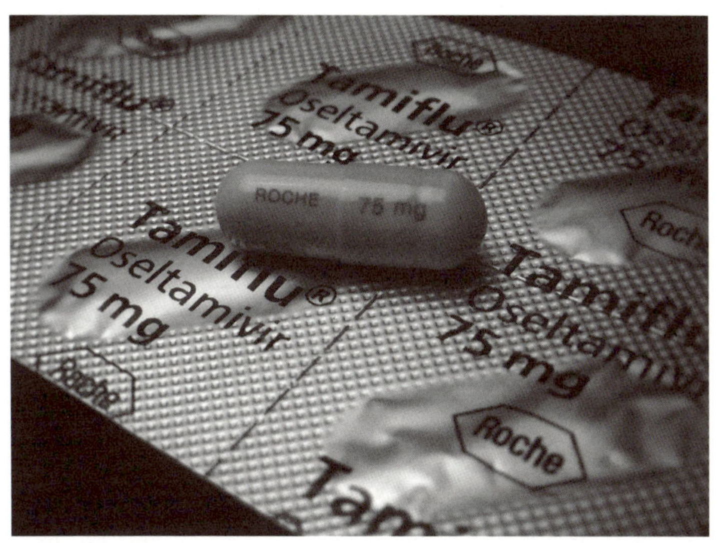

약 타미플루. 미국 제약사 길리어드 사이언스가 개발한 항바이러스제로, 독감 증세의 악화 감소, 기관지염이나 폐렴 등 2차 합병증 발생 감소, 독감 잠복 기간의 감소 등에 탁월한 효과가 있다. 2009년 전 세계를 휩쓴 신종플루 대유행 당시에 인류에게 큰 도움이 되었다. ⓒMk2010

낙타와의 밀접한 접촉이 감염의 중요한 원인이었다.

당시 치료제로는 HIV 치료제인 칼레트라Kaletra가 일부 환자에게 사용되었다. 칼레트라는 로피나비르lopinavir와 리토나비르ritona-vir의 조합으로, 바이러스 단백질 분해효소를 억제해 증식을 막는 약이다. 2000년에 출시돼 HIV 치료에 널리 쓰이는 약이다. 사스 때 사용한 경험이 있었기에 메르스 환자를 치료하는 데에도 시도되었지만, 일부 긍정적인 사례 보고가 있을 뿐 확실한 효과가 입증되지는 않았다.

사스, 신종플루, 메르스는 서로 다른 시기에 다른 모습으로 찾아왔지만, 모두 인수공통 감염병이라는 공통점을 지닌다. 박쥐, 돼지, 낙타 같은 동물이 매개가 되었고, 사람과 동물이 가까이 접촉하는 환경에서 바이러스는 종간 장벽을 넘어왔다. 여기서 분명히 드러나는 사실은, 바이러스의 출현을 막을 수는 없지만 초기에 어떻게 대응하느냐에 따라 피해 규모가 크게 달라진다는 점이다. 사스는 초기 발견과 신속 대응의 중요성을 일깨웠고 신종플루 때는 타미플루가 있었기에 혼란이 적었다. 그리고 메르스는 병원 감염 관리가 문제의 핵심이었다. 사스·신종플루·메르스의 경험은 인류가 앞으로 닥칠 또 다른 신종 감염병에 어떻게 대비해야 하는지 보여주는 경고장이었다.

신해혁명의 발상지
우한

　　　　양쯔강揚子江 중류 내륙지방에 자리 잡은 후베이성(호북성)의 중심 도시 우한武漢은 중국의 배꼽으로 불리는 교통의 요충지다. 인구 1,000만 명 이상이 사는 거대도시 우한은 양쯔강과 한수이강漢水江이 합류한다. 1949년 우창·한커우·한양 세 곳이 통합해 탄생한 도시다. 우한은 우창의 '우'와 한커우·한양의 '한'이 합쳐져 만들어졌다. 후베이성은 『삼국지』에서 조자룡의 장판교 전투, 삼고초려, 적벽대전이 벌어진 '형주'의 핵심 지역으로 유명하다. 현대에는 1911년 신해혁명의 시발점이 된 지역이다. 청나라 왕조를 무너뜨린 우창 봉기가 10월 10일 일어나 쌍십절이라고도 부른다. 이날은 오늘날 중화민국(대만)의 국경일로 기념되고 있다.

　청나라 말기 열강의 침탈로 이권을 외세에 빼앗기자, 곳곳에서 반외세 운동이 거세게 일어났다. 1911년 5월 중국 서부 쓰촨성(사천성)에서 철도조차권을 외세에 이양하는 것에 반대하는 시위가 일어났다. 폭력적인 시위는 유혈 사태로 변했고 현지 군대만으로는 진압하기 어려워 청 왕조는 인근 성에서 진압군을 차출했다. 후베이성의 군대도 이동했는데, 소수의 정부군만 성에 남게 되었다. 그때 무능한 청나라 타도와 공화국 건설을 내세운 쑨원孫文이 이끄는 동맹회를 지지하는 혁명군이 우창에서 봉기를 일으켰다. 혁명군은 하룻밤 사이 우창을 장악하고 후베이성 독립을 선포했다.

곧이어 14개 성 이상이 잇따라 독립을 선언했고, 불과 넉 달 뒤인 1912년 2월 마지막 황제 푸이가 퇴위하면서 청 왕조는 멸망하고 말았다.

진시황이 중국을 통일한 후 2,000년 넘게 이어온 황제 중심의 전제 군주 체제는 신해혁명으로 사라졌다. 이후 쑨원이 주도하는 공화제로 이행하려고 했지만, 신식 군대를 장악한 북양 군벌 위안스카이袁世凱가 반동을 일으켜 혁명은 미완에 그치고 말았다. 만주족이 세운 청나라가 무너지고 권력의 공백이 생기자, 중국은 지방 군벌이 난립하는 '군벌 할거' 시대가 되었다. 이 시기를 배경으로 한 소설이 중국 근대문학의 선구자 루쉰魯迅의 『아큐정전阿Q正傳』이다.

주인공 아큐는 힘없고 비겁한 날품팔이 최하층민이다. 마을 사람들에게서 모욕을 당하면 자기보다 약한 사람을 찾아 분풀이하고, 그래도 안 되면 그 모욕을 머릿속에서 자신만의 승리로 바꿔버리고는 만족하는 사람이다. 어리석고 못난 아큐는 열강의 침탈로 반식민지 상태에 놓인 20세기 초 중국 일반 대중을 상징한다. 소설의 끝에서 아큐는 신해혁명의 소용돌이에 휘말려 혁명당에 의해 어이없이 죽고 만다.

신해혁명이 일어났지만, 지도층은 분열하고 성과는 지지부진했다. 중국인은 길을 잃고 답답한 상황에서 희망 없는 삶을 살아야 했다. 루쉰은 『아큐정전』을 통해 봉건 잔재 청산의 필요성과 혁명의 허구성을 폭로했다. 그의 또 다른 단편소설 『약藥』에는 중국인의 약에 대한 어리석은 생각이 드러난다. 중국인은 사람의 피가 폐병에 좋다는 미신을 믿었다. 그래서 사형이 집행되면 형장에서 튄 피로 적신 만두가 치료 효과가 있다고 여겨, 이를 사서 먹는 경우까지 있었다. 과학적 근거가 전혀 없는 미신이 낳은 비극적인 풍습이었다.

젊은 시절 루쉰은 의사가 되기 위해 일본 센다이에 유학했지만, 그곳에서 중국인의 우매함을 깨닫고 육체를 고치기보다는 정신을 일깨우기 위해 의대를 그만두고 귀국해 펜을 들었다. 그는 봉건사회를 청산하고 근대화를 실현하기 위해 노력했다. 그의 작품은 민중의 부정적인 면, 봉건 지배계급의 비인간성 그리고 보수 지식인의 허위의식을 드러내고 비판하는 내용이 주류를 이룬다. 루쉰은 미신과 전통 윤리에 갇힌 중국인의 후진성과 사람의 피를 바른 인혈 만두를 먹는 등 비과학적인 민간요법에 의존하는 낙후한 의료 풍습을 신랄하게 비판했다.

그가 고발한 낡은 사회질서의 모순과 민중의 고통은 현대에도 또 다른 형태로 드러났다. 중국 근대화를 향한 열망의 도시 우한이 2019년 말, 전 세계를 뒤흔든 새로운 질병의 진원지가 된 것이다. 신종 코로나바이러스 감염증이 빠르게 퍼지면서 폐렴 환자가 폭발적으로 늘었고, 초기에는 '우한 폐렴'으로 불리며 불안을 증폭시켰다. 우한은 중국 근대사의 중요한 전환점이자, 현대 감염병 시대의 비극을 상징하는 도시로 다시 역사에 등장하게 된다.

세계를 강타한
코로나19

2019년 겨울, 중국 후베이성 우한의 한 병원 응급실에 원인을 알 수 없는 폐렴 환자들이 잇따라 실려 들어왔다. 고열, 기침, 호흡곤란을 호소하는 환자들은 기존 항생제나 항바이러스제에 전혀 반응하지 않았다. 수수께끼 같은 이들의 공통된 발자취는 하나의 장소로 모였다. 바로 화난華南 수산물 시장이었다.

이 시장은 이름과 달리 단순히 수산물만 유통하는 곳이 아니었다. 살아 있는 닭, 뱀, 너구리, 심지어 박쥐까지 거래되는 야생동물 백화점이었고, 수많은 종이 한데 모여 섞여 있었다. 야생동물에 있는 바이러스가 종을 뛰어넘어 옮겨 다니며 변이를 일으킬 최적의 환경이었다.

과학자들은 곧바로 새로운 바이러스가 이곳에서 확산했을 가능성을 제기했다. 하지만 초기 환자 중에는 시장과 무관한 사례도 확인되었기 때문에, 수산시장이 최초 발원지가 아니라 확산을 가속시킨 기폭제 역할을 했을 가능성이 크다고 보고 있다.

이 낯선 바이러스는 곧 '사스-코로나바이러스-2SARS-CoV-2'라는 이름을 얻었다. 이 이름은 2000년대 초 사스를 일으킨 바이러스와 동일한 계통에 속한다는 유전 분석에서 비롯되었다. 그리고 바이러스가 일으키는 질병은 COVID-19라 명명되었다. 이 명칭에는 특별한 암호가 숨겨져 있다. CO=코로나corona, VI=바이러스virus,

D=질병disease, 19=2019년 발견이라는 뜻이다.

돌기 단백질이 바이러스 입자를 왕관처럼 둘러싸고 있어, 이러한 특징 때문에 이 계열의 바이러스는 오래전부터 '코로나바이러스'로 불려왔다. 그중 2019년에 출현한 변종이 일으키는 질병이 바로 COVID-19(공식 한국어 명칭, 코로나19)다. 새로 나타난 이 전염병은 불과 몇 주 만에 국경을 넘었다. 우한을 넘어 베이징과 상하이 그리고 아시아 전역으로, 곧이어 중동·유럽·아메리카까지 전 세계로 번져나갔다. 바이러스는 비행기에 타고 단 하루 만에 대륙 끝으로 날아갔다.

코로나19는 감염되면 높은 치명률을 보였던 사스나 메르스와 성격이 달랐다. 전체 치명률은 2~3% 수준으로 비교적 낮았지만, 전파력은 그 어느 코로나바이러스보다 강했다. 일반적으로 병원체는 숙주 간 전파가 잘될수록 치명률이 낮아지는 경향이 있는데, 사스-코로나바이러스-2 역시 '높은 전염성, 낮은 치명률'이라는 특성을 지니고 있었다. 이 조합은 바이러스가 사회 곳곳의 취약 지점을 빠르게 파고드는 데 결정적 역할을 했다.

도시의 기능이 멈추고 세계가 정지하는 듯한 초유의 사태가 시작되었다. 마스크와 손 소독제는 생필품이 되었다. 정부에서 배급하는 공적 마스크 두 장을 구하기 위해 매일 아침 일찍 약국 앞에서 길게 줄을 서야 했다. 약국마다 마스크를 찾는 시민들의 문의가 끊이지 않았고, 재고가 떨어지자 허탈한 표정으로 발길을 돌리는 사람들도 적지 않았다.

바이러스의 확산으로 사회적 거리 두기와 재택근무는 팬데믹 시대의 새로운 일상이 되었다. 전 세계인이 한순간에 멈춰 선 듯한 상황은, 우리가 당연하게 여겼던 일상이 얼마나 쉽게 무너질 수 있는지 극명하게 드러내 보였다.

감염병의 양상은 크게 세 가지로 나눌 수 있다. 특정 지역에 상시적으로 발생하는 경우는 엔데믹endemic, 지역 사회에서 갑자기 환자가 크게 늘어난 경우는 에피데믹epidemic, 전 세계 여러 대륙으로 퍼져나간 경우는 팬데믹pandemic이다. 팬데믹은 그리스어 'pan(모두)'과 'demos(사람들)'에서 온 말로, 말 그대로 인류 전체로 퍼져나간 유행병을 뜻한다.

세계보건기구는 1968년 홍콩 독감, 2009년 신종플루, 2019년 코로나19를 팬데믹으로 선언했다. 팬데믹이 발생하면 막대한 사회·경제적 손실이 뒤따른다. 만약 1918년 스페인 독감이 오늘날 다시 유행한다면 어떻게 될까? 다행히 당시와 같은 대참사가 벌어질 가능성은 낮은 편이다. 1918년에는 바이러스의 정체조차 밝혀지지 않았고, 전쟁 여파로 의료 기반이 거의 마비된 데다 항바이러스제도 항생제도 없었다. 지금은 의료 기술, 의약품, 통신장비 등 사회시스템이 크게 발전했다.

코로나19는 한 가닥의 RNA 바이러스로, 증식하는 데 필요한 모든 유전 정보가 RNA에 들어 있다. 이 바이러스가 세포에 침투할 때 핵심 역할을 하는 것이 표면에 있는 돌기 모양의 스파이크 단백질이다. 스파이크 단백질이 숙주 세포의 수용체와 결합하면,

바이러스는 두 가지 방식으로 세포 안으로 들어갈 수 있다. 하나는 세포막과 직접 융합하는 방식이고 또 다른 하나는 내포 작용endocytosis을 거쳐 들어간 뒤 세포 내 효소에 의해 활성화되는 방식이다.

스파이크 단백질은 구조적으로 변이가 일어나기 쉬운 부위로, 바이러스의 전파력과 면역 회피 능력을 좌우하는 주요 변이들이 여기에서 발생한다. 이 때문에 코로나바이러스는 종간 장벽을 넘어 다양한 동물에게 감염될 수 있다. 실제로 박쥐, 낙타, 천산갑, 고양이 등 여러 동물이 코로나바이러스의 숙주로 확인되었다. 이러한 생물 특성이 코로나바이러스가 사람에게 반복적으로 새로운 질병을 일으키는 근본 이유다.

RNA 바이러스는 유전 정보를 복제할 때 자주 오류를 일으키는데, 이 과정에서 스파이크 단백질의 구조를 바꾸는 돌연변이가 발생했다. 변이는 바이러스가 숙주 세포에 더욱 쉽게 결합하고, 기존 항체를 회피하는 데 유리한 특성을 부여했다. 이로 인해 전파력이 높아진 변이가 잇따라 나타났다.

2021년 여름을 강타한 델타delta 변이가 대표적인 사례다. 이 변이는 기존 바이러스보다 전파력이 두 배 이상 강해, 전 세계적으로 폭발적인 재유행을 일으키며 백신 접종률이 높은 국가에서도 중증 환자 발생이 속출했다. 이는 인류가 백신으로 팬데믹을 끝낼 수 있다는 희망을 잠시 좌절시킨 시기였다.

델타 변이의 위협이 채 가시기도 전인 2021년 11월 말, 남아프

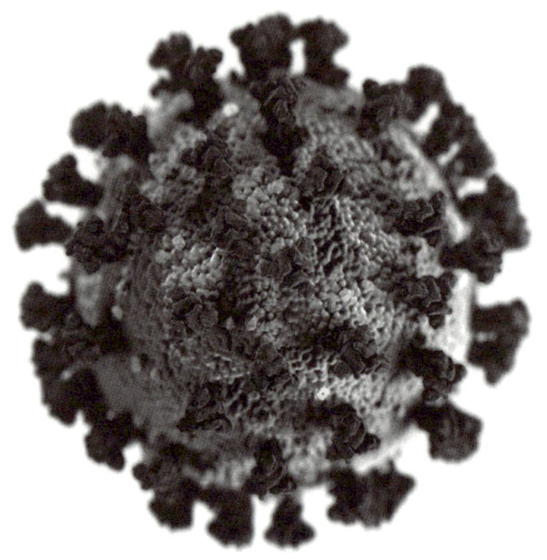

미국 질병통제예방센터CDC에서 제작한 코로나바이러스 일러스트레이션. 왕관처럼 돌기 단백질이 빙 둘러싸여 있다. 코로나바이러스는 2002년 사스(중증급성호흡기증후군)와 2015년 메르스(중동호흡기증후군)의 원인이 되기도 했다. 2019년 중국 우한에서 '사스-코로나바이러스-2'라는 신종 코로나바이러스가 확인되었고, 이 바이러스로 생기는 질병이 'COVID-19'로 명명되었다. ©Public Health Image Library (PHIL) of the CDC

리카공화국과 보츠와나에서 새로운 돌연변이 오미크론omicron이 보고되었다. 오미크론은 스파이크 단백질에만 30개가 넘는 돌연변이를 가지고 있어 기존 백신이나 자연 감염으로 형성된 항체를 쉽게 회피해 '돌파 감염'이라는 새로운 현상을 낳았다. 이후 오미크론은 급속히 확산해 북반구의 겨울 유행을 주도했다. 다행히 오미크론 변이는 이전 변이들보다 중증으로 진행되는 비율이 낮아, 팬데믹이 엔데믹으로 전환되는 중요한 계기가 되었다.

코로나19 팬데믹에 대한 대응은 현대 과학기술이 얼마나 놀라운 속도로 발전했는지 보여주었다. 이 가운데 특히 주목받은 것은 화이자Pfizer와 모더나Moderna가 개발한 mRNA 백신이다. 1990년대부터 연구는 꾸준히 진행되었지만, 기술적 한계로 상용화에 이르지 못했다. 그러나 코로나19라는 전례 없는 위기가 촉매가 되면서, 이 기술은 마침내 실용화 단계에 도달해 세상에 모습을 드러냈다.

동시에 아스트라제네카AstraZeneca와 얀센Janssen의 바이러스 벡터 백신, 노바백스Novavax의 재조합 단백질 백신, 중국의 불활화inactivated 백신 등 다양한 플랫폼이 빠르게 등장했다. 여러 기술이 동시에 활용된 덕분에 변이 바이러스에 대응할 수 있는 선택지가 넓어졌다.

백신이 감염 확산과 중증화를 막는 방패라면, 치료제는 이미 감염된 환자의 상태 악화를 막는 최후의 보루라고 할 수 있다. 대표적인 예가 화이자의 팍스로비드Paxlovid와 미국 머크Merck의 라게브리오Lagevrio다. 라게브리오는 원래 인플루엔자 치료제 후보로 개발하던 약물인데, 코로나19 치료제로 전환되면서 임상에 빠르게 적용할 수 있었다.

팍스로비드는 코로나19 전용으로 설계된 새로운 물질(니르마트렐비르nirmatrelvir)에, 기존 HIV 치료제 리토나비르ritonavir를 함께 복합으로 사용해 체내 대사 속도를 조절하도록 만든 복합제다. 두 약 모두 기존 연구 자산을 최대한 활용하는 '신약 재창출' 전략 덕분에 개발 기간을 단축할 수 있었고, 안전성을 신속히 확보할 수 있었다. 전 세계 과학자들과 제약사들은 코로나19에 대응해 전례 없는 속도로 협력했고, 인류는 불과 2년 만에 팬데믹을 억제할 수 있었다.

바이러스의 변이는 약의 역사에서 되풀이되는 싸움이다. 페니실린에 저항하는 세균, 항바이러스제에 내성을 지닌 바이러스처럼, 우리가 해법을 찾아내는 순간 병원체는 다시 새로운 모습으로 나타났다. 코로나19 팬데믹은 이 끝없는 공방을 극명하게 드러냈다. 백신과 치료제가 인류를 구원하는 강력한 무기인 동시에, 바이러스의 진화에 발맞춰 끊임없이 개량하고 새롭게 만들어가야 하는 숙제임을 다시 한번 일깨워준 것이다.

코로나19 팬데믹은 전례 없는 보건 위기이자 사회·경제적 재앙이었다. 박쥐가 코로나바이러스의 주요 저장소라는 사실이 밝혀졌지만, 멸종시킬 수도 없고 해서도 안 된다. 박쥐는 생태계의 균형을 유지하는 중요한 존재이며, 설령 사라진다 해도 바이러스는 다른 숙주를 찾아 나설 뿐이다.

문제의 본질은 박쥐가 아니라 인간이 자연과 맺어온 불균형한 관계에 있다. 무분별한 야생동물 서식지 파괴와 생태계 교란이 계속되는 한, 신종 감염병의 주기적인 재발은 피할 수 없다. 코로나19는 자연과의 공존이야말로 인류가 선택해야 할 유일한 방역 전략임을 뚜렷이 경고하고 있다.

문샷에 버금가는
코로나19 백신 개발

2020년 초, 코로나19 팬데믹이 전 세계를 뒤흔들자, 미국 정부는 백신 개발을 국가적 과제로 선언했다. 목표는 단순했다. "안전하고 효과적인 백신을 최대한 신속히 확보해 공급한다." 이 야심 찬 계획은 1960년대 인류를 달에 보내겠다는 아폴로 계획인 문샷moonshot 프로젝트에 비견되었고, 워프 스피드 작전 OWS, operation warp speed이라 이름 붙였다.

전통적으로 백신 개발은 최소 10년 이상이 걸리는 지난한 과정이다. 하지만 OWS는 백신 개발·임상·생산을 병행하는 새로운 전략을 선택했다. 일반적인 전임상 단계, 임상 1상, 2상, 3상을 순차적으로 거치지 않고 병렬적으로 운영했으며, 안전성이 확보되는 즉시 다음 단계로 넘어가는 방식이었다.

나아가 임상 시험이 완료되기도 전에 생산 시설을 미리 구축하여, 효과가 입증되면 즉시 대량생산을 할 수 있도록 준비했다. 이를 위해 100억 달러가 투입되었는데 그중에는 미국 정부뿐 아니라 국제단체들의 기금 수십억 달러도 포함되었다. 이렇게 모은 막대한 자금으로 제약사의 개발 리스크를 공공이 분담했기에 신속하게 백신을 개발할 수 있었다.

OWS의 성과 뒤에는 제약 기술의 비약적인 진보가 있었다. 가장 두드러진 예는 mRNA 플랫폼 백신 기술이다. 기존의 불활화 백신이나 단백질 서브 유닛 백신과 달리, mRNA 백신은 합성된 유전 정보를 체내에 주입해 세포가 항원 단백질을 직접 생산하게 한다. 이 방식은 새로운 병원체의 유전 정보가 공개되면 곧바로 백신 후보 물질을 만들 수 있다는 장점이 있다. 그래서 코로나19 바이러스 유전체가 2020년 1월 공개된 지 불과 수 주 만에, 화이자와 모더나는 mRNA 백신 후보를 설계할 수 있었다.

이에 더해 지질 나노입자LNP, lipid nano particle 전달 기술의 발전이 결정적이었다. mRNA는 불안정하고 쉽게 분해되기 때문에 체내에서 항원 단백질을 충분히 발현하기 어렵다. 하지만 LNP는 mRNA를 안정적으로 보호하고, 세포막을 통과해 세포 내로 전달하는 운반체 역할을 한다.

LNP는 단순히 mRNA를 감싸는 보호막이 아니라, 세포질로 전달된 mRNA가 리보솜까지 도달해 단백질로 번역될 수 있도록 돕는 핵심 전달체다. 입자 크기, 표면 전하, 지질 조성 등을 정밀하게 설계한 나노기술이 접목되면서 비로소 실용화가 가능해졌다. 이 기술은 오랜 연구 끝에 안정성과 효율성이 확보되었고 2020년 12월 코로나19 백신에서 대규모 상용화에 성공했다. 이후 희귀 질환 유전자 치료제와 차세대 RNA 기반 치료제 개발에도 응용될 수 있는 토대를 마련했다.

OWS는 mRNA 기술에만 의존하지 않고 얀센의 바이러스 벡터 백신(아데노바이러스 기반), 노바백스의 단백질 서브 유닛 백신 같은 다양한 플랫폼을 동시에 지원했다. 각각의 플랫폼은 면역 반응 유도 방식과 안전성 그리고 저장·유통 조건이 달랐기 때문에, 다각적인 시도를 통해 여러 종류의 백신을 확보할 수 있었다.

이러한 기술 진보와 함께, 사스와 메르스 연구에서 얻은 기초 지식, 전 세계 연구자들의 실시간 데이터 공유 그리고 정부의 과감한 재정 지원이 결합되면서, 인류는 역사상 가장 빠른 백신 개발이라는 성과를 이루어냈다. 불과 10개월 만에 미국 FDA의 긴급 사용승인을 받은 화이자와 모더나의 mRNA 백신은 그 상징적인 결과였다.

코로나19 백신은 수많은 생명을 구했을 뿐 아니라, 약학이 어떻게 전대미문의 전염병 위기에 신속하게 대응할 수 있는지 보여주는 결정적 사례가 되었다. 이는 문샷에 버금가는 보건의료 혁신일 뿐 아니라, 신약이 인류의 운명을 어떻게 바꿀 수 있는지 증명한 역사적 사건이다.

2

여권 신장을 가져온

피임약

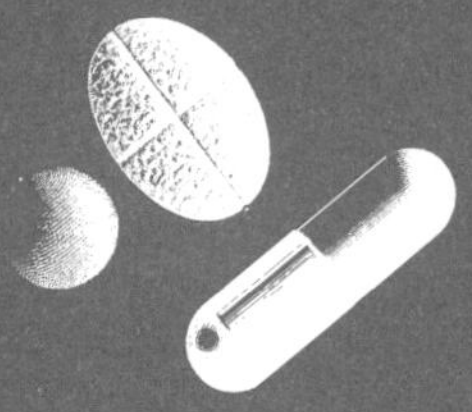

에노비드의 등장은 여성의 삶을
근본적으로 바꿔놓았다.
원치 않는 임신의 두려움에서 벗어나
사회에 진출할 수 있었고,
경력과 미래를 스스로 설계할 자유를 얻게 되었다.
한국에서는 한때 국가 주도의
인구 억제 수단으로 사용되며 다른 궤적을 밟았지만,
피임약의 의미는 변하지 않는다.
약학의 진보가 사회적 혁명으로 이어진
대표적인 사례, 그것이 피임약이다.
단순히 질병을 고치는 약을 넘어,
자기 삶을 선택할 자유를 안겨준 기념비적인 사건이다.

#콘돔 #자궁내장치 #멕시코고구마 #마거릿생어 #에노비드 #68혁명
#사후피임약

피임의
역사

임신은 축복이지만, 때로는 누군가에게 큰 부담이 될 수 있다. 그래서일까. 인류는 아주 오래전부터 '임신을 피하는 법'에 지대한 관심을 쏟아왔다. 피임의 역사를 따라가보면, 인간이 얼마나 지혜롭고 때로는 엉뚱했는지 실감하게 된다.

가장 오래된 피임 기록은 무려 3,800년 전 이집트에서 찾아볼 수 있다. 고대 의학 문헌인 카훈 파피루스kahun papyrus(일명 페트리 파피루스)에는 악어의 배설물에 꿀과 열매를 섞어 질 속에 넣는 방법이 등장한다. 오늘날엔 이해하기 어렵지만, 그 시대 사람들은 이런 방식이 정자를 차단하거나 사멸시킨다고 믿었다. 또 다른 파피루스에는 아카시아 수액을 발효시켜 만든 산성 용액에 솜을 적셔 질

내부에 삽입해 사용했다는 기록도 있다. 아카시아가 발효되면 젖산이 생기는데, 실제로 정자를 죽이는 효과가 있었을 거라 보인다. 현대 과학으로도 완전히 허황된 방법은 아니었던 셈이다.

고대 그리스인은 좀 더 단순했다. 성관계 뒤 몸을 일곱 차례 크게 껑충껑충 뛰면 피임이 된다는 믿음도 당시에는 존재했다. 정액을 몸 밖으로 흘려보내기 위한 몸부림이었다. 시간이 흘러 로마에 이르자, 피임은 단순한 몸부림을 넘어 생활의 지혜로 자리 잡았다. 로마 귀족들은 다산을 원치 않았다. 아이는 한두 명이면 충분했다. 그래서 올리브유나 꿀, 탄산염을 적신 양모를 질 좌약처럼 넣어 사용했다.

중국에서는 수은을 사용했다. 차나 음식에 수은을 소량 섞어 먹으면 임신을 막을 수 있다고 믿었다. 하지만 수은은 독성이 강해 체내에 축적되면 중독을 일으키고, 심하면 생식 기능 저하나 불임으로 이어질 수 있다. 태반에 들어가면 유산이나 조산의 원인이 되고 심지어 사망에 이르기도 했다. 임신을 피하려던 시도가 오히려 생명을 위태롭게 만들 수 있었던 셈이다.

그렇다면 우리나라 조선시대 때는 어땠을까? 공식 기록은 없지만, 구전으로 내려오는 흥미로운 이야기가 있다. 기생들이 문에 바르는 얇은 창호지나 비단을 자궁에 넣어 임신을 피했다는 것이다. 다만 위생 개념이 미비해 감염될 위험은 늘 도사리고 있었다.

중세 유럽 사람들은 피임하기 위해 레몬 껍질을 질 입구에 넣기도 했다. 레몬에 풍부한 산성 물질(구연산)이 정자의 운동성을 떨어뜨릴 수 있다는 점에서 완전히 근거 없는 발상은 아니었다. 그러나 효과는 미미했고, 오히려 질 점막을 손상시켜 감염 위험을 높이는 부작용이 뒤따랐다. 피임은 여성만이 책임질 문제는 아니었다. 남성 역시 다양한 방법을 시도했다. 중세 이슬람 사회에서는 성기에 돌소금이나 식물성 추출물을 바르는 방식이 전해진다. 하지만 구체적 사료가 부족해 사실 여부가 분명하지는 않다.

그보다 확실한 기록은 르네상스 시대 이탈리아 의사 가브리엘 팔로피오Gabriele Falloppio에서 시작된다. 그는 매독을 예방하기 위해 약품을 적신 리넨(아마 줄기에서 얻은 섬유로 만든 직물) 주머니 형태의 피임 도구를 고안해 사용법을 기록으로 남겼다. 또 같은 시기에는 돼지나 양의 창자를 잘라 만든 주머니도 쓰였는데, 값이 비싸 귀족과 상류층에 한정된 피임 도구였다. '콘돔condom'이라는 단어는 17세기 영국 찰스 2세 시대에 처음 언급되었다. 정확한 어원은 불분명하지만, 성병을 예방하고 출산율을 조절하기 위해 사용된 도구를 가리키는 말로 자리 잡았다.

19세기에는 기술 혁신이 더해졌다. 미국 발명가 찰스 굿이어 Charles Goodyear가 1839년 고무에 유황을 넣어 단단하게 만드는 가황법을 개발했고 1855년 이 기술을 이용한 세계 최초의 상업용 고무 콘돔이 등장했다. 당시 두께는 상당했지만, 위생적이고 재사용할 수 있다는 점에서 피임법의 중요한 진보였다. 1870년대에는 공장 생산이 가능해지면서 콘돔이 대중화되었고, 20세기에는 천연고무 라텍스가 도입되어 오늘날과 같은 얇고 안전한 콘돔이 완성되었다.

1909년 독일 의사 리하르트 리히터Richard Richter는 명주실과 니켈·동으로 만든 금속 고리를 이용해 링 형태의 자궁 내 장치IUD를 고안했다. 이것은 피임이 민간요법을 넘어 본격적인 의료 기술로 진입한 결정적인 전환점이었다. 1960년대부터 여성의 난관 수술과 남성의 정관 수술이 본격화되었고, 세계 최초로 먹는 피임약이 등장했다. 피임은 더 이상 감춰야 할 사적 문제가 아니라, 사회가 함께 논의하는 공공의 화두가 되었다.

2000년 무렵 피임 기술은 새로운 단계에 들어섰다. 미레나Mire-na와 임플라논Implanon 같은 장기 지속형 피임법은 '매일 약 먹기'의 불편을 없애고, 99% 이상의 높은 성공률을 보여 피임의 패러다임을 바꿔놓았다. 미레나는 합성 프로게스토겐progestogen(레보노르게스트렐levonorgestrel) 호르몬으로 자궁에 넣으면 5년간 피임 효과가 지속된다. 임플라논은 에토노게스트렐etonogestrel 성분으로 팔의 피하에 이식하면 3년간 피임이 지속된다.

이후 미레나보다 크기가 작아 출산 경험이 없는 젊은 여성에게 적합한 제이디스Jaydess와 제이디스보다 호르몬 양을 늘려 약효가 5년간 지속되는 카일리나Kyleena도 출시되었다. 미국에서는 저렴한 가격으로 최대 8년간 효과가 지속되는 라일레타Liletta가 널리 쓰이지만, 국내에는 아직 도입되지 않았다. 자궁 내 장치와 팔 이식형 피임법은 매일 약을 먹지 않아도 되고 피임 성공률이 99% 이상이어서 세계보건기구가 '가장 효과적인 피임법' 중 하나로 권장하고 있다.

그 외 성관계 후 단 1회 복용으로 원치 않는 임신을 막을 수 있는 먹는 사후피임약까지 있다. 피임의 역사는 인간이 자신의 몸과 삶을 스스로 선택하고 자유를 확장해온 과정이다. 앞으로도 지속적으로 개선해 더욱 간편하고 효과적인 제품이 나올 전망이다.

아름다움은 주어졌으나, 생명은 허락되지 않았다

여성의 몸은 오랫동안 아름다움의 대상으로만 소비되었고, 생명에 관한 결정권에서는 배제되었다. 당나라의 양귀비는 그런 역사적 운명을 상징하는 인물이다. 8세기 당나라는 그야말로 세계의 중심이었다. 현종玄宗 시기 장안은 동서의 길이 열려 여러 민족과 문화가 뒤섞이는 국제도시로 성장했다. 실크로드를 따라 불교와 이슬람교, 기독교, 조로아스터교까지 다양한 종교가 들어와 사원과 수도원이 세워졌고, 외국 상인과 교류하며 새로운 문화를 받아들였다. 개방성과 활력이 어우러지며 당나라는 그 어느 때보다 찬란한 전성기를 맞았다.

문화 역시 눈부셨다. 이백과 두보 같은 시인이 활약하며 시문학이 절정을 이루었고, 음악과 춤, 회화까지 예술 전반이 꽃을 피웠다. 젊은 날 성군으로 불리던 현종의 리더십이 이 화려한 번영을 이끌었다. 그러나 세월이 흐르자, 황제는 점차 국정보다는 향락에 마음을 빼앗겼다.

경국지색傾國之色이라는 말이 있다. 나라를 기울게 할 만큼의 미인이라는 뜻이다. 중국 4대 미녀 가운데 한 사람으로 꼽히는 양귀비가 바로 그 주인공이다. 본명은 양옥환楊玉環. 어려서부터 총명하고 빼어난 미모로 이름을 떨치던 그녀는 처음에 당 현종의 아들 수왕壽王 이모李瑁의 아내가 되었다. 그러나 운명은 그녀를 황가의 며느리에서 곧바로 황제의 총애를 받는 여인으로 끌어올렸다.

현종은 양옥환을 형식적으로 도교 사원에 출가시킨 뒤 다시 궁으로 불러들여 귀비로 책봉했다. 중신들의 반대에도 스물일곱 살에 귀비가 된 양옥환은 가무와 풍류에 능해 현종의 각별한 총애를 받았다. 이 무렵부터 황제의 관심이 점차 궁정 생활로 기울며 국정 운영의 무게 중심이 흔들렸다.

현종과 양귀비가 함께한 화청궁華淸宮은 온천과 수려한 풍경으로 유명한데, 역사에서는 황제가 정사를 잊고 사랑에 빠진 장소로 기억된다. 그러나 애정이 깊어질수록 권력의 그림자도 짙어졌고, 궁정에는 보이지 않는 긴장이 드리워졌다. 양귀비의 사촌 오빠 양국충은 누이의 총애를 등에 업고 권력을 휘둘렀고, 변방을 지키는 절도사 안녹산은 양귀비의 양자가 되어 황제 곁으로 파고들었다. 두 세력이 대립하면서 결국 당나라를 뒤흔든 안사의 난安史之亂이 불붙게 된다.

755년, 당나라를 무너뜨린 사건이 일어났다. 안녹산이 15만 군

양귀비. 나라의 운명이 위태로워질 정도로 임금을 혹하게 만드는 미모를 가리키는 '경국지색傾國之色'으로 불린다. 아편의 재료인 양귀비는 그녀에게서 따온 이름인데, 마약에 빠져 인생을 망치는 것이 양귀비에게 빠져 나라를 피폐시킨 당 현종의 모습과 절묘하게 맞아떨어진다.

사를 일으켜 '양국충 세력을 제거하겠다'는 명분으로 반란을 일으킨 것이다. 그의 군대는 순식간에 낙양을 거쳐 장안까지 점령했고, 현종은 양귀비와 함께 쓰촨성(사천성)으로 피난길에 오르게 된다.

하지만 마외파(오늘날 산시성 셴양시 근처)에 이르러 사태는 돌이킬 수 없게 되었다. 호위하던 군사들마저 목소리를 높였다. "나라가 이 지경이 된 건 양국충과 양귀비 탓이야!" 결국 현종은 더 큰 혼란을 막기 위해 사랑하는 여인에게 스스로 목숨을 끊으라는 명을 내릴 수밖에 없었다. 양귀비는 그곳에서 목을 매었고, 현종과의 사랑은 그렇게 비극으로 끝을 맺었다.

이들의 사연은 훗날 시인들의 가슴을 울렸다. 당나라 3대 시인(이태백, 두보, 백거이) 중 한 명인 백거이는 「장한가長恨歌」에서 양귀비의 아름다움을 이렇게 묘사했다. "눈길 돌려 한 번 웃으면 온갖 교태가 퍼졌고, 피부가 희고 기름졌다. 고운 자태로 군주의 사랑을 독차지한 양귀비 때문에 천하의 부모들은 아들보다 딸 낳는 것을 원한다."

역사 속 절세미인들에게는 특별한 비밀이 따라붙는다. 양귀비도 그렇다. 전하는 이야기에 따르면, 그녀는 매일 석류를 반쪽씩 먹으며 아름다움을 가꾸었다고 한다. 석류는 고대부터 풍요와 여성성을 상징하는 과일이었다. 붉게 빛나는 알맹이는 다산과 생명의 상징이었고, 실제로 석류에는 식물성 에스트로겐estrogen, 곧 파이토에스트로겐phytoestrogen이 들어 있다. 오늘날 과학은 이 성분이 콜라겐 합성을 돕고 피부의 탄력을 유지하며, 여성호르몬의 여러 작용과 비슷한 효과를 낸다는 사실을 밝혀냈다.

물론 양귀비가 에스트로겐의 존재를 알았을 리는 없다. 그러나 고대인들의 직관은 놀랍다. 석류는 이집트 여왕 클레오파트라가 즐겼다는 전승에서도 등장한다. 시대와 지역은 달랐지만, 미모와 권력을 상징하는 여인들이 공통으로 석류를 가까이한 사실은 결코 우연만은 아니었을 것이다.

양귀비의 미모가 실제로 석류 덕분인지는 알 길이 없다. 하지만 알알이 빛나는 붉은 석류에 풍요와 생명, 그리고 여성의 아름다움을 상징하는 힘이 담겨 있다는 것만은 분명하다. 그래서일까. 석류는 오늘날까지도 여성에게 유익한 대표적인 과일로 기억된다.

두 사람의 사랑은 뜨거웠지만 현종과 양귀비 사이에는 끝내 자식이 태어나지 않았다. 그녀가 불임이었다는 기록은 없지만, 후세 사람들은 풍만한 체형 때문일 것이라 짐작했다. 실제로 당대의 미인상은 오늘날과 달리 통통하고 살집 있는 몸매였다. 붉은 볼과 둥근 체형이 건강과 아름다움의 상징이었다.

양귀비가 정말로 임신하지 못한 이유는 알 수 없다. 그러나 현대 의학은 과체중이나 비만이 생식 기능에 미치는 영향을 잘 설명한다. 체지방이 많아지면 지방세포에서 렙틴leptin이나 인슐린insulin 같은 호르몬이 과다 분비된다. 그로 인해 뇌하수체와 난소의 호르몬 균형이 깨지고, 배란이 불규칙해질 수 있다. 또 체지방에서 생성되는 아로마타아제aromatase라는 효소는 남성호르몬을 여성호르몬으로 바꾸는데, 이 과정이 지나치게 활발해지면 호르몬의 균형이 무너져 배란이 억제되기도 한다. 실제로 현대 의학에서는 비만 여성에게서 다낭성 난소 증후군, 월경불순, 무배란증 같은 문제가 흔히 관찰된다.

이처럼 피임하지 않아도, 신체 조건과 생리적 특성 때문에 임신이 어려운 경우는 적지 않다. 당시 사람들은 이를 알지 못했지만, 후세 사람들은 양귀비의 체형과 아이가 없는 사실을 연결해 자연스럽게 불임을 떠올린 것이다.

역사적 사실은 여전히 명확하지 않다. 그러나 사람들은 양귀비의 화려한 미모와 대비되는 이 아이러니를 오래도록 입에 올려왔다. 황제의 총애와 절정에 달한 권력을 누리는데도, '생명을 낳는 힘'만은 그녀에게 허락되지 않았다는 점이 오히려 비극의 그림자를 더 짙게 만들었는지도 모른다. 그녀의 삶이 던진 모순은 결국 생명 조절의 원리를 찾는 탐구로 이끌었고, 그 여정은 훗날 아메리카에서 발견된 덩이식물에서 결정적인 전환점을 맞게 된다.

멕시코 고구마에서 얻은
귀한 호르몬

인류는 오랫동안 난소의 비밀을 눈치채고 있었다. 소를 키우던 축산업자들은 암소의 난소를 제거하면 자궁과 질이 위축되고, 번식 능력을 잃는다는 사실을 경험으로 알고 있었다. 보이지 않는 어떤 물질이 난소에서 나와 생식 능력을 조절한다는 직관은 과학자들의 호기심을 자극했다.

난소에는 여성호르몬 에스트로겐 외에도 황체(난소에서 난자가 나온 후, 남은 여포 부분이 발달해서 만들어지는 일시적인 덩어리)가 되면 프로게스테론이 나온다. 프로게스테론은 자궁 내막에 신호를 보내 수정란의 착상을 준비한다. 임신하면 분비되는 프로게스테론은 자궁 내막을 두껍게 한다. 그러면 배란이 되지 않는다. 여기에서 힌트를 얻어 프로게스테론을 인위적으로 몸에 투여하면, 피임이 가능하다고 생각하게 되었다.

1929년 독일 생화학자 아돌프 부테난트Adolf Butenandt는 임신한 여성의 소변에서 성 발달과 생식 기능을 조절하는 호르몬 에스트론estrone을 처음으로 분리했다. 에스트론은 체내에 극미량만 존재해 확보하기 어려웠고, 돼지 난소 4톤을 모아 정제해도 에스트리올Estriol은 겨우 12mg에 불과했다. 이런 양으로는 본격적인 실험조차 진행하기 어려웠다. 두 호르몬은 모두 에스트로겐 계열로, 에스트리올은 에스트론과 에스트라디올이 간에서 대사되며 만들어지는 약한 에스트로겐이다.

1934년 부테난트는 한 걸음 더 나아가 프로게스테론을 분리했다. 프로게스테론은 배란을 억제하는 생리 작용으로 피임 효과가 있었지만, 피임약으로 사용하기에는 두 가지 문제점이 있었다. 첫 번째는 주사제로 투여해야 하는 불편함이다. 입으로 복용한 프로게스테론은 위와 간을 통과하는 과정에서 순식간에 분해되어 효능을 거의 발휘하지 못했다.

두 번째는 프로게스테론을 얻기가 너무 어렵다는 것이다. 당시 임신한 암말의 오줌에서 프로게스테론을 분리하면 1g에 1,000달러나 받을 수 있을 만큼 아주 비쌌다. 어렵게 얻은 프로게스테론은 유산을 방지하려는 목적으로 사용되었다. 부유한 말 주인이 소유한 우수한 혈통의 경주마가 임신했을 때 유산되는 것을 방지하기 위해서다.

값비싼 프로게스테론을 동물 조직에서 분리하는 방법은 너무나 비효율적이었다. 대량으로 얻기 위해서는 인공적으로 합성해야 했다. 이 문제를 해결하기 위해서는 천재적인 화학자가 필요했다. 미국 화학자 러셀 마커Russel Marker는 뉴욕 록펠러 연구소에서 스테로이드 호르몬의 대량생산에 관심을 가졌다. 스테로이드는 인체에서 생리활성이 아주 강한 물질이다. 프로게스테론은 스테로이드 화학구조로 되어 있다. 그는 스테로이드를 대량으로 확보할 수 있으면 화학구조를 변형해 프로게스테론을 만들 수 있다고 판단했다.

마커는 스테로이드 함유량이 높은 식물을 찾기 위해 수많은 열대, 아열대 식물을 조사했다. 그는 폭스글러브, 은방울꽃, 사르사파릴라 같은 식물에 스테로이드 성분이 아주 많다는 것을 알아냈다. 텍사스주와 애리조나주를 샅샅이 찾아다니다가 남쪽으로 이동해 1942년 멕시코 베라크루스산맥에서 야생 멕시칸 얌wild mexican yam을 발견했다.

얌은 우리나라의 '마'와 비슷한데 흔히 멕시코 고구마라고 부른다. 하지만 멕시코 정부는 얌이 국외로 반출되는 것을 금지하고 있었다. 마커는 지방 경찰에게 뇌물을 주고 밀수해 미국으로 얌을 가져왔다. 얌 10톤에서 스테로이드 성분 디오스게닌diosgenin을 추출해 여러 단계의 화학반응을 거치면 천연 프로게스테론 약 2kg을 얻을 수 있었다. 이 과정은 합성 스테로이드 산업의 기반이 된 마커 분해법Marker degradation으로, 오늘날까지도 응용되고 있다. 디오스게닌을 효율적으로 변환해 대량 생산을 가능하게 한 혁신적인 기술이었다.

마커는 이 기술을 상업화하기 위해 멕시코로 건너가 현지 화학자들과 협력했고, 그의 기술을 토대로 1944년 멕시코시티에 제약사 신텍스Syntex가 설립되었다. 그는 초기 기술 책임자로 합류해 디오스게닌 기반 스테로이드 생산의 기초를 세웠다. 신텍스가 생산을 시작하자, 당시 금보다 비쌌던 프로게스테론의 가격이 그램당 80달러에서 50센트 수준으로 폭락했다.

멕시코 고구마와 화학합성 기술의 만남은 자연에서 극소량만 얻을 수 있던 호르몬을 대량생산할 수 있게 했다. 마커 분해법이 스테로이드의 가격을 드라마틱하게 낮추자, 한때 소수만 사용할 수 있던 호르몬은 누구나 접근 가능한 물질로 변했다. 이 혁명적 전환이 바로 '먹는 피임약' 개발을 가능하게 한 토대였다.

어머니가 되지 않을 권리, 산아제한

과거에는 전염병과 각종 질환으로 어린아이들이 쉽게 목숨을 잃었다. 부모들은 처음부터 자녀를 많이 낳는 것으로 위험에 대비했고, 농업사회는 노동력을 얻기 위해서도 다산을 당연하게 여겼다. 그러나 제2차 세계대전 이후 상황은 급격히 달라졌다. 페니실린을 비롯한 항생제의 보급, 위생 개념의 확산 그리고 영양 상태의 개선은 영아 사망률을 눈에 띄게 낮췄다. 아이를 반드시 많이 낳아야 할 이유가 줄어든 것이다. 여기에 여성의 사회 진출이 활발해지면서 임신을 피하려는 수요가 커졌다. 바로 이 시기에, 여성의 권리를 지키고 새로운 시대를 열어가려는 열정적인 인물이 역사 무대에 등장했다.

미국의 여성 인권운동가 마거릿 생어Margaret Sanger는 19세기 중엽 발생한 아일랜드 대기근을 피해 이민 온 가톨릭 가정에서 자랐다. 석수장이인 그녀의 아버지는 집안일에 무관심했고, 어머니는 열여덟 번 임신해 일곱 번은 유산하고 열한 명의 자녀를 낳았다. 끊임없는 임신과 출산은 생어 어머니의 건강을 해쳤고, 50세라는 이른 나이에 결핵으로 세상을 떠났다.

그때 생어의 나이는 겨우 열아홉. 장례식장에서 그녀는 아버지를 향해 울분 섞인 말을 내뱉었다. "아버지가 어머니를 죽인 거예요. 어머니는 너무 많은 아이 때문에 돌아가신 거라고요." 이 충격적인 경험은 훗날 생어가 피임 운동과 여성 해방 운동에 뛰어드는 결정적인 계기가 되었다.

간호사가 된 생어는 임신한 여성을 돌보며 무지와 가난이 얼마나 가혹한 짐이 되는지 직접 목격했다. 여성이 피임법을 알지 못해 원치 않는 임신을 하고, 불법 낙태 끝에 감염과 출혈로 목숨을 잃는 것은 흔한 일이었다. 이 비극적인 현실은 그녀에게 깊이 각인되었다.

생어는 여성이 자신의 몸과 출산을 스스로 결정할 때 비로소 평등할 수 있다고 확신했다. 그녀는 이를 사회 운동으로 확산시키기 위해 '산아제한birth control'이라는 강력한 구호를 내세웠다. 이 표현은 그녀가 처음으로 만들어낸 용어다. 이후 생어는 산아제한운동을 여성 해방의 핵심 과제로 삼아 평생을 헌신했다.

"여성이 어머니가 될지 말지는 스스로 결정할 수 있어야 한다." 마거릿 생어가 남긴 이 선언은 단순한 구호가 아니었다. 1916년 10월 16일, 그녀는 뉴욕 브루클린에 미국 최초의 '산아제한 클리닉'을 열었다. 원치 않는 임신을 거듭하며 고통받던 여성들에게 피임법을 알려주고, 직접 사용할 수 있도록 안내한 것이다.

하지만 시대는 그녀를 가만두지 않았다. 콤스톡법은 피임 기구와 피임 정보도 '외설물'로 규정해 배포를 금지했다. 의사조차 환자에게 피임법을 가르쳐줄 수 없는 현실이었다. 클리닉을 개설한지 열흘 만에 경찰이 들이닥쳤고, 생어와 동료들은 체포되었다. 법정에서 그녀는 "나는 법을 어겼지만, 여성의 생명을 구하기 위해

마거릿 생어. 간호사로 일하던 생어는 다산과 빈곤이 산모의 생존을 위협한다고 생각해 산아제한운동을 벌였다. 1916년 뉴욕 브루클린에서 최초의 산아제한 클리닉을 열었으며, 1921년 미국 산아제한연맹을 창립했다. 피임 투쟁을 벌임으로써 19세기부터 불법이었던 피임을 합법으로 인정받게 했고, 그레고리 핀커스에게 피임약 개발을 권유하고 연구 자금을 지원하는 등 피임약 개발에 앞장서 경구피임약을 개발하는 데 크게 기여했다. 생어는 노벨 평화상 후보로 31번이나 추천받았다. ⓒLibrary of Congress

한 행동이다"라고 당당히 맞섰다.

재판 결과, 생어는 30일간의 구류형을 선고받았다. 그러나 이 사건은 그녀를 침묵시키기는커녕 오히려 더 큰 관심을 불러일으켰다. 신문과 대중의 논쟁을 촉발한 이 사건으로 피임은 더 이상 은밀한 사적 문제가 아니라, 사회적·정치적 쟁점으로 떠올랐다. 생어가 감옥에서 풀려날 때쯤, 세상은 이미 여성의 피임 권리를 논의하기 시작했다.

1873년 미국 의회는 '콤스톡법Comstock Act'을 통과시켰다. 이름 그대로 죄악 추방 운동가 앤서니 콤스톡이 주도한 법이다. 청교도적 금욕주의 가정에서 자란 그는 남북전쟁에 북군으로 참전한 뒤, 전후의 산업화와 도시화가 미국을 타락시킨다고 규정했다. 그는 사회가 음란하고 악마 같은 상태로 변했다고 규정하고 도덕적으로 정화하기 위해 노력했다. 콤스톡의 눈에 피임 정보와 낙태, 성매매, 외설물은 모두 사회를 좀먹는 악이었다.

이 법은 당시 미국 사회의 이면과 맞닿아 있었다. 남북전쟁이 끝난 뒤 자본주의는 눈부시게 팽창했지만, 그 번영은 불평등과 부패로 얼룩져 있었다. 사람들은 이 시기를 '도금시대gilded age'라 불렀다. 『허클베리 핀의 모험Adventures of Huckleberry Finn』으로 유명한 미국 작가 마크 트웨인Mark Twain이 발표한 풍자소설의 제목에서 유래한 말로, 겉은 금빛이지만 속은 졸부의 사치와 정치의 부패, 도덕의 해이로 썩어 있었다.

콤스톡법은 이 혼탁한 시대를 정화하겠다는 명분으로 만들어졌다. 그러나 결과는 달랐다. 피임을 알려주는 의사는 고발당했고, 낙태는 전면 금지되었다. 성매매나 관련 물품을 거래하는 이들은 줄줄이 감옥에 갔다. 콤스톡은 연방우체국 특별 수사관이 되어 법 집행의 선봉에 나섰고, 수천 건의 기소와 압수를 지휘했다. 그의 이름이 붙은 이 법은 한 세대 이상, 미국 여성의 피임 권리를 가로막는 족쇄가 되었다.

뉴욕주는 한때 콤스톡법에 따라 피임에 관한 정보조차 입 밖에 낼 수 없는 땅이었다. 법은 피임 기구를 '외설적이고 풍속을 해치는 물건'으로 규정해 사용을 전면 금지했다. 그러나 시대의 요구는 달랐다. 1921년, 마거릿 생어의 집념으로 '미국 산아제한연맹'이 창립되면서 변화의 불씨가 지펴졌다.

1936년 연방법원의 판결은 결정적인 전환점이 되었다. 의사가 피임 기구를 처방하거나 환자에게 피임법을 설명하는 것이 더 이상 불법이 아니라고 선언한 것이다. 그럼에도 당시 의사가 제공할 수 있는 피임 수단은 고작 콘돔과 페서리pessary(질 속에 넣어 자궁경부를 덮는 고무나 실리콘 재질의 피임 기구)에 한정되었다. 의학적 진보와 사회적 요구 사이에는 여전히 깊은 간극이 존재한 셈이었다.

콤스톡법을 무너뜨린 마거릿 생어는 깨달았다. 단순한 사회 운동만으로는 한계가 있다는 것을. 여성에게 진정 필요한 것은 '자유롭게 쓸 수 있는 도구'였다. 그녀는 생각을 달리했다. "더 간편하고, 더 안전하며, 누구나 손쉽게 사용할 수 있는 방법은 없을까?" 그 순간 떠오른 발상은 혁명적이었다. 아스피린처럼 알약 하나만 삼켜서 임신을 피할 수 있다면 어떨까. 필요할 때는 약을 먹고, 원할 때 끊으면 된다. 복용 여부를 스스로 선택할 수 있는 그 자유야말로 여성 해방의 열쇠라고 믿었다.

그때부터 산아제한운동은 새로운 국면에 접어들었다. 법정 투쟁이나 사회 개혁만으로는 한계가 있었다. 여성에게 진정한 자유를 주려면 과학의 힘을 빌려야 했다. 약으로 임신을 조절할 수 있다면, 그것이야말로 혁명이었다.

그러나 문제는 간단하지 않았다. 기존 제약사는 피임약을 '시장성이 없는 물건'이라 치부하며 외면했다. 회사로서는 피임으로 인한 종교계의 반발과 불매운동이 일어날 수 있다는 현실적인 어려움도 무시하지 못했다. 따라서 개인이 신약을 개발하려면, 기존 관념에 맞서 약을 만들어줄 용기 있는 과학자와 막대한 연구비를 댈 후원자가 필요했다. 바로 이 지점에서 마거릿 생어는 뜻밖의 동지를 만난다.

그 사람은 여권 신장 운동가 캐서린 매코믹Katharine McCormick 부인이다. 잘나가는 사업가 집안의 남편이 세상을 떠난 뒤 막대한 재산을 상속받은 그녀는, 피임약 개발의 든든한 후원자가 된다. 매코믹의 남편은 조현병을 앓았는데, 당시에는 조현병이 유전된다고 믿었다. 그래서 그녀는 아이를 낳지 않았다.

아이를 갖지 못한 개인적 사연은, 다른 여성에게 피임이라는 새로운 선택권을 주는 결심으로 이어졌다. 생어와 의기투합한 부유한 미망인 매코믹은 신약 개발 자금을 아낌없이 제공했다. 피임약 개발의 역사는 이렇게 여성 운동가와 과학자 그리고 막대한 자본이 손을 잡으면서 본격적으로 시작되었다.

74세의 고령이 된 마거릿 생어와 78세의 캐서린 매코믹은 마침내 하버드 대학의 유대인 출신 생식 생물학자를 찾아냈다. 그레고리 핀커스Gregory Pincus다. 그는 토끼의 난자를 꺼내 체외에서 수정시켜 새끼를 얻는 데 성공한 인물로, 세계 최초의 인공수정 실험을 한 과학자다. 하지만 그 성과는 곧 조롱으로 돌아왔다. 언론은 그를 '아버지 없는 토끼를 만든 사람'이라 부르며 신의 섭리를 거슬렀다고 비난했다. 거기에 더해 '프랑켄슈타인을 만드는 박사'라는 낙인을 붙였다.

결국 핀커스는 하버드 대학에서 자리를 얻지 못하고 학교를 떠나야 했다. 연구비도 끊기고 말았다. 동물 생식에 관한 연구를 이어갈 길이 막힌 것이다. 바로 그때, 열정적인 두 명의 노년 페미니스트가 나타났다. 피임약을 만들 과학자를 찾아 헤매던 끝에 생어와 매코믹은 핀커스를 만난 것이다.

매코믹은 거액의 사재를 내놓았고, 핀커스는 다시 실험실 불을 밝힐 수 있었다. 그는 토끼에게 프로게스테론을 투여하자 배란이 억제되면서 임신이 이루어지지 않는다는 사실을 확인했다. '먹어서 피임할 수 있는 약'이라는 대담한 목표가 그의 눈앞에서 현실로 다가왔다.

마침 러셀 마커가 멕시코 고구마에서 프로게스테론을 대량 합성하는 길을 열자, 합성 프로게스테론 유도체는 수백 종에 이를 만큼 쏟아져 나왔다. 핀커스는 그동안 토끼를 대상으로 피임 효과를 시험했는데, 이제는 사람에게 직접 투여할 수 있는 약을 찾아야 했다. 그중 유력 후보가 노르에틴드론norethindrone과 노르에티노드렐norethynodrel이었다. 핀커스는 약효가 우수하고 부작용이 적은 노르에티노드렐을 선택했다. 이제 남은 과제는 임상 시험과 대량생산이었다. 이를 위해서는 제약사의 협력과 산부인과 의사의 참여가 절실했다.

세상을 바꾼
에노비드

스테로이드 생산에 혁명을 가져온 러셀 마커는 경영권과 수익 배분을 둘러싼 갈등이 커지면서 회사와의 관계가 틀어졌다. 그는 신텍스를 나와 자신이 세운 생산 기반을 뒤로한 채 멕시코를 떠나야 했다. 멕시코 제약사 신텍스에서 마커의 후임으로 온 오스트리아 출신의 젊은 화학자 칼 제라시Carl Djerassi는 획기적인 물질을 합성했다. 먹으면 효능이 사라지는 프로게스테론의 한계를 넘어, 몸속에서 안정적으로 작용하는 합성호르몬 노르에틴드론을 만들어낸 것이다. 이것은 새로운 시대를 예고하는 신호탄이었다. 제라시가 세상에 내놓은 이 작은 분자는 '경구용 프로게스틴progestin'이 가능하다는 사실을 증명하며 천연 호르몬에 묶여 있던 기존 관념을 뒤흔들었다. 이 돌파구는 과학자들에게 확신을 심어주었다. 피임약은 이제 실현 가능한 미래가 되었다.

이듬해 시카고에 본사를 둔 설Searle에서는 노르에틴드론과 분자구조가 비슷한 노르에티노드렐을 합성했다. 두 물질은 모두 인체에서 안정적으로 작용했다. 설 연구진은 동물실험을 통해 노르에티노드렐이 피임 효과가 있다는 사실을 확인했다. 여성의 몸속에 일정량의 호르몬이 들어가면 이미 임신한 것처럼 착각해 배란이 멈추는 원리였다. 오늘날 경구피임약은 바로 여기서 시작된다.

경구피임약 개발 과정에서 연구자들을 가장 당혹스럽게 한 것은 예기치 못한 자궁 출혈이었다. 노르에티노드렐만 투여했을 때 간혹 출혈이 나타났고, 처음에는 불순물 때문이라 여겼다. 그러나 약물을 더 정제할수록 출혈은 오히려 심해졌다. 역설적이게도 불순물에 출혈을 막는 성분이 숨어 있던 것이다.

분석 끝에 불순물의 정체가 메스트라놀mestranol이라는 합성 에스트로겐임이 밝혀졌다. 소량이 섞여 있을 때는 출혈이 줄었지만, 제거하면 오히려 심해졌다. 노르에티노드렐로 배란 억제는 가능했지만, 자궁 내막이 불안정해 돌발 출혈이 잦았던 것이다. 반대로 메스트라놀은 내막을 안정시켜 출혈을 막아주었다. 이 발견은 프로게스틴과 에스트로겐을 함께 사용하는 현대 피임약의 기본 구성을 완성하는 계기가 되었다.

흥미로운 사실은 두 물질 모두 스테로이드 골격을 공유하면서도, 분자구조의 작은 차이가 전혀 다른 호르몬 작용을 만들어낸다는 점이다. 미묘한 변화가 극적인 생리 효과를 낳는 스테로이드 호르몬의 세계에서, 메스트라놀의 '뜻밖의 등장'은 경구피임약의 마지막 퍼즐 조각이 되었다. 설은 합성 프로게스틴 노르에티노드렐과 합성 에스트로겐 메스트라놀을 섞어 최초의 경구피임약 에노비드Enovid를 만들었다. 이제 남은 과제는 사람에게 직접 투여해 효과와 안전성을 확인하는 일이었다.

1954년 그레고리 핀커스와 산부인과 의사 존 록John Rock은 임상 시험 장소를 푸에르토리코로 정했다. 플로리다 아래 카리브해에 있는 이 섬은 미국 자치령이지만, 주가 아니어서 콤스톡법이 적용되지 않았다. 피임 규제가 덜 엄격했고 출산율이 높아 산아제한 정책에 적극적이었다. 임상 시험 환경으로는 최적지였다.

주목할 점은 존 록이 피임에 반대하는 교리를 가진 독실한 가톨릭 신자라는 것이다. 교리상 피임은 금지되었지만, 그는 여성의 건강과 권리를 위해 피임약 개발을 지지했다. 신앙과 과학 사이의 갈등에서 그는 임상 시험을 이끌며, 피임약 역사에 중요한 발자취를 남겼다.

교육 수준이 낮고 가난한 푸에르토리코 여성 수백 명을 대상으로 임상 시험이 시작되었다. 임상 과정은 순조롭지 않았다. 약을 복용한 여성 가운데 상당수가 두통과 구토, 어지러움 같은 부작용을 호소했다. 시험이 진행되는 동안 3건의 사망 사례까지 보고되었지만, 연구진은 시신을 부검하지 않은 채 심장마비로 기록하며 약물과의 연관성을 면밀히 조사하지 않았다. 존 록은 지나친 건강

염려증이나 심리적인 문제라고 무시했다. 그에게는 에노비드가 피임 효과가 있다는 사실이 가장 중요했다. 비윤리적이고 위험천만한 과정이었지만, 임상 시험 결과 피임 성공률은 거의 100%에 달했다.

1957년 미국 FDA는 마침내 에노비드를 승인했다. 그러나 콤스톡법의 제약을 피하기 위해 '피임약'이라는 이름은 사용할 수 없었다. 대신 생리불순 치료제라는 명목으로 시장에 나왔다. 하지만 여성들은 곧 이 약의 진짜 가치를 알게 되었다. 월경을 조절한다는 표면적 이유 뒤에는, 임신을 막아주는 혁신적인 효과가 숨어 있었던 것이다.

출시 후 몇 년 만에 미국에서만 수십만 명의 여성이 이 약을 복용했고, 1960년에는 드디어 피임 목적으로 정식 승인을 받았다. 사람들은 높은 피임 효과에 경탄했지만, 두통·구토·혈전 같은 부작용은 논란을 불러일으켰다. 에노비드는 심장병과 혈전 생성 부작용으로 노르웨이와 소련에서 판매가 금지되기도 했다.

그럼에도 에노비드의 확산 속도는 놀라웠다. 1960년대 중반까지 미국에서 수백만 명이, 전 세계적으로는 수천만 명에 이르는 여성이 피임약을 사용했다. 에노비드는 단순한 약을 넘어, 여성의 삶을 뒤흔든 변화의 출발점이었다.

경구피임약의 등장은 성과 출산을 분리시켰고, 1960년대 미국 사회를 뒤흔든 성 혁명의 기폭제가 되었다. 더 이상 원치 않는 임신 때문에 서둘러 결혼하거나 학업과 사회생활을 포기하지 않아

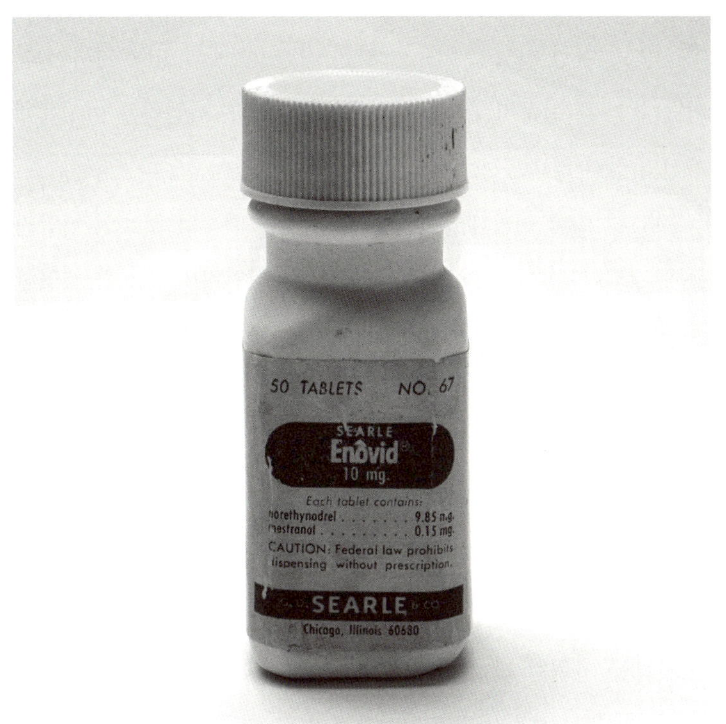

최초의 복합 경구피임약 에노비드. 생리불순 치료제로 1957년 미국 FDA 승인을 받은 뒤, 안전성을 검증하기 위해 여성 897명을 대상으로 임상 시험을 거쳐 1960년 출시했다. 에노비드는 임신과 육아에 묶여 있던 여성이 스스로 임신을 결정할 수 있게 함으로써, 단순한 약이 아니라 여성의 삶을 근본적으로 바꿔놓았다. 1998년 세계 지식인 포럼인 '에지Edge'가 선정한 '2000년 동안 가장 위대한 발명품 121개'에 뽑혔다. ©Science History Institute

도 된 것이다.

이 변화는 곧 여성의 사회적 지위에도 반영되었다. 미국에서 여성 변호사·판사의 비율은 1970년 5% 안팎에서 2000년 30%로 뛰어올랐고, 여성 의사의 비율도 같은 기간 9%에서 30% 가까이 늘어났다. 다른 전문직 분야 역시 마찬가지였다. 피임약은 여성에게 자신의 삶과 경력을 스스로 설계할 자유를 열어주었다.

1965년 미국 연방대법원은 판결을 통해 결혼한 부부의 피임권을 인정했다. 정부가 임신과 피임이라는 개인적인 문제에 개입할 수 없다는 것이다. 다만 이 권리는 처음에는 기혼 부부에게만 적용되었고, 미혼 여성에게까지 확장된 것은 1972년 판결 이후였다. 이로써 미국 전역에서 피임약 복용은 합법적인 권리가 되었다.

피임약은 여러 사람의 노력이 합쳐 이뤄낸 결실이다. 흔히 '피임약의 아버지'라 불리는 이는 그레고리 핀커스이지만, 그 외에도 더 많은 사람의 이름이 함께 있다. 화학합성을 통해 경구용 피임약의 토대를 마련한 러셀 마커와 칼 제라시, 임상 시험을 이끈 의사 존 록 그리고 시대를 바꾼 여성운동가 마거릿 생어와 재정적으로 뒷받침한 캐서린 매코믹이다. 이들의 집념이 모여, 여성이 자신의 몸과 삶을 스스로 선택할 수 있는 시대를 열었다.

그중 마거릿 생어의 불타는 열정은 한 시대를 뒤흔들었다. 시대착오적인 낡은 콤스톡법에 맞서 여성의 피임권을 주장했고, 다른 과학자들과 협력해 경구피임약 시대를 열었다. 그녀는 사회 변화를 이끈 창조적인 혁신가였다. 어린 시절 어머니가 겪은 과도한 출산과 간호사로서 목격한 여성들의 비극은 그녀를 멈출 수 없게 한 기폭제였다. 생어는 뜻을 함께한 이들과 연대하며 불가능해 보이던 꿈을 현실로 바꾸었다.

"어머니가 될 것인가, 되지 않을 것인가는 여성 스스로 선택할 권리다. 그전에는 누구도 자유롭다고 말할 수 없다." 마거릿 생어가 남긴 이 말은 그녀 삶의 신념을 압축한다. 가난과 억압에서 시작된 작은 외침은 마침내 전 세계 여성의 자기 결정권을 지켜내는 거대한 흐름이 되었다. 그녀는 과학자도 정치가도 아니지만, 뜨거운 열망으로 경구피임약 시대를 열었고, 여성의 몸을 지배해온 역사의 사슬을 끊어냈다.

마거릿 생어는 생전에 무려 31차례나 노벨 평화상 후보로 지명되었지만, 끝내 수상의 영광은 안지 못했다. 노벨상 후보 추천은 한 해에도 여러 인사로부터 동시에 받을 수 있어, 누적된 지명 횟수는 그만큼 그녀의 영향력과 시대적 위상을 잘 보여준다. 그러나 상보다 더 큰 영광은, 수많은 여성의 삶을 자유와 평등의 길로 이끈 업적 그 자체였다. 그녀가 1966년 눈을 감을 때, 이미 세상은 더 이상 이전과 같지 않았다.

새 술은 새 부대에 담아야 한다는 말처럼, 세상은 끊임없이 변한다. 피임약을 탄생시킨 마거릿 생어의 삶이 마음속에 깊은 울림을 주는 까닭은, 낡은 법과 굳은 관습에 맞서 평생토록 이웃의 고통을 외면하지 않고 그것을 바로잡기 위해 헌신했기 때문이다.

68혁명의 불꽃,
금지하는 것을 금지하라

1968년은 제1·2차 세계대전의 영웅 샤를 드골Charles De Gaulle 대통령이 제5공화국을 세운 지 꼭 10년이 되는 해였다. 드골은 '위대한 프랑스 재건'을 외치며 경제 성장을 이끌었고, 냉전 속에서 프랑스의 위상을 높였다. 그러나 사회는 점점 보수화되었다. 권력이 대통령에게 집중되었고, 의회는 그의 카리스마에 눌려 제 기능을 잃었다. 조직에서는 윗사람의 권위에 도전하는 것이 용납되지 않았고, 가부장적 질서 아래 여성의 권리는 억눌렸다. 학교 현장에서도 엄격한 규율이 지배하며 선후배 갈등이 끊이지 않았다.

이런 분위기에서 터져 나온 것이 1968년의 '68혁명'이다. 발단은 사소해 보이는 일상이었다. 기숙사 통금, 남학생의 여자 기숙사 출입 금지 같은 규정이 자유를 갈망하던 학생들의 분노를 폭발시켰다. "10년이면 충분하다"라는 구호가 상징하듯, 젊은 세대는 드골이 상징하는 가부장적 권위를 거부했다.

학생들의 문제의식은 교육 자체로 번졌다. 교육은 단순한 학문이 아니라 자본주의 사회에서 직업과 직결되었고, 경쟁에서 이겨야만 고소득과 지위를 보장받을 수 있었다. 불평등한 구조를 깨닫게 된 학생들의 목소리에 노동자들이 합세했다. 억눌렸던 교육과 노동 문제가 결합되자, 프랑스는 순식간에 전국적인 총파업의 소

68혁명 당시 프랑스 남서부 툴루즈의 카피톨 광장Place du Capitole에 모인 시위대. 1968년 5월 혁명은 실패했으나, 사회적으로 엄청나게 큰 영향을 미쳤다. 프랑스에서는 종교, 애국주의, 권위에 대한 복종 등의 보수적인 가치들을 대체하는 평등, 성 해방, 인권, 공동체주의, 생태주의 등의 진보적인 가치들이 사회의 주된 가치로 자리매김했으며, 이러한 경향이 현재의 프랑스를 주도하고 있다. ⓒAndré Cros

용돌이에 휘말렸다.

혁명에 동참한 젊은이들과 노동자들은 권위주의 질서를 무너뜨리고, 거대 자본가와 기술 관료주의가 지배하는 교육 제도를 비판하며, 피비린내 나는 베트남전쟁에 반대하는 선언을 내놓았다. 그들의 분노와 열망은 단순한 학내 시위가 아니었다. 그것은 기성세대가 물질적 풍요에 안주하며 청년들을 자본주의 틀 안에 길들이려 한다는 통렬한 고발이었다. 새로운 세대가 요구한 것은 더 많은 돈이 아니라 자유였다. 그들은 권위주의를 거부하고, 자기 목소리를 낼 수 있는 표현의 자유를 갈망했다.

드골 정부는 거세진 시위를 경찰력으로 진압하려 했다. 그러나 자유를 향한 열망은 오히려 불길처럼 번졌다. 5월 말, 프랑스 전역에서 파업에 나선 학생과 노동자는 900만 명에 달했다. 국가 전체가 멈춰 선 셈이었다. 결국 드골은 군 투입까지 검토했고, 5월 30일에는 의회 해산을 선언하며 정국 돌파에 나섰다.

우파의 상징인 드골이 총선을 통해 재신임을 호소하자, 무정부 상태를 두려워한 유권자들은 변혁보다 안정을 택했다. 구심점을 잃은 학생조직과 분열된 좌파는 힘을 잃었고, 6월 총선에서 드골이 이끄는 우파는 의석의 70%를 휩쓸며 압승했다. 여름이 되자 실망한 학생들은 바캉스를 떠났고, 노동자들도 속속 일터로 돌아갔다. 프랑스를 뒤흔든 68혁명은 그렇게 막을 내렸다.

68혁명은 비록 정치적으로는 실패였지만, 사회적으로는 거대한 균열을 일으켰다. 정통 종교와 애국주의, 권위에 대한 복종 같은 보수적 가치가 무너지며, 평등·인권·성 해방·공동체·생태주의 같은 새로운 가치가 고개를 들었다. 청년들은 "금지하는 것을 금지하라"는 구호를 외치며 기존 질서가 강요하는 금지와 강압에 맞섰다. 경쟁이 아니라 공존, 차별이 아니라 평등, 체제 유지가 아니라 인권을 인간의 소중한 가치로 재발견한 것이다.

드골은 총선에서 승리했으나, 그의 권위는 금이 갔다. 이듬해 개헌 국민투표가 부결되자 대통령직에서 물러나고 말았다. 혁명은 좌절되었지만, 자유와 평등을 향한 열망은 프랑스를 넘어 유럽과 미국, 일본, 남미로 퍼져나갔다. 남녀평등, 사회평등, 반전운동, 히피 문화는 시대를 공유한 젊은이들의 구호가 되었고, 그 함성은 거리와 대학을 가득 메웠다. 그러나 세계를 휩쓴 68혁명의 불길은 우리나라에는 상륙하지 못했다.

당시 한국은 군사정권 아래서 근대화와 경제개발에 집중하고 있었다. 강력한 권위주의 체제를 구축한 박정희 정권은 사회 전반을 통제했고, 사람들은 자유와 해방보다 먹고사는 문제와 국가 안보에 더 몰두할 수밖에 없었다. 68혁명의 바람을 타고 유럽 청년들이 외친 성 해방과 기성 문화를 뒤흔드는 새 흐름은 당시 한국 사회에는 너무나 낯설고 이질적이었다.

물론 우리에게도 학생운동이 있었다. 1960년 4·19혁명으로 독재정권을 무너뜨린 경험이 있고, 1964년 한일 협정 반대 시위, 1965년에는 베트남전 파병 반대 시위가 이어졌다. 그러나 당시 운동의 중심은 어디까지나 반독재와 민족주의, 국가 주권 수호라는 현실적 과제에 집중되었다. 청년들은 정치적 자유와 독립을 외쳤지만, 서구의 68혁명처럼 일상의 규율과 가치 체계를 근본적으로 뒤흔들고 성, 공동체, 문화 전반의 질서를 전복하려는 급진적 움직임은 한국 사회에 뿌리내리지 못했다.

성 해방의 상징에서
출산 통제의 수단으로

경구피임약의 등장은 68혁명과 함께 성 해방의 상징이 되었다. 이전까지 금기시되던 성과 피임 이야기가 공개적으로 오르내리기 시작한 것도 이 무렵이다. 미혼 여성이 피임약을 복용하기 시작했고, 결혼을 구속으로 여겨 독신을 선택하는 여성도 늘어났다. 억눌린 성적 욕구를 솔직히 표현하는 것이 더 이상 부끄러운 일이 아닌 시대가 열린 것이다. 성차별 철폐, 성 개방, 성적 자기 결정권 같은 진보적 구호가 서구 사회의 거리와 강단을 메우며 봇물 터지듯 쏟아져 나왔다.

피임약은 정해진 용법대로 복용하면 99% 이상의 높은 성공률을 자랑한다. 1973년 미국 연방대법원의 판결로 낙태까지 합법화되면서, 원치 않는 임신에 대한 두려움은 한층 줄어들었다. 성문화가 급격히 개방되던 20세기 후반, 항생제의 등장과 보급은 인류의 오래된 걱정을 씻어냈다. 페니실린과 테트라사이클린은 매독, 임질, 연성하감 같은 성병을 더 이상 공포의 병이 아니라, 비교적 간단히 치료할 수 있는 질환으로 만들었다.

그러나 성 혁명은 또 다른 파장을 초래했다. 이혼율이 치솟으면서 가정은 흔들렸고, 가족이라는 울타리의 정체성마저 흔들리기 시작했다. 기독교계는 이에 맞서 생명의 신성함을 내세워 낙태 반대 운동에 나섰다. 피임조차 단순한 의학적 선택이 아니라 신이 부여한 생명의 질서를 거스르는 행위로 규정되었고, 신의 영역을 침범한 도전으로 여겨졌다.

1980년대 에이즈가 동성애자 사이에서 확산되자, 종교계는 곧바로 이 병을 '성적 타락에 대한 신의 벌'로 규정했다. 퍼져가는 두려움 속에 성문화는 보수의 장벽에 가로막혔고, 순결을 외치는 목소리는 더욱 높아졌다. 한때 뜨겁게 타올랐던 성 해방의 불길은 그렇게 차갑게 꺼져갔다.

우리나라에서 피임약의 보급은 개인의 선택이 아니라 정부의 주도로 시작되었다. 목표는 분명했다. 인구를 억제하는 것과 출산율을 낮춰 경제 성장을 끌어올리는 것이었다. 1963년 가족계획이 국책 사업으로 추진되면서 피임약은 국가에 의해 공식적으로 도입되었다. '인구가 줄어야 1인당 국민소득이 올라간다'라는 경제 논리가 그 출발점이었다.

당시 상황은 절박했다. 1960년대 초 여성 한 명이 낳는 평균 자녀 수는 여섯 명에 달했다. 정부는 캠페인 구호를 시대에 맞춰 바꿔가며 강력한 산아제한 정책을 펼쳤다. 1960년대에는 "세 살 터울 셋만 낳고 단산하자", 1970년대에는 "딸 아들 구별 말고 둘만 낳아 잘 기르자", 1980년대에는 마침내 "둘도 많다, 하나만 낳아 잘 기르자"로 슬로건을 바꾸었다. 구호가 바뀔 때마다 출산율은 가파르게 하락했고, 피임약은 그 과정에서 중요한 수단으로 자리 잡았다.

강압적으로 추진된 정부의 산아제한 정책은 깊은 상처를 남겼다. 서양에서 피임약이 여성 해방의 상징으로 자리 잡았다면, 우리나라 여성에게는 강제적인 출산 통제의 기억과 도입 초기 피임약이 일으킨 구토, 소화불량, 체중 증가, 혈전 위험 등의 부작용이 각인되었다. 그런데도 권위적인 정부는 인내심을 갖고 참으라고 요구했다. 피임약은 자신의 건강과 가족 수를 조절하기 위한 것이라며, 먹어야겠다는 정신력이 있으면 부작용이 훨씬 줄어들 것이라고 말하며 강요했다. 이후 피임약은 세대를 거듭하며 에스트로겐 함량은 크게 줄고 프로게스테론 성분도 바뀌어 부작용은 눈에 띄게 개선되었지만, 한번 높아진 마음속 문턱은 쉽게 낮아지지 않았다. 오늘날에도 우리나라의 경구피임약 사용률은 약 2%에 머문다. 미국의 14%, 프랑스의 36%와 비교하면 현격히 낮은 수치다.

현재 피임약은 과거와는 전혀 다른 모습이다. 1세대 에노비드에서 세대를 거쳐 최근의 4세대 약물에 이르기까지, 반세기 동안 호르몬 용량은 대폭 줄고 안전성은 크게 향상되었다. 피임약은 더 이상 견디며 억지로 먹는 약이 아니다. 하지만 그것이 여성의 권리로 뿌리내리기까지, 우리 사회의 성문화와 인식은 여전히 풀어야 할 과제를 안고 있다. 피임약이 여성 스스로 몸을 지키는 권리로 자리 잡기까지, 우리의 성문화와 사회적 인식은 여전히 풀어야 할 숙제를 안고 있다.

오바마 정부의 딜레마
사후피임약

사전피임약은 매일 같은 시간에 복용해야 효과가 유지되고, 사후피임약은 성관계 후 정해진 시간 안에 복용해야 효과를 기대할 수 있다. 처음에는 72시간 안에 복용하는 약만 있었는데, 지금은 120시간까지 사용할 수 있는 사후피임약도 나왔다. 복용 시점이 빠를수록 효과는 높아 12시간 이내에는 90% 이상, 24시간 이내에는 약 80%, 72시간이 지나면 60% 수준으로 효과가 떨어진다.

사후피임약은 대체로 고용량 프로게스틴 단일 성분으로 만든다. 레보노르게스트렐(제품명: 노레보원, 포스티노원)은 72시간 이내, 울리프리스탈(제품명: 엘라원)은 120시간 이내 복용할 수 있다. 일반 피임약의 프로게스틴 용량이 100~150μg 수준이라면, 사후피임약은 1,500μg에 달해 10배가량 많다. 식사와 상관없고 월경주기 어느 때라도 복용 가능하지만, 3시간 안에 구토하면 한 알을 다시 먹어야 한다.

사후피임약을 둘러싼 논쟁은 단순한 찬반을 넘어선, 복잡한 사회적 쟁점이었다. 자유로운 접근을 원하는 사람들과 처방 제한을 주장하는 의사 단체 그리고 도덕적 죄악으로 규정한 종교 단체가 맞부딪쳤다. 미국에서는 오바마 정부 시절 갈등이 정점에 달했다.

사후피임약 '플랜 BPlan B'는 1999년 이스라엘 제약사 테바Teva가 처음 미국 시장에 내놓았다. 출시 당시에는 반드시 의사의 처방전을 받아야 하는 전문의약품이었다. 그러나 곧 여성단체들이 "응급 상황에서 신속히 구해야 한다"며 약국에서 바로 살 수 있는 일반의약품으로 전환하도록 요구했고, 과학자들도 안전성에 큰 문제가 없다며 동의했다.

하지만 보수적인 부시 행정부는 끝내 응하지 않았다. 논란은 몇 년을 끌었고, 2006년에 와서야 미국 FDA는 18세 이상 여성에게 한해 처방전 없이 구매할 수 있도록 제한적으로 허용했다. 오바마 정부가 들어선 뒤인 2009년에는 그 기준이 17세로 낮아졌다.

사후피임약을 둘러싼 결정적인 변화는 2011년에 일어났다. 미국 FDA가 드디어 "연령 제한을 없애고 플랜 B를 전면 일반의약품으로 전환한다"라고 발표한 것이다. 그런데 오마바 정부의 보건복지부 장관 캐슬린 시벨리어스Kathleen Sebelius가 제동을 걸었다. "11세 소녀도 임신할 수 있는데, 이 연령대에서의 안전성은 확인되지 않았다"라는 이유였다. 전문가 집단 미국 FDA가 과학적 근거로 내린 결정을 장관이 정치적 판단으로 뒤집은, 전례 없는 일이었다.

전통적으로 여성의 선택권을 존중해온 미국 오바마 민주당 정부가 플랜 B의 자유로운 구입을 막은 것은 의외였다. 그러나 그 이면에는 정치적 계산이 깔려 있었다. 2012년 재선을 앞둔 오바마 대통령은 보수층의 반발을 자극할 만한 뜨거운 논쟁을 피하고 싶었다. 결국 연령 제한을 유지한 결정은 과학적 근거보다 이해관계가 앞선 '정치적 선택'이라는 비판을 불렀다. 플랜 B가 일반의약품으로 풀리면 부모 몰래 청소년들이 남용할 수 있다는 가톨릭·기독교 보수 진영의 여론을 의식한 결과였다.

논란은 점차 법정으로 옮겨갔다. 2013년 미국 연방법원은 "시벨리우스 장관의 결정은 과학보다 정치를 앞세운 것이었다"라며 사후피임약에 대한 연령 제한을 전면 철폐하라고 판결했다. 그러나 오바마 대통령은 물러서지 않았다. 그는 "과학적 근거뿐 아니라 상식적 판단도 중요하다"며 여전히 신중론을 고수했다. 행정부는 15세 이상으로 범위를 좁히는 타협안을 내놓았지만, 법원은 끝내 받아들이지 않았다. 논란 끝에, 같은 해 플랜 B는 모든 연령에서 제한 없이 약국에서 구입할 수 있는 약이 되었다.

오바마 행정부는 법원의 판결을 받아들여 처방전 없이 플랜 B를 약국에서 구입할 수 있도록 했다. 이로써 사후피임약의 접근성은 크게 넓어졌다. 동시에 이 사건은 보건 정책이 단순한 의학적 판단을 넘어 과학적 근거와 정치적 계산 그리고 법적 판결이 교차하는 복합적인 과정임을 여실히 드러낸 상징적 사례가 되었다.

피임약의 역사는 단순한 약물 개발의 진보가 아니라 여성의 권리와 사회적 가치가 부딪힌 투쟁의 기록이다. 서양에서는 여성 해방의 상징이었지만, 우리나라에서는 국가의 출산 통제 수단으로 사용되며 다른 궤적을 그렸다. 사후피임약 논쟁 또한 과학·정치·종교가 얽힌 사회적 갈등을 보여준다. 결국 피임약은 여성에게 삶을 스스로 선택할 자유를 안겨준 인류사의 결정적 전환점이었다.

넓어진 선택의 폭

세계 최초의 피임약 에노비드가 1960년 출시되자마자 폭발적인 반응을 얻었다. 그러나 곧 부작용이 보고되었다. 뇌졸중과 심장병으로 사망하는 사례가 나오면서, 사람들은 이 약을 '호르몬 폭탄'이라고 불렀다. 실제로 에노비드에는 오늘날 필요량보다 훨씬 많은 호르몬이 들어 있었다. 1970년대에 들어서면서 저용량 제제가 개발되자 부작용이 크게 줄었고, 피임약은 이전보다 훨씬 안전한 약으로 자리 잡았다.

경구피임약은 단순히 임신을 막는 약이 아니라, 인체의 호르몬 조절 체계를 세밀하게 조정하는 방식으로 작용한다. 첫째, 뇌하수체의 호르몬 분비를 억제해 배란 자체를 막는다. 둘째, 자궁경부 점액을 끈끈하게 만들어 정자의 자궁 내 진입을 차단한다. 셋째, 자궁 내막의 증식을 억제해 수정란이 착상하지 못하게 한다. 이 세 가지 작용이 함께 이루어지기 때문에 피임 성공률은 99%에 이른다. 약 복용을 중단하면 다시 임신이 가능한 몸으로 회복되며, 대부분 여성은 수주에서 3개월 사이 정상적인 배란과 생리를 되찾는다.

피임약은 세대별로 발전해왔다. 에노비드를 비롯한 1세대는 호르몬 용량이 지나치게 많아 부작용이 잦아서 현재는 거의 사용되지 않는다. 2세대는 레보노르게스트렐, 3세대는 데소게스트렐과 게스토덴, 4세대는 드로스피레논이 대표적이다. 세대가 달라도 에스트로겐은 대부분 같은 성분(에티닐에스트라디올)을 쓰며, 함량은 보통 20μg 또는 30μg이다.

세대가 다르면 피임약의 성격도 달라진다. 2세대 피임약은 레보노르게스트렐의 영향으로 여드름이나 다모증, 체중 증가가 다른 세대에 비해 더 자주 발생한다. 반대로 3세대와 4세대는 안드로겐 특유의 남성화 효과가 적어 피부 상태가 개선되고, 체중 증가에 대한 부담도 한층 줄어든다. 하지만 세대가 높아질수록 혈전 위험이 다소 커져, 드물지만 폐색전증이나 뇌혈전 같은 심각한 부작용 사례도 보고된다. 따라서 세대가 높다고 무조건 더 좋은 것은 아니며, 개인의 건강 상태와 위험 요인을 고려해 약사와 상담한 후 선택하는 것이 바람직하다.

에스트로겐 함량은 약의 특성을 좌우하는 중요한 요소다. 20μg 제제는 메스꺼움·두통·유방 팽만감 같은 부작용이 적지만, 자궁 내막이 불안정해 불규칙적인 출혈이 생기기 쉽다. 반대로 30μg 제제는 출혈이 안정적이지만 부작용은 약간 늘 수 있다. 결국 연령과 체질, 건강 상태에 따라 적합한 선택지가 달라지므로, 자신에게 맞는 약을 고르려면 상담이 필수적이다.

복용법도 중요하다. 피임약은 보통 생리 시작 첫날부터 복용을 시작해 21일간 먹고, 7일은 쉬는 방식으로 28일 주기에 맞춘다. 단순히 피임을 위해서만이 아니라 시험이나 여행, 중요한 일정 때문에 생리를 미루고 싶을 때도 활용된다. 이 경우에는 생리 예정일 최소 일주일 전부터 복용해야 효과가 있으며, 주기가 불규칙하다면 10~14일 전부터 시작하는 것이 안전하다. 간혹 단 며칠을 앞두고 약국을 찾는 경우가 있는데, 이때는 피임약으로 생리를 미루기 어렵다.

장기간 여행처럼 특별한 상황에서는 휴약기 없이 다음 팩을 이어서 복용할 수 있으며, 연속 복용은 3개월 이상도 가능하지만 일반적으로는 3개월 이내로 제한하는 것이 권장된다.

피임약은 대부분 여성에게 안전하지만, 모든 사람이 똑같이 복용할 수 있는 약은 아니다. 특히 35세 이상이면서 하루 한 갑 이상 흡연하는 여성은 혈전 위험이 크게 높아지므로 복용을 피하는 것이 좋다. 가족력, 혈압, 체질량지수, 기저 질환 등에 따라서도 적합한 제제가 달라질 수 있다. 피임약은 단순히 '피임을 위한 약'이 아니라, 여성의 건강과 삶의 질을 좌우할 수 있는 중요한 의약품이라는 점에서, 약을 올바르게 이해하고 신중하게 선택해야 한다.

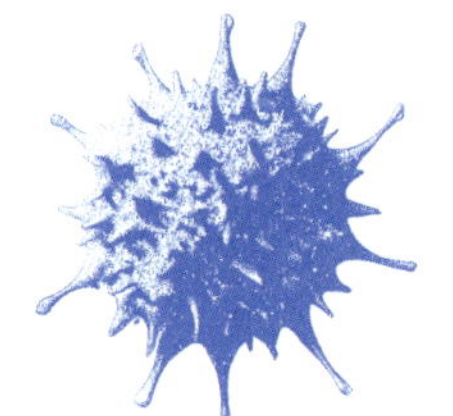

3

카리브해에서 찾은 열쇠

탈모 치료제

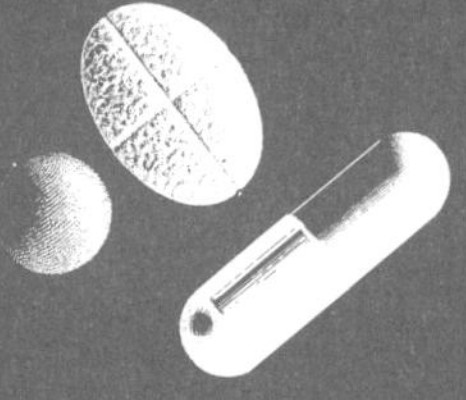

여자아이로 자라던 아이가 사춘기에 접어들어
목소리가 굵어지고 근육이 붙더니, 어느 날 갑자기
남성의 생식기가 발달하는 모습은 충격이었다.
처음엔 신의 저주로 여겨 조롱과 낙인이 뒤따랐지만,
1970년대 내분비학자 맥긴리가 이 현상의 비밀을 밝혔다.
남성 호르몬을
강력한 형태인 DHT로 바꾸는
효소가 결핍되었기 때문이다.
이 작은 마을의 이야기는 전립선 비대증과
탈모 치료제를 여는 결정적 단서가 되었다.
한 지역의 유전적 비밀이
전 세계인의 삶을 바꾸는 혁신으로 이어진 것이다.

#미녹시딜 #게베도세즈 #DHT #5알파환원효소 #프로페시아 #아보다트
#생물학적동등성시험

탈모,
숙명이 아니라 질병

　　　　현대인에게 탈모는 남녀노소를 가리지 않는 고민거리다. 머리숱을 되찾기 위해 약을 복용하는 사람도 있고, 탈모를 막아주는 샴푸를 쓰거나 두피에 약을 바르는 이들도 적지 않다. 국민건강보험심사평가원 자료에 따르면 탈모로 병원을 찾은 환자는 2018년 22만 4,000명에서 2024년 24만 1,200명으로 늘었다. 그러나 실제 탈모 인구는 이보다 훨씬 많다. 병원을 찾지 않고 민간요법이나 비급여 치료에 의존하는 사람까지 포함하면, 공식 통계를 훌쩍 넘어선다. 대한탈모치료학회는 우리나라 탈모 인구를 약 1,000만 명, 곧 국민 다섯 명 가운데 한 명꼴로 추산한다. 이제 탈모는 단순히 외모 문제가 아니라, 치료하고 관리해야 하는 질병이 되었다.

탈모에 대한 고민은 현대인의 전유물이 아니다. 고대 이집트 파피루스에는 악어 배설물과 꿀을 섞어 머리에 바르면 머리카락이 난다는 기록이 있다. 로마제국의 율리우스 카이사르도 대머리를 감추기 위해 월계관을 늘 쓰고 다녔다는 일화가 유명하다. 조선시대에도 참기름이나 인삼 달인 물을 두피에 바르면 머리가 난다는 민간요법이 전해 내려왔다. 시대와 문명이 달라도 빠지는 머리카락을 지키려는 인간의 바람은 한결같았다.

여성에게 나타나는 탈모는 남성과 다르다. 남성 탈모가 앞이마나 정수리부터 뚜렷하게 진행되는 데 비해, 여성은 머리카락이 고르게 빠지며 숱이 줄어드는 확산성 탈모가 흔하다. 특히 정수리와 가르마 부위가 점점 넓어지고, 모발이 가늘어지는 양상으로 나타난다. 의학적으로는 이를 여성형 탈모라 부른다. 한번 시작되면 서서히 진행되는 경우가 많아, 조기에 발견해 관리하는 것이 중요하다.

그 외 여성에게 흔한 탈모 형태가 휴지기 탈모다. 출산 후 호르몬이 급격히 변하거나, 무리한 다이어트, 갑상선 질환, 철분 결핍, 극심한 스트레스가 원인이다. 특징은 특정 부위가 아니라 두피 전체에서 머리카락이 골고루 빠진다는 점이다. 다행히 원인이 해소되면 수개월 내 회복되기도 하지만, 방치하면 만성화되기도 한다.

따라서 여성 탈모는 남성보다 원인이 다양하다. 진행 양상도 한 부분이 뚜렷하게 빠지는 남성과 달리, 머리 전체에서 숱이 서서히 줄어드는 '확산성 형태'가 흔하다. 단순히 유전을 탓하기보다 생활 습관, 영양 상태, 호르몬 이상을 함께 살펴야 한다. 탈모는 숙명이 아니라 관리와 치료로 충분히 대응할 수 있는 질환이다. 중요한 것은 빠른 진단과 맞춤형 치료다. 청소년도 예외는 아니다. 학업 스트레스는 휴지기 탈모를 불러오고, 사춘기 호르몬 변화는 지루성 피부염과 함께 모발 손실을 촉진한다. 이 때문에 어린 나이에도 탈모를 겪는 사례가 점점 늘고 있다.

사람의 머리카락은 평균 10만 가닥 남짓이다. 이 가운데 80~90%는 끊임없이 자라는 생장기 상태에 있고, 나머지는 성장이 멈춘 퇴행기와 휴지기에 속한다. 매일 빗질이나 샴푸를 할 때 머리카락이 50~100가닥 빠지는 것은 지극히 정상적인 현상이다. 모발이 일정한 주기(성장기 → 퇴행기 → 휴지기)를 따라 자라고 빠지기 때문이다. 탈모가 생기면 성장기가 단축되고 휴지기 모발이 늘어나면서 머리카락이 충분히 자라지 못한다.

탈모를 일으키는 유전적 요인이 있더라도, 사춘기 이전에는 눈에 띄는 탈모가 잘 생기지 않는다. 그 시기에는 남성호르몬 분비가 많지 않다. 하지만 사춘기를 지나면서 상황이 달라진다. 고환에서 분비되는 테스토스테론testosterone이 5 알파 환원효소5α-reductase의 작용으로 다이하이드로테스토스테론DHT, dihydrotestosterone으로 전환된다. 문제는 이 DHT가 모낭에 작용하면서 머리카락을 점점 가늘고 짧게 만들고, 결국 탈모를 촉진한다는 점이다.

종합하면 탈모는 단순히 머리카락이 빠지는 현상이 아니라 호르몬·유전·모발 주기가 얽힌 복합적인 과정이다. 정상적인 주기에서 빠져야 할 머리카락이 제자리를 잃고, 다시 자라나야 할 새 모발이 움트지 못하면 탈모가 본격적으로 진행된다. 곧 탈모는 단순한 모발의 소실이 아니라, 몸속의 섬세한 균형이 흐트러진 결과다.

탈모약은 초기에 사용해야 효과가 있다. 약물은 살아 있는 모낭을 보호해 머리카락을 굵게 만들지만, 모근 세포가 완전히 사라진 뒤에는 효과가 없다. 탈모가 진행되기 전에 조기 치료를 시작해야 하는 이유다. 먹고 바르는 약 외에도 많은 이들이 탈모 방지 샴푸에 기대를 건다. 하지만 샴푸는 두피를 깨끗하게 하고 건강한 환경을 유지하는 보조 수단일 뿐, 빠지는 머리카락을 직접 막아주지는 못한다.

머리카락은 빠르게 분열하는 세포에서 자라기 때문에 영양이 부족하면 곧바로 영향을 받는다. 극단적인 다이어트, 불규칙한 식사, 스트레스, 두피 위생 저하는 모두 탈모를 악화시킨다. 탈모는 생활 습관을 조절하고 조기에 치료한다면 충분히 극복할 수 있는 질환이다. 중요한 것은 머리카락이 남아 있을 때 돌보는 것이다.

대머리 황제
카이사르

셰익스피어의 희곡 『율리우스 카이사르*Julius Caesar*』는 로마의 영웅 카이사르의 암살과 그 후의 정치적 소용돌이를 무대 위에 생생하게 펼쳐낸다. 특히 암살의 정당성을 내세운 브루투스 Brutus와, 카이사르의 충복 안토니우스Antonius가 펼치는 연설 대결은 이 작품의 백미로 꼽힌다. 카이사르는 폼페이우스Pompeius, 크라수스Crassus와 함께 1차 삼두정치를 이끌며 정치적 기반을 다졌다.

군사적으로는 갈리아를 정복하여 오늘날의 프랑스와 벨기에, 스위스 일부를 로마 영토에 편입시켰다. 거기다 바다 건너 브리타니아(영국) 원정까지 단행했다. 그는 가는 곳마다 수많은 전리품과 노예를 획득했다. 강력한 군대와 막대한 부를 소유한 카이사르는 금력을 이용해 로마 시민의 환심을 샀다. 로마인들은 열광하며 그를 따랐다.

반대로 로마 원로원과 폼페이우스는 전쟁에서 승리한 카이사르의 위세가 두려웠다. 전리품과 병사들의 충성, 민중의 환호까지 얻은 그가 로마로 귀환한다면 권력 균형은 한순간에 무너질 수 있었다. 그래서 원로원은 카이사르에게 군대를 해산하고 본토로 들어오라는 명령을 내렸다. 로마법에는 무장한 군대가 이탈리아를 밟는 순간 반역으로 간주한다는 규정이 있었다. 카이사르 입장에서는 무장을 풀면 정적의 칼날을 피할 길이 없고, 그대로 진군하면 내전을 각오해야 했다.

이탈리아와 갈리아 사이에는 작은 강이 하나 있다. 바로 루비콘 강이다. 기원전 49년 카이사르는 잠시 망설인 끝에 군대를 이끌고 강을 건넜다. "주사위는 이미 던져졌다." 이 한마디와 함께 로마의 운명이 결정되었다. 법과 전통을 넘어선 카이사르의 결단은 곧 내전의 불씨가 되었다. 카이사르는 로마로 진격했고, 그의 최대 라이벌 폼페이우스는 동방으로 달아나야 했다. 그가 내린 선택은 한 인간의 생명을 건 도박이었는데, 동시에 로마 공화정의 종말을 알리는 신호탄이었다.

루비콘강을 건넌 순간, 로마는 이미 옛 공화정으로 돌아갈 수 없었다. 싸움은 단순한 권력 다툼이 아니었다. 수백 년 이어온 공화정의 전통을 지킬지, 아니면 한 사람의 절대 권력으로 황제정 시대를 열지 결정하는 일이었다. 카이사르는 기원전 48년 그리스 중부 파르살루스 전투에서 폼페이우스를 무너뜨렸다. 패자는 이집트로 달아났다가 암살당했고, 로마 공화정은 막을 내렸다. 권력의 무게추는 완전히 카이사르에게 기울었다.

카이사르는 로마제국의 상징이 되었지만, 그에게는 대머리라는 콤플렉스가 있었다. 『황제들의 생애_De Vita Caesarum_』를 쓴 고대 로마 역사가 수에토니우스_Suetonius_는 카이사르가 앞이 훤히 벗겨진 머리를 심각한 콤플렉스로 여겼다고 기록했다. 카이사르가 월계관을 즐겨 쓴 이유도 단순히 영광의 상징이 아니라, 드러나는 이마를 가리기 위한 장치였다는 것이다. 오늘날로 치면, 세계 최강의 권력자가 모자를 깊게 눌러쓴 셈이다.

고대 사회에서 머리카락은 단순히 외모 문제가 아니었다. 젊음과 활력, 권위를 나타내는 표식이었다. 『구약성경』 속 삼손이 데릴라의 간계로 머리카락을 잃자 힘도 잃은 것처럼, 로마 지도자에게

율리우스 카이사르. 크라수스, 폼페이우스와 함께 1차 삼두정치를 이끌었으며, 크라수스가 죽은 뒤 폼페이우스를 몰아내고 독재관이 되었다. 생전에 로마에서 훌륭한 웅변가이자 산문 작가로 인정받았으며, '국부國父'로 불리는 키케로는 카이사르의 수사와 문체를 높이 평가했다.

도 머리숱은 힘과 명예를 상징했다. 카이사르가 대머리를 부끄럽게 여긴 이유는 개인적 허영심이 아니라, 지도자로서의 강인한 이미지를 지키기 위한 불가피한 선택이었던 셈이다.

흥미로운 점은, 카이사르 후의 황제들 역시 탈모로 고민했다는 기록이 적지 않다는 사실이다. 네로, 도미티아누스, 심지어 후대의 비잔틴제국 황제들까지 머리카락을 가리는 장치에 신경을 썼다. 머리 위의 빈자리가 마치 권력의 공백처럼 보였을까? 탈모는 최고 권력자조차 피해 갈 수 없는 인간적인 약점이었고, 그 약점이 오히려 카이사르를 더욱 인간적으로 만든다.

카이사르의 연인이 된 클레오파트라는 당대 최고의 지혜와 지식을 갖춘 여인이었다. 전승에 따르면 그녀는 카이사르의 벗겨진 머리를 되살리기 위해 노력했다. 클레오파트라는 고대의 지식을 모은 대도서관이 있던 알렉산드리아의 의학서에 나온 처방을 총동원했다. 쥐를 태운 재에 곰 기름을 섞고, 잘게 간 사슴뿔을 넣어 만든 약제를 카이사르의 두피에 바르게 한 것이다.

이는 고대 이집트와 그리스에서 전해 내려오던 일종의 민간요법이었다. 그러나 그녀의 시도는 모두 실패로 끝났고, 카이사르의 머리카락은 돌아오지 않았다. 그는 월계관을 항상 머리에 올려놓았다. 최고 권력의 상징이 탈모를 숨기는 방패가 된 것이다.

이 일화는 단순히 카이사르 개인의 고민을 넘어, 인류가 탈모라는 난제 앞에서 얼마나 오래 싸워왔는지 보여준다. 고대인이 동물의 기름과 뼈에 희망을 걸었다면, 현대인은 호르몬 억제제와 모발

이식에 기대를 건다. 하지만 본질은 같다. 머리카락은 단순히 외모 문제가 아니라, 젊음과 힘 그리고 사회적 권위를 상징하는 지표라는 점이다. 탈모로 인한 고민은 고대나 지금이나 변함이 없다.

고혈압약에서 탈모약으로, 미녹시딜의 반전

약의 역사에는 우연이 혁신으로 이어지는 순간이 있다. 미녹시딜은 그 대표적인 사례다. 1970년대 말, 미국 제약사 업존Upjohn이 개발한 미녹시딜minoxidil은 다른 약으로는 잡히지 않는 난치성 고혈압 환자를 위한 마지막 카드였다. 1979년 출시된 이 약은 혈관을 강력하게 확장시켜 혈압을 낮추는 효과가 뛰어났다. 문제는 부작용이었다. 체내에 수분이 과도하게 축적되면서 부종이 나타나고 체중이 증가했으며, 심장 기능에까지 부담을 준 사례가 보고되었다. 그래서 초기에는 2주 정도의 단기 고혈압 치료에만 제한적으로 사용되었다. 2주면 혈압을 충분히 낮추면서 심각한 부작용을 일으키지 않을 정도의 적당한 기간이었다.

그러던 중 뜻밖의 현상이 발견되었다. 미국 콜로라도 대학 의대 연구팀이 환자들을 추적 관찰하던 도중, 상당수 환자에게서 얼굴, 가슴, 팔, 다리에 털이 숭숭 자라나는 다모증이 나타난 것이다. 약을 복용한 환자 가운데 약 80%가 투여 시작 후 3~6주 만에

다모증을 겪었다. 환자들에게는 당혹스러운 부작용이었지만, 제약
사의 관점에서는 새로운 가능성으로 보였다. 탈모 치료제의 실마
리는 바로 여기서 시작되었다.

미녹시딜의 예기치 않은 효과를 탈모에 활용하기 위해 머리에
바르는 약으로 연구가 진행되었다. 털이 아무 곳에나 자라지 않고
원하는 부위에만 집중적으로 자라길 원했기 때문이다. 처음에는
농도를 낮춘 국소용 미녹시딜을 두피에 발랐다. 결과는 기대 이하
였다. 머리카락은 좀처럼 자라지 않았고, 환자들은 '효과 없는 약'
이라며 고개를 돌렸다. 하지만 연구팀은 물러서지 않았다. 농도를
한 단계씩 끌어올리며 실험을 이어갔다. 1%에서는 두피가 아무런
반응을 보이지 않았다. 그러나 2%를 넘어서자 미세한 변화가 나
타났고, 5%에 이르자 마침내 눈에 띄는 발모 효과가 관찰되었다.

업존 연구진은 이 과정을 통해 '농도의 문턱 효과threshold effect'
를 확인했다. 모낭은 낮은 농도의 미녹시딜에는 반응하지 않았다.
혈관이 충분히 확장되고 모낭이 강한 자극을 받아야만 비로소 머
리카락의 성장 신호가 켜졌다. 임계점을 넘어야만 모발은 다시 살
아났다.

이 발견이 없었다면 미녹시딜은 그저 특이한 부작용을 남기는
고혈압약으로만 남았을 것이다. 그러나 업존은 연이어 실패하는데
도 멈추지 않고 집요하게 실험을 이어갔고, 마침내 최적의 농도를
찾아냈다. 1988년, 미국 FDA는 세계 최초의 탈모 치료제로 바르
는 미녹시딜을 승인했다. 뜻밖의 부작용이 연구자의 집요한 탐구

와 맞물리며 혁신으로 바뀐 순간이었다.

미녹시딜이 어떻게 모발 성장을 촉진하는지는 아직 완전히 밝혀지지 않았다. 다만 약리학적으로 가장 중요한 작용은 모낭 주변의 칼륨 통로를 열어주는 것으로 알려져 있다. 이 통로가 열리면 두피의 혈관이 넓어져 혈류가 좋아지고, 그 결과 산소와 영양이 모낭에 더 잘 공급된다. 약해진 머리카락 뿌리가 다시 자랄 수 있는 환경이 마련되는 것이다.

흥미로운 점은, 미녹시딜이 단순히 혈액순환을 개선하는 데 그치지 않는다는 사실이다. 모낭 속 세포에서도 같은 작용이 일어나 모발 성장 인자가 늘어나고, 머리카락이 자라는 기간을 길게 만든다. 말하자면 미녹시딜은 뿌리로 향하는 '물길'을 터줄 뿐 아니라, 모낭 자체를 자극해 새 머리카락이 돋아나도록 이끄는 약이다.

미녹시딜을 쓰다 보면 초기에 머리카락이 더 많이 빠지는 듯한 셰딩shedding 현상이 나타난다. 이는 부작용이 아니라 새로운 머리카락이 자라기 위한 과정이다. 다시 말해 새로운 모발이 자라기 위한 정상적인 과정이며, 빠진 자리에 성장기의 건강한 새 모발이 자라나게 된다. 보통 사용 후 1~2개월 사이에 나타나며 시간이 지나면 사라진다.

다만 두피가 가렵거나 붉어지고 각질이 생기면서 머리카락이 빠지는 경우는 다르다. 이는 미녹시딜 용액에 포함된 알코올이나 프로필렌글리콜 성분에 대한 알레르기 반응일 수 있다. 이런 경우에는 단순한 셰딩이 아니라 염증으로 인한 탈모이므로 사용을 중

플랑드르 예술가 요리스 호프나겔Joris Hoefnagel의 『페트루스 곤살부스와 아내 카트린Petrus Gonsalvus and his wife Catherine』, 1575년 작. 비정상적으로 털이 많이 나는 다모증은 남성 호르몬인 안드로겐androgen이 주요 원인 중 하나다. ©National Gallery of Art

단하고 전문의와 상담해야 한다. 미녹시딜을 쓸 때는 정상적인 세 딩과 부작용에 따른 탈모를 구분하는 것이 핵심이다.

약국에서 판매하는 미녹시딜 제품에는 2%, 3%, 5% 같은 숫자가 붙는다. 이는 유효 성분 함량을 뜻한다. 여성에게는 보통 2% 농도가 권장된다. 더 높은 농도를 쓰면 두피가 자극되거나 얼굴의 털이 굵어지는 다모증 같은 부작용이 생길 수 있기 때문이다.

남성은 대개 5% 농도를 쓴다. 여러 연구에서 5%가 2%보다 모발 성장과 굵기 개선 효과가 더 뛰어난 것으로 나타났다. 그렇다고 선택지가 둘만 있는 것은 아니다. 3% 농도는 2%로는 부족하고 5%는 부담스러운 이들을 위한 절충안이다. 특히 여성 가운데 더 큰 효과를 원하면서도 부작용을 걱정하는 경우 활용된다. 숫자 하나 차이지만, 탈모 치료에서는 이 작은 차이가 효과와 안전을 가르는 기준이 된다. 중요한 것은 내 몸에 맞는 농도를 찾고 꾸준히 사용하는 것이다.

아침마다 베개에 떨어진 머리카락을 보고 한숨짓는 사람이 적지 않다. 머리를 감을 때 한 움큼씩 빠져나가고, 거울 속 이마가 점점 넓어 보이면 자신감마저 잃기 쉽다. 그래서 탈모 치료는 망설이지 않고 조기에 시작하는 것이 중요하다.

하지만 치료 효과가 눈에 띄기까지는 시간이 필요하다. 보통 최소 4개월은 꾸준히 사용해야 한다. 중간에 사용을 멈추면 새로 돋던 머리카락이 더 이상 자라지 않아 그동안의 노력이 물거품이 될 수 있다.

또한 '많이 바를수록 효과가 좋다'는 생각은 착각이다. 과량 사용 시 전신에 흡수되어 얼굴이나 다른 부위에 원치 않는 털이 자랄 수 있다. 반드시 마른 두피에 하루 두 차례, 아침과 저녁 규칙적으로 사용하는 것이 올바른 방법이다.

도미니카 살리나스 마을에서 생긴 일

도미니카공화국 남쪽 해안, 살리나스라는 작은 마을에서는 오랫동안 기묘한 일이 전해 내려왔다. 소녀로 자라던 아이가 사춘기에 접어들면서 갑자기 남자로 변한다는 것이다. 열두 살 무렵, 목소리가 굵어지고 근육이 붙더니 음경과 고환이 자라나는 극적인 변화가 일어났다. 현지 사람들은 이를 '게베도세즈gueved-oces', 곧 '열두 살에 생긴 남성 생식기'라 불렀다. 이 마을의 여자아이 50명 중 한 명 정도가 사춘기 때 남자아이로 변했다. 처음엔 악령이 들렸거나 신의 벌이라 여겨 조롱하고 더러운 존재로 낙인찍는 사회적 분위기 때문에, 부모들은 이런 사실을 숨겼다.

1970년대 미국 코넬 대학의 내분비학자 줄리언 임페라토 맥긴리Julianne Imperato McGinley 박사가 이 현상의 비밀을 밝혀냈다. 게베도세즈 현상은 도미니카공화국뿐 아니라 파푸아뉴기니, 튀르키예, 이집트의 근친혼이 흔한 고립된 지역에서도 드물게 보고된다. 문

도미니카공화국 살리나스 해변 전경. 이 조용한 마을에서 태어난 소녀 가운데 희귀한 유전 질
환으로 열두 살에 소년으로 바뀌는 일이 생겨 세상을 떠들썩하게 했다.
ⓒCarlos Figueroa Rojas

제의 원인은 유전이다. 좁고 고립된 섬이나 산간 마을처럼 외부와 교류가 적은 지역에서는 가까운 사람들끼리 결혼하는 경우가 많다. 세대를 거듭하다 보면 같은 유전적 변이가 반복되어, 마치 풍토병처럼 특정 질환이 지역 사회에 퍼지게 된다. 게베도세즈 역시 이런 배경에서 나타난 희귀한 유전 질환이다.

이들은 태어날 때부터 남자 염색체XY를 지니고 있었다. 다만 남성 호르몬 테스토스테론을 더 강력한 형태의 다이하이드로테스토스테론DHT으로 바꾸어주는 효소(TypeII-5 알파 환원효소)가 선천적으로 결핍돼 있었다. DHT가 부족하면 태아기에 외부 생식기가 남성처럼 발달하지 못해 여아로 보이지만, 사춘기에 테스토스테론이 급격히 늘어나면서 뒤늦게 남성의 특징이 나타나는 것이다.

자궁 속에서 모든 태아는 처음 몇 주 동안 남녀 구분이 없다. 임신 8주가 되면 태아는 성염색체에 의해 호르몬 영향을 받기 시작한다. 남자가 될 운명인 XY 염색체를 가진 태아는 임신 9주에서 17주 사이에 안드로겐 호르몬 활동이 급격히 증가한다. 특히 DHT가 중심적인 역할을 한다. 이 호르몬이 급증하면 남성의 몸 구조가 발달하도록 한다. 고환이 생기고, 여기서 분비되는 테스토스테론이 5 알파 환원효소의 도움을 받아 DHT로 바뀌면서 남성 생식기가 형성된다.

하지만 이때 효소가 제 역할을 하지 못하면 상황이 달라진다. SRD5A2라는 단일 유전자에 돌연변이가 생기면 XY 남자인데도 생식기가 발달하지 않은 채 태어나는 것이다. 이것을 단일 유전자 장애_{single gene disorder}라고 한다. 그래서 출생 직후에는 여자아이로 자라지만, 사춘기에 들어서 테스토스테론이 폭발적으로 분비되면 비로소 남성의 특징들이 드러난다. 게베도세즈는 작은 유전자 결함이 삶을 어떻게 바꾸는지 보여준다.

남성형 탈모 치료제, 피나스테라이드와 두타스테라이드

게베도세즈 아이들을 연구하던 맥긴리 박사는 흥미로운 공통점을 발견했다. 이들은 성인이 된 뒤에도 전립선이 또래 남성에 비해 비정상적으로 작았다. 원인은 테스토스테론을 다이하이드로테스토스테론으로 바꿔주는 효소가 결핍되었기 때문이다. 맥긴리는 여기서 중요한 통찰을 얻었다. "DHT 생성을 억제한다면, 전립선 비대증을 막을 수 있지 않을까?"

이 단순하지만 기발한 생각은 곧 미국 거대 제약사 머크의 관심을 끌었다. 머크는 배뇨 곤란으로 고통받는 중년 남성에게 해답이 될 약을 찾기 시작했다. 이렇게 만든 5 알파 환원효소 억제제가 피나스테라이드_{finasteride}다.

연구진은 신약 후보 물질의 가능성을 확인하기 위해 수컷 비글견을 동물실험에 동원했다. 작은 캡슐에 피나스테라이드를 담아 고기 완자에 숨겨 먹인 뒤, 혈액 속 테스토스테론과 DHT의 비율

변화를 추적했다. 결과는 놀라웠다. 약을 먹은 비글의 전립선이 눈에 띄게 줄어든 것이다. 보통 호두만 한 크기였던 전립선이, 투약 후에는 땅콩만큼 작아졌다. 이는 피나스테라이드가 실제 동물의 몸에서 작동한다는 확실한 증거였다.

1992년 이 약은 '프로스카Proscar'라는 이름으로 미국 FDA의 승인을 받으며 전립선 치료의 새로운 장을 열었다. 이 약의 용량은 피나스테라이드 5mg이었다. 프로스카는 전립선 비대증 치료의 판도를 바꾼 약이었다. 임상 시험 결과, 환자의 전립선 크기를 평균 약 25% 줄이는 효과가 확인되었다. 복용한 지 3개월 정도 지나면서부터 증상이 완화되고 전립선 크기 감소가 눈에 띄기 시작했지만, 전립선이 정상 크기로 완전히 되돌아가는 것은 아니었다. 그럼에도 전립선 비대증 때문에 소변을 보기 힘들어 고통받던 환자에게는 분명 혁신이었다.

이 약이 등장하기 전까지 환자의 선택지는 제한적이었다. 전립선이 지나치게 커지면 경요도 전립선 절제술로 직접 잘라내거나, 전기소작술로 고열을 가해 지져야 했다. 말 그대로 '칼이나 뜨거운 열'에 의존할 수밖에 없었다. 피나스테라이드의 등장은 그 시대를 마감하고, 약 하나로 전립선 비대증을 관리할 수 있는 새로운 장을 열었다.

프로스카를 개발하는 과정에 또 다른 중요한 사실이 발견되었다. 머리카락이 나는 발모 효과가 나타난 것이다. DHT가 다량 모근에 있으면 안드로겐 수용체와 결합해 모근이 축소되었다. 그러면 새로운 털이 자라고 그 털이 자라는 과정을 방해한다. 결국 DHT 때문에 머리카락이 빠진다는 것이다.

머크 연구진은 이번에는 원숭이를 대상으로 실험을 진행했다. 원숭이 두피에 약물을 바른 뒤 일정 시간이 지나자, 털의 무게가 눈에 띄게 증가하는 변화가 나타났다. 원숭이에게 약을 먹이지 않고 두피에만 바른 이유는 몸 전체의 호르몬 변화와 상관없이, 약이 직접 모낭에 효과가 있는지 확인하려고 했기 때문이다. 부분적으로 머리에만 사용했는데도 모낭 속 DHT가 줄고 털이 굵어지자, 탈모의 원인이 모낭 안의 DHT 때문이라는 사실이 확실해졌다. 약 성분은 프로스카와 동일한 피나스테라이드였다. 차이는 용량이었다.

전립선 비대증 치료에는 하루 5mg이 필요했지만, 탈모에는 단 1mg이면 충분했다. 이 차이를 바탕으로 1997년 마침내 프로페시아Propecia라는 이름의 신약이 세상에 나왔다. 그리고 2000년, 우리나라에도 도입되면서 탈모 치료의 판도가 바뀌었다. 그전까지는 바르는 미녹시딜이 사실상 유일한 선택지였는데, 이제는 작은 알약 하나로 탈모 진행을 늦출 수 있는 시대가 열린 것이다.

효과는 분명했다. 5년간 피나스테라이드를 복용한 환자 중 약 85%에서 탈모가 개선되었고, 98%는 더 이상 진행되지 않았다. 하지만 모든 약에는 그림자가 있다. 피나스테라이드 복용 시 약 2% 내외에서 발기부전, 성욕 저하, 사정 장애 같은 성기능 부작용이 보고되었다. 다행히 대부분은 복용을 중단하면 빠르게 회복되었다. 부작용 논란은 있었지만, 탈모 진행을 뚜렷하게 늦춘다는 사실만큼은 부정할 수 없었다.

이 약과 관련한 흥미로운 일화도 있다. 2017년 2월 도널드 트럼프Donald Trump 미국 대통령의 주치의는 그가 수년간 프로페시아를 복용했다고 밝혔다. 세계 최강국의 지도자가 탈모 치료제를 복용했다는 사실은 사람들에게 의외의 인상을 남겼다. 한편으로는 탈모가 권력이나 재력을 가리지 않고 누구에게나 찾아오는 보편적인 고민임을 보여주는 사례이기도 하다. 트럼프가 약을 복용했다는 사실은 프로페시아라는 이름을 대중에게 더욱 각인시키는 계기가 되었다.

도전은 거기서 멈추지 않았다. 영국에 본사를 둔 글로벌 제약사 글락소스미스클라인GSK은 2001년 새로운 약 아보다트Avodart(성분명: 두타스테라이드dutasteride)를 세상에 내놓았다. 기존 피나스테라이드가 2형 효소만 억제한 데 비해, 두타스테라이드는 1형과 2형 효소를 동시에 차단한다. 그 결과 정수리뿐 아니라 이마 앞부분, 이른바 M자 탈모에도 더 뚜렷한 효과를 보인다는 평가를 얻었다.

오늘날 피나스테라이드와 두타스테라이드는 탈모 치료의 두 기둥으로 굳건히 자리 잡았다. 물론 성기능 부작용이라는 그늘이 있지만, 발생 빈도는 낮고 대부분 약을 끊으면 회복된다. 무엇보다 이 약들이 준 가장 큰 가치는 '시간'이었다. 탈모 속도를 늦추고 남아 있는 머리카락을 지켜낸 그 몇 년은, 환자에게 단순한 모발 이상의 의미를 지닌다. 잃어버린 자신감, 흔들린 삶의 질을 되돌려준

값진 시간이다.

도미니카공화국의 외딴 작은 마을에서 전해지던 기이한 이야기가, 수많은 이들의 머리카락을 지켜주는 의학적 해답이 될 줄 누가 알았을까? 과학은 이렇게 사람들의 삶에서 단서를 발견하고, 때로는 한 마을의 비밀이 전 세계인의 고민을 풀어내는 열쇠가 되기도 한다.

왜 탈모약은
전립선약보다 비쌀까?

똑같은 성분인데도 탈모약은 전립선약보다 비싸다. 게다가 용량은 더 적다. 전립선 비대증 치료제 프로스카(피나스테라이드 5mg)는 보험이 적용되어 상대적으로 저렴한데, 탈모 치료제 프로페시아(피나스테라이드 1mg)는 보험이 적용되지 않아 가격이 훨씬 비싸다. 환자들은 의아하다. "왜 똑같은 약인데 가격이 이렇게 차이가 날까?"

답은 간단하다. 적응증 차이 때문이다. 프로페시아는 원래 전립선 비대증 치료제로 쓰던 성분을 탈모 치료제로 새롭게 개발한 약이다. '남성형 탈모'라는 새로운 질환에 대한 공식적인 적응증을 인정받으려면, 수천 명을 대상으로 장기간 임상 시험을 다시 해야 한다. 제약사가 투입한 비용은 막대하고, 이 비용은 고스란히 약값에 반영된다.

또 하나는 보험 적용 여부다. 전립선 비대증은 환자의 배뇨 기능과 직결된 질병이므로 건강보험 적용을 받는다. 반면 탈모는 생명을 위협하지 않는 질환으로 분류되어, 치료제가 있음에도 미용 영역으로 취급된다. 따라서 환자가 약값을 전액 부담해야 하니 가격이 체감상 훨씬 높아진다.

여기에 시장 독점 효과도 한몫했다. 프로페시아는 1997년 미국 FDA 승인을 받으며 세계 최초의 경구용 탈모 치료제로 등장했다. 당시에는 대체제가 없었고, '탈모약=프로페시아'라는 등식이 만들어졌다. 수요가 꾸준히 보장되는 상황에서 가격을 쉽게 내릴 이유가 없었다.

이런 구조에서 환자들은 편법을 쓴다. 같은 성분인데 값싼 전립선비대증 약을 처방받아 잘라 먹는 것이다. 프로스카 한 알을 4등분하면 대략 1.25mg. 가루가 조금 흘러내려 실제 복용량은 1mg 정도 된다. 경제적으로는 합리적일 수 있지만, 문제는 안전성이다. 약을 자르면서 생기는 분말이 피부나 호흡기를 통해 흡수될 수 있기 때문이다. 특히 임신부가 노출되면 태아의 남성 생식기 발달에 치명적인 영향을 줄 수 있어 위험하다. 가임기 여성은 약을 만지는 것조차 피하라고 권고하는 이유다.

결국 탈모약이 비싼 이유는 단순한 '용량 차이' 때문이 아니다. 새로운 적응증을 위한 임상 시험 비용, 보험 제도의 벽 그리고 시장 독점 구조가 만든 결과다. 머리카락을 지키려는 사람에게는 억울한 일이지만, 제약사와 제도의 논리를 따져보면 설명이 된다.

탈모약을 둘러싼 가격 논쟁은 단순한 약 가격 문제를 넘어, '질환의 정의'와 '삶의 질'에 대한 사회적 질문을 던진다. 과연 탈모는 단순히 미용의 문제일까, 아니면 삶의 질에 큰 영향을 미치는 의학적 질환일까? 머리카락 몇 올에 담긴 무게는 생각보다 훨씬 크다.

탈모약을 복용하는 남성 가운데 일부는 아이를 가질 때 걱정한다. "혹시 약 성분이 정액을 통해 아내에게 전달되어 태아에 영향을 주지 않을까?" 하는 두려움이다. 그러나 과도한 걱정은 하지 않아도 된다. 피나스테라이드 1mg을 복용한 남성의 정액에서 검출되는 약물의 양은 최대 7.6나노그램에 불과하다. 약 용량의 100만분의 7.6 수준의 극미량으로 태아의 발달에 영향을 주지 않는다. 미국 FDA와 유럽 의약품청 역시 "정액을 통한 노출은 임상적으로 의미가 없다"라고 명확히 밝혔다.

값비싼 오리지널 약 잘라 먹기의 대안은 동일 성분의 국산 제품이다. 프로페시아의 국내 특허는 2006년에 만료되었고, 이듬해부터 국내 제약사들이 앞다투어 제네릭을 내놓았다. 지금은 시중에서 수십 종의 피나스테라이드 제품을 만날 수 있다.

제네릭을 두고 흔히 '짝퉁'이라고 생각하는 이들이 있는데 이는 오해다. 제네릭은 원조 약물과 동일한 주성분, 함량, 제형을 가지고 있으며, 시판 전 반드시 생물학적 동등성 시험을 통과해야 한다. 이는 같은 조건에서 복용했을 때 약물이 체내에 흡수되는 속도와 양이 오리지널과 통계적으로 동등한지를 확인하는 절차다. 정밀성, 민감도, 재현성 면에서 신뢰도가 높아 규제기관이 표준으로 채택하고 있다. 물론 회사마다 배합 기술이나 부형제가 달라 알약의 색깔·모양·향은 다를 수 있다. 그러나 중요한 것은 몸에 들어가서 흡수된 이후다. 체내에서의 작용은 오리지널과 차이가 없다.

따라서 장기간 복용해야 하는 환자라면 굳이 비싼 오리지널을 고집하지 않아도 된다. 경제적인 부담을 줄이면서도 같은 효과를 기대할 수 있는 것이 제네릭의 가장 큰 장점이다. 중요한 것은 오리지널이냐 제네릭이냐가 아니라, 꾸준히 복용하는 인내다. 탈모약은 '오늘 먹고 내일 머리카락이 나는 약'이 아니기 때문이다.

두피에 바르는 피나스테라이드,
새로운 가능성

탈모 치료제 하면 많은 이들이 먼저 경구용 피나스테라이드를 떠올린다. 그러나 먹는 약은 항상 전신 부작용이라는 그림자를 동반한다. 성욕 저하, 발기부전, 우울감 등은 일부 환자에게 치료를 계속할지 주저하게 한다. 효과가 있음을 알면서도 복용을 중단하는 경우가 적지 않다. 그렇다면 같은 성분을 머리에 직접 바르면 어떨까? 원리는 간단하다. 미녹시딜을 머리에 직접 바르듯, 피나스테라이드도 모낭에 직접 전달하면 전신 노출을 최소화하면서 탈모 개선 효과를 얻을 수 있을 것이다. 이런 발상에서 시작된 것이 바로 국소 피나스테라이드, 곧 두피에 바르는 제형이다.

국소 피나스테라이드의 가능성을 가장 명확하게 증명한 연구는 2022년 유럽 피부과학회지 『JEADV』에 발표된 대규모 3상 임상 시험이다. 연구진은 남성형 탈모 환자 458명을 세 그룹으로 나누어 국소 피나스테라이드 0.25% 용액, 경구 피나스테라이드 1mg 그리고 위약을 투여했다.

결과는 놀라웠다. 두피에 바르는 피나스테라이드를 하루 한 번 사용한 그룹은 24주 뒤 목표 부위의 모발 수가 평균 20.2개/cm² 늘어났다. 위약 군의 증가치가 6.7개/cm²에 불과한 것과 비교하면 뚜렷한 차이였다. 더 주목할 점은 이 수치가 경구 피나스테라이드 1mg 복용 군의 증가량인 약 21개/cm²와 거의 같았다는 사실이다. 곧, 국소 제형만으로도 경구 복용과 맞먹는 수준이었다. 더군다나 혈액 속 피나스테라이드 농도는 경구 복용에 비해 수십 배 이상 낮았고, 전신 부작용도 훨씬 적었다. 가려움, 발적 같은 국소 자극 정도만 보고되었을 뿐, 성기능 저하 같은 문제는 드물었다.

이는 여성형 탈모 치료에도 새로운 대안을 제시한다. 그동안 피나스테라이드는 태아 기형을 유발할 수 있다는 이유로 임신 가능성이 있는 여성에게는 사용이 철저히 금기였다. 경구 피나스테라이드는 남성형 탈모 치료에서는 표준 치료제이지만, 여성에게는 안전상의 문제로 거의 쓰이지 못했다. 이 때문에 여성 탈모 환자에게는 미녹시딜 외에 뚜렷한 선택지가 부족했고, 치료 효과에도 한계가 있었다.

그러나 국소 피나스테라이드는 이야기가 다르다. 두피에 직접 바르는 제형은 전신 흡수율이 경구 복용에 비해 현저히 낮아 체내 호르몬에 미치는 영향도 훨씬 제한적이다. 덕분에 비교적 안전하게 사용할 수 있다는 장점이 있다. 최근 보고된 임상 시험에서는 여성 환자가 국소 피나스테라이드를 일정 기간 사용했을 때, 미녹시딜과 비슷한 수준의 모발 개선 효과가 확인되었다. 모발 밀도가 증가하고, 가는 머리카락이 굵어지며, 탈모 진행이 완화되는 등 긍정적인 변화가 관찰된 것이다.

물론 넘어야 할 과제도 있다. 아직 연구 기간은 대부분 6개월 내외로, 장기적 효과와 안전성은 충분히 검증되지 않았다. 또 농도, 제형, 투여 횟수 등 사용 방식이 연구마다 달라 최적 기준이 확립되지 않았다.

그럼에도 두피용 피나스테라이드는 분명 주목할 만한 진전이다. 경구 복용과 비슷한 효과를 내면서도 부작용을 줄일 수 있다면, 탈모 치료의 패러다임을 바꿀 가능성이 크다. 앞으로는 미녹시딜과의 병용, 나노기술을 이용한 침투력 강화 제형, 지속 방출 기술을 접목한 제품 등 더욱 정교한 연구가 이어질 전망이다.

탈모는 단순한 미용 문제가 아니라, 삶의 질과 자존감에 깊이 연관된 질환이다. 경구에서 국소로, 전신에서 표적으로 피나스테라이드의 진화는 인류에게 필요한 안전하고 효과적인 약의 새로운 장을 열고 있다. 그리고 그 과정은 '탈모 치료'라는 좁은 영역을 넘어, 약물이 어떻게 더 안전하고 정밀하게 진화하는지 보여주는 결정적인 이정표가 될 것이다.

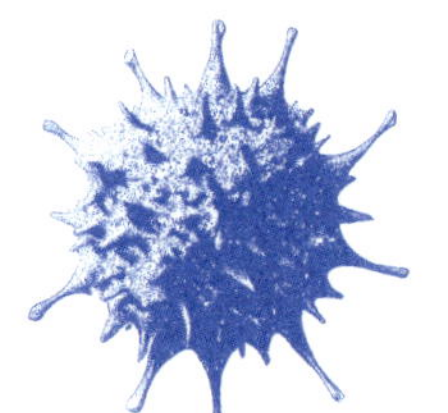

현대인의 쓰린 속을 달래주는

위장약

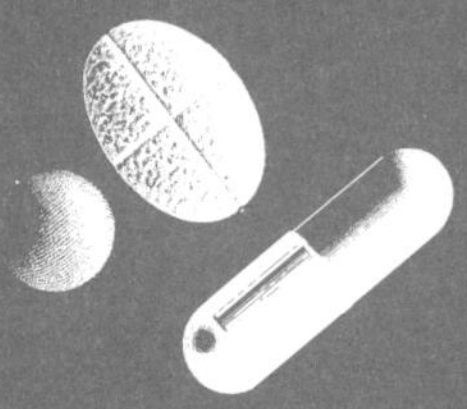

고대 서양에서는 박하와 회향 같은 약초가,

동양에서는 매실과 생약이 소화제로 쓰였다.

그러나 현대에 들어 위산 과다, 스트레스,

소염진통제의 장기 복용, 세균 감염 등이 겹치며

위장 질환은 훨씬 복잡해졌다.

1970년대 시메티딘은 약으로 위궤양을 치료하는 길을 열었고,

뒤이은 라니티딘은 인기를 얻었으나

발암 가능 물질 문제로 퇴출되었다.

1980년대 오메프라졸은 위산 분비의

최종 단계를 차단하며 치료의 판도를 바꾸었다.

결정적인 전환은 헬리코박터 파일로리의 발견으로,

항생제와 위산 억제제를 병용하는

제균 요법이 도입되면서 위암 예방까지 가능해졌다.

#활명수 #시메티딘 #라니티딘 #오메프라졸 #헬리코박터파일로리
#프로톤펌프억제제

소화제에서 위궤양 치료제까지,
위장약의 진화

배가 더부룩하거나 속이 쓰릴 때, 사람들이 가장 먼저 약국에서 찾는 약이 소화제와 위장약이다. 과식과 자극적인 음식, 불규칙한 식사 습관은 많은 사람이 일상에서 경험하는 위장 불편의 주요 원인이다. 대부분 일시적 증상으로 지나가지만, 반복되면 삶의 질을 떨어뜨리고 기능성 소화불량이나 역류성 식도염처럼 만성적인 위장 질환으로 이어질 수 있다.

위염이나 위궤양에는 위산 분비를 억제하는 약이나 위산 역류를 막는 약이 도움된다. 증상이 심할 경우 위 운동을 조절하는 약을 쓰기도 하고, 소화가 잘되지 않을 때는 소화효소제를 함께 복용한다.

그런데 지금처럼 다양한 위장약이 없던 시절에는 어떻게 했을까? 서양에서는 자연에서 얻은 생약에서 해답을 찾았다. 고대에는 박하, 회향 같은 약초가 소화제로 쓰였고, 중세 수도원에서는 허브를 넣은 와인과 맥주가 위를 달래는 음료였다. 대항해시대에는 후추, 계피 같은 향신료와 신대륙에서 온 코코아가 소화를 돕는 약으로 귀족 사이에서 각광받았다. 근대에 들어서는 탄산수와 광천수가 위산을 중화하는 치료법으로 활용되었다.

반면 동양에서는 전통적으로 한방 소화제가 즐겨 사용되었다. 매실을 달여 만든 물약은 속을 편안하게 하는 민간요법으로 오랫동안 활용되었고, 근대 이후에는 사이다나 탄산수 같은 탄산음료도 소화제처럼 사용되었다. 여기에 진피, 후박, 감초 같은 생약 성분을 배합한 소화제는 세대를 넘어 내려오며 현재까지 이어졌다. 우리나라의 '활명수活命水', 일본에서 '국민 위장약'으로 불리는 '오타이산太田胃散' 같은 제품이 대표적이다. 이러한 한방 소화제는 신문이나 TV 광고를 통해서도 쉽게 접할 수 있었고, 소화불량을 겪는 대중에게 오랫동안 친숙한 약으로 자리 잡았다.

현대인의 위장을 가장 괴롭히는 원인 가운데 하나는 바로 위산과다다. 바쁜 생활과 과도한 스트레스는 위산 분비를 늘리고, 위벽을 지켜주는 방어막을 약하게 만든다. 그러다 보니 음식을 조금만 먹어도 속이 불편하고, 가슴이 화끈거리거나 목이 따가운 위산 역류 증상을 호소하는 이들이 많다.

위·십이지장 궤양 역시 같은 원리로 생긴다. 위산과 펩신 같은 공격 인자가 점액과 혈류 같은 방어 인자보다 우세해질 때 점막은 상처를 입는다. 특히 진통과 염증을 줄이기 위해 자주 쓰는 소염진통제는 위 점막을 지켜주는 물질을 억제해 궤양을 악화시키는 주요 원인이다. 여기에 헬리코박터 파일로리helicobacter pylori 세균 감염까지 겹치면 위험은 더욱 커진다.

속쓰림이 있을 때 가장 흔히 찾는 약이 바로 제산제와 위산 역류 차단제다. 겔포스와 알마겔은 알루미늄·마그네슘 성분으로 위산을 직접 중화해 증상을 완화한다. 반면 개비스콘은 미역이나 다시마에서 얻은 알긴산 성분으로 위 내용물 위에 '뚜껑' 같은 막을 만들어 위산이 식도로 역류하는 것을 막는다. 같은 속쓰림 치료제지만, 하나는 위산을 줄이고 다른 하나는 역류를 차단하는 방식이라는 점에서 차이가 있다.

무엇보다 중요한 발견은 위궤양의 주범 가운데 하나가 세균이라는 사실이다. 바로 헬리코박터 파일로리다. 위궤양 환자의 대부분에서 이 균이 발견되며, 항생제 치료로 박멸하면 재발을 크게 줄일 수 있다. 우리나라에서도 성인 두 명 중 한 명이 감염되어 있을 만큼 흔한 세균으로, 위장 질환의 판도를 바꾼 주인공이라 할 수 있다.

위장병은 약으로 한때 호전되더라도 쉽게 재발하는 경우가 많다. 그래서 무엇보다 예방이 중요하다. 규칙적인 식사와 충분한 휴식, 스트레스 관리가 기본이 된다. 특히 관절염이나 근골격계 질환으로 오래 소염진통제를 복용한다면, 반드시 위를 보호하는 약을 함께 써야 한다. 그래야 불필요한 궤양과 합병증을 막을 수 있다.

위장은 아주 예민하다. 작은 자극에도 곧바로 반응하는 만큼, 사소해 보이는 생활 패턴이 바로 증상으로 나타나기도 한다. 잠깐의 편의를 위해 무심코 지나친 습관이 평생의 질환으로 이어질 수 있다. 결국 약보다 강력한 처방은 바른 식습관과 꾸준한 자기 관리라는 사실을 잊지 말아야 한다.

유럽 귀족들의 소화제로 사용된 코코아

1520년, 스페인의 정복자 에르난 코르테스Hernán Cortés가 아즈텍을 정복할 무렵 황제 몬테수마 2세Montezuma II의 식탁에는 늘 카카오 열매로 만든 진한 음료가 올랐다. 하루에도 수십 잔을 마셨다고 전해질 만큼 황제의 건강과 기운을 지탱해준 음료였다. 아즈텍 땅에 발을 디딘 스페인 병사들에게 이 낯선 음료는 강렬한 인상을 남겼다.

아즈텍 제국이 함락된 뒤, 카카오는 멕시코를 중심으로 식민지 전역으로 퍼져나가기 시작했다. 이후 재배지가 점차 확대되면서 카카오는 쿠바와 베네수엘라까지 확산되었다. 1544년에는 대서양을 건너 스페인 궁정에 소개되었다. 16세기 말 스페인의 식민지 멕시코에서 활동하던 의사 후안 데 카르데나스Juan de Cárdenas는 카카오의 쓴맛이 위장을 자극해 소화를 돕는다고 기록했다. 이 한 줄의 설명은 귀족사회의 식탁 문화를 바꾸었다. 식사 후에 거품을 일으킨 코코아 음료를 즐기는 문화가 자리 잡으면서, 코코아는 곧 '속을 편안하게 하는 약'으로 일상에 스며들었다.

여기에 쓴맛과 떫은맛을 내는 폴리페놀 성분이 주목받았다. 폴리페놀은 위와 장의 움직임을 도와 소화를 원활하게 하고, 체내에서 불필요한 산화를 막아 위장을 보호한다고 여겨졌다. 기름진 음식을 먹고 난 뒤 마시는 코코아 한 잔이 속을 편안하게 한다는 믿음이 생겼다. 이러한 이유로 로마 바티칸은 카카오 음료를 금식 기간에도 허용했다. 액체로 마시는 약은 음식이 아니라는 해석 덕분이었다.

그런데 아메리카에서 건너온 카카오는 전통적으로 내려오는 의학 체계와 맞지 않았다. 고대와 중세 유럽에서 사람들은 몸 안에 네 가지 체액이 흐른다고 믿었다. 혈액, 점액, 황담즙, 흑담즙. 이 네 가지가 균형을 이루면 건강하지만 하나가 지나치게 많아지거나 줄어들면 병이 생긴다고 여겼다.

4체액설에 따르면 혈액은 따뜻하고 습하고, 점액은 차갑고 습하다. 황담즙은 뜨겁고 건조하고, 흑담즙은 차갑고 건조하다. 병을 고치는 법은 단순했다. 열이 지나치면 차갑고 습한 약으로 다스리고, 냉하고 건조하면 따뜻하고 촉촉한 성질로 보완한다. 오늘날엔 폐기된 이론이지만, 체액 병리설은 무려 1,400년 동안 서양의학을 지배했다.

카카오의 쓴맛과 떫은맛은 전통적인 4체액설에서라면 '냉하고 건조한 성질'로 해석할 수 있었다. 그러나 지방과 기름기가 풍부해 기력을 회복시키는 효과는 오히려 '따뜻하고 습한 성질'에 가까웠다. 성질이 서로 엇갈리다 보니 카카오를 어느 쪽에 넣어야 할지 명확하지 않았고, 의사들 사이에서도 분류를 두고 논쟁이 이어졌다. 성질을 어떻게 규정하느냐에 따라 처방이 달라지고, 환자 치료의 근거가 바뀌었기 때문이다. 의사들에게는 실로 심각한 혼란이었다.

하지만 이런 논란은 대중에게 중요하지 않았다. 약재로 여겨지던 카카오는 이내 사람들의 일상 속으로 자리를 옮겼다. 가루로 빻아 뜨거운 물에 풀고 설탕을 더해, 달콤하고 부드러운 음료로 즐겼다. 처음엔 왕실과 귀족의 사치품이었지만, 수입량이 늘면서 점차 도시 시민들의 입맛까지 사로잡았다. 논쟁은 의사들 몫이었고, 카카오의 달콤한 맛은 이미 유럽 전역으로 퍼져나가고 있었다.

카카오의 운명은 여기서 멈추지 않았다. 19세기 네덜란드에서 코엔라드 요하네스 반 호텐Coenraad Johannes van Houten이 카카오버터를 분리하는 기술을 발명하면서 코코아 분말이 탄생했고, 스위스에서는 여기에 우유를 더해 밀크초콜릿을 만들었다. 초콜릿이 긴 막대 모양으로 대량생산되면서, 귀족의 약은 대중의 간식으로 변모했다.

생산지 역시 달라졌다. 원산지는 남아메리카였지만, 플랜테이션 농업이 확산되면서 카카오의 주무대는 서아프리카로 옮겨갔다.

카카오 열매. 열매에 들어 있는 씨앗을 발효시켜 말린 카카오콩은 아즈텍 문명에서는 화폐 대용으로 쓰였으며, 16세기 스페인 귀족들은 카카오콩을 빻아 만든 코코아 음료를 소화를 돕는 약으로 마셨다. 오늘날에는 세계 생산량의 60% 이상을 가나와 코트디부아르에서 책임지는데, 카카오나무는 어른이 올라가기 힘들어 아이들이 보호 장비도 제대로 갖추지 않고 카카오를 생산해 아동 노동 착취 문제가 전 세계적 이슈가 되고 있다. ⓒinaturalist

오늘날 세계 생산량의 60% 이상을 가나와 코트디부아르가 책임지고 있으며, 우리나라가 수입하는 원료의 상당 부분도 가나에서 온다.

현대에 들어 초콜릿은 더 이상 약도, 단순한 사치품도 아니다. 밸런타인데이나 빼빼로데이처럼 연인이나 친구에게 건네는 작은 선물, 마음을 표현하는 달콤한 언어가 되었다. 같은 물질도 시대와 문화에 따라 전혀 다른 의미를 띤다. 초콜릿은 그 대표적인 예다.

위장 운동을 촉진하는 한방 소화제

우리나라에는 오랫동안 전해 내려온 전통 소화제가 있다. 평위산, 반하사심탕, 육군자탕 같은 한방 처방이 대표적이고, 가장 유명한 이름은 활명수다. 1897년, 궁중 선전관(임금의 명령을 전달하고 경호를 담당하던 무관) 민병호가 궁중에서 쓰던 생약 비방에 서양의학을 접목해 활명수를 만들었다. 그는 궁중에서 사용하던 전통 조제법에, 최초의 서양병원 제중원에서 배운 서양의학을 접목해 약을 배합했다. 활명수는 한국 기네스북에 오른 국내 최장수 브랜드로 '생명을 살리는 물'이란 뜻이다.

음식을 급히 먹는 식습관 때문에 토사곽란(구토·설사가 심하게 일어나고, 복통과 탈수까지 동반되는 급성 위장 질환)으로 목숨을 잃는 사람이 많았다. 침술과 탕약에만 의존하던 상황에서 활명수가 출시되자 그야말로 날개 돋친 듯이 팔리며 폭발적인 인기를 끌었다. 1920년대 초, 설렁탕 두 그릇 값인 50전에 팔리던 활명수의 수익은 독립운동 자금줄이 되었다. 동화약방 2대 주인이자 창업자 민병호의 아들인 민강은 상하이에 있던 대한민국 임시정부와 연결되는 비밀 연락망, 이른바 '서울 연통부'를 설치해 활동을 도왔다. 이 때문에 민강 사장은 두 차례나 옥고를 치렀다.

1967년 탄산을 넣어 청량감을 더한 까스활명수가 등장하면서 소화제 시장에 새바람이 불었다. 탄산의 자극과 상쾌한 청량감은 기존 소화제로는 맛볼 수 없던 새로운 경험이었고, 젊은 층을 중심으로 빠르게 인기 제품으로 자리 잡았다. 무엇보다 사람들의 마음을 사로잡은 것은 탄산이 터지며 자연스럽게 나오는 '트림'이었다. 약을 마신 뒤 곧바로 트림이 나오면 체기가 풀린다고 느꼈고, 이런 즉각적인 반응은 까스활명수를 단순한 소화제가 아니라 '마시는 소화제'의 상징으로 만들었다. 2011년 정부는 일부 일반의약품을 편의점에서 판매하도록 처음 허용했는데 그때 까스활명수를 허용 대상에서 제외했다. 까스활명수에는 여러 생약 성분이 들어 있는데, 그중 현호색은 진통 효과가 뛰어나지만 자궁 수축을 일으킬 수 있어 임신부에게는 주의가 필요한 성분이다. 이러한 안전성 고려 때문에 제품을 약국 중심으로 관리해야 한다는 인식이 강했으며, 약국 판매가 유지되었다. 그래서 동화약품은 성분을 상당히 조정한 가스활을 출시해 편의점에 공급하고 있다.

오늘날 소화불량 환자 가운데 약 네 명 중 한 명은 '기능성 소화불량'에 해당한다. 위가 음식을 받아들이는 능력이 떨어져 조금만 먹어도 금세 더부룩해지고, 구역감이나 포만감을 쉽게 느끼는 것이다. 정상적인 위는 식사 후 수백 밀리리터까지 여유롭게 늘어나지만, 기능성 소화불량 환자는 위의 신축성이 떨어져 적게 먹어도 불편감을 호소한다.

이때 도움이 되는 것이 위장관 운동 촉진제다. 세로토닌 5-HT4 수용체에 작용하는 모사프라이드mosapride는 위의 연동운동을 활성화해 소화를 돕는 약으로, 부작용이 적어 임상에서 널리 쓰이고 있다. 반면 돔페리돈domperidone은 구토 억제와 위 운동 촉진 효과가 있지만, 고용량에서는 유즙 분비나 여성형 유방증, 더 나아가 심장 부정맥 같은 부작용이 발생할 우려가 있어 주의해야 한다. 현재 국내에서는 함량을 낮춘 액상 제형만 일반의약품으로 허용되어 단기간 사용에만 적합하다.

소화가 더디고 속이 더부룩할 때, 약국에서는 흔히 소화효소제, 한방 소화제 그리고 위장관 운동 촉진제를 함께 권하기도 한다. 각각의 약은 작용 기전이 달라, 소량씩 병용하면 증상 개선 효과는 높이고 부작용은 줄일 수 있기 때문이다. 서로 다른 기전의 약을 적절히 조합해 쓰는 방법이 한 가지 약을 과량 복용하는 것보다 효과적이고 안전하다. 소화제마다 쓰임이 다른 만큼, 그 특징을 알면 내 증상에 맞는 약을 골라 더욱 현명하게 위 건강을 챙길 수 있다.

제약업계 최초의 블록버스터, 시메티딘

지금은 위가 아플 때 약국에서 간단히 약을 살 수 있지만, 불과 몇십 년 전만 해도 속쓰림이나 위궤양은 약보다 수술을 먼저 떠올리는 질환이었다. 그런데 이런 상식을 완전히 뒤집은 약이 있다. 바로 제약업계 최초의 블록버스터 의약품, 시메티딘cimeti-dine(제품명: 타가메트Tagamet)이다.

이 혁신적인 약을 세상에 내놓은 사람은 영국의 약리학자 제임스 블랙James Black이다. 블랙은 이미 세계 최초의 베타 차단제β-blocker 프로프라놀올propranolol(『인류를 구한 12가지 약 이야기』 11장 참조)을 개발해 고혈압과 협심증 치료에 혁명을 일으킨 인물이다. 그는 프로프라놀올 개발 원리를 위장에도 똑같이 적용했다.

블랙이 주목한 물질은 히스타민histamine이었다. 히스타민은 크게 두 가지 수용체에 작용한다. H1 수용체에 결합하면 피부와 호흡기에서 가려움, 콧물, 재채기 같은 알레르기 증상을 일으킨다. 우리가 흔히 먹는 지르텍 같은 알레르기 약은 'H1 차단제'다. 반면 H2 수용체는 위에 존재해 위산 분비를 자극한다. "히스타민이 위에서 작용하는 수용체를 막을 수 있다면, 속쓰림을 근본적으로 치료할 수 있지 않을까?" 블랙은 H2 수용체를 겨냥해, 위산 분비 자체를 막는 위장약을 만들 수 있다고 생각했다. 당시 시중에 있던 약은 단순히 위산을 중화하는 제산제뿐이었으니, 위산 분비를 억제하는 방법은 전혀 새로운 접근이었다.

아이디어는 기발했지만 연구는 쉽지 않았다. 1964년 블랙이 이 끄는 연구팀은 새로운 방식으로 위장약 후보 물질을 시험하기 시작했다. 합성한 화합물을 마취한 쥐에게 주입한 뒤, 위 속의 산도를 직접 측정해보는 것이다. 위산이 얼마나 줄어드는지를 확인하는 단순하지만 확실한 방법이었다. 그렇게 4년 동안 200여 종의 화합물을 만들어 실험했지만, 기대만큼의 효과는 나오지 않았다. 회사에서는 연구를 중단하라는 지시가 내려왔다.

하지만 블랙은 포기하지 않았다. 그는 히스타민 구조를 조금씩 바꾸면서, 약효를 일으키는 '패턴'을 집요하게 추적했다. 히스타민 구조에서 탄소 사슬 길이를 두 개에서 네 개로 늘려보았고, 여기에 과감히 황S 원자를 더했다. 그 순간, 위산 분비가 드라마틱하게 억제되는 결과가 나타났다. 마침내 새로운 신약의 실마리가 열린 것이다. 이후 시메티딘은 독성 검사와 임상 시험을 거쳐 1976년 영국에서 타가메트라는 제품명으로 출시되었다. 연구에 착수한 지 12년 만의 결실이었다.

시메티딘은 이전에 없던 신개념의 위장약이었다. 위산 분비를 막아 위통을 없애고 궤양 치료를 촉진해 속쓰림을 치료했다. 궤양 치료에 걸리는 기간이 드라마틱하게 단축되었고, 수술 건수는 절반 이하로 줄었다. 미국에서 1966년 연간 13만 6,000건이던 위궤양 수술이 시메티딘 등장 후 1978년에는 6만 9,000건으로 떨어졌다. 환자들에게는 그야말로 '칼을 대지 않고도 속쓰림을 고치는 기적의 약'이었다.

시메티딘은 곧 전 세계로 퍼졌다. 1979년까지 100여 개국에서 판매되었고, 1986년에는 제약 역사상 최초로 연 매출 10억 달러를 돌파하며 '블록버스터 약물'이라는 신조어를 탄생시켰다. 원래 블록버스터block-buster라는 말은 전쟁에서 초대형 폭탄을 가리켰다. 도시의 한 블록을 날려버릴 정도로 강력한 폭탄이라는 뜻이다. 이후 영화계에서 대흥행작을 뜻하는 말로 쓰였고, 제약업계에서는 연 매출 10억 달러를 넘긴 약을 블록버스터라 부르게 되었다.

블랙은 베타 차단제와 H2 수용체 차단제라는 새로운 원리에 기반한 두 가지 신약을 세상에 내놓은 공로로 1988년 노벨 생리·의학상을 받았다. 그는 늘 이렇게 강조했다. "약물 발견은 기존 지식을 토대로 출발해야 한다." 실제로 그의 시메티딘 개발은 심장 질환 치료제 프로프라놀올 개발에서 얻은 경험(수용체의 선택적 차단)을 위산 억제제로 확장한 것이었다.

신약 개발은 백지에서 시작하지 않는다. 제약사 연구원들은 먼저 과거의 연구 성과를 샅샅이 분석해 시행착오를 줄이고, 거기서 새로운 가능성을 찾아낸다. 기존의 지식을 발판 삼아 더 나은 약을 만든다는 원칙은, 오늘날의 신약 개발에서도 흔들리지 않는 핵심 원리다.

황금알을 낳는
위장약 시장

평소 제임스 블랙은 자신의 연구 성과를 책으로 펴내고 강연을 통해 널리 알리는 데 열정을 쏟았다. 그의 강연을 듣고 새로운 영감을 얻은 이가 있었다. 1972년 영국 제약사 글락소의 연구원 데이비드 잭David Jack이다. 블랙이 제안한 '히스타민 H2 수용체 차단제' 개념은 잭에게 커다란 자극이 되었다. 잭도 위산 분비를 막는 약을 만들고 싶었다. 처음에는 시메티딘과 비슷한 약효만 기대했는데, 노력 끝에 그는 한 단계 더 나아간 훨씬 뛰어난 약을 세상에 내놓게 된다.

위염을 치료하기 위해 잭은 4년 동안 수많은 화합물을 합성했지만, 번번이 실패했다. 회사는 성과 없는 연구에 등을 돌렸다. 블랙이 한때 실험 중단 압력을 받았듯이, 글락소 역시 잭에게 다른 연구로 옮기라고 했다. 연구팀은 해체되다시피 흩어졌고, 마지막 남은 사람은 잭과 단 세 명의 화학자뿐이었다.

수백 개의 화합물을 합성하고 시험하는 지루한 실패가 이어지자 연구팀은 지쳐갔고, 시메티딘보다 더 뛰어난 약을 만들겠다는 열정은 점점 희미해졌다. 끝없는 어둠의 터널에서 길을 잃은 듯한 순간, 낡은 화학 교과서 속 한 문장이 데이비드 잭의 눈을 사로잡았다. 독일 화학자 카를 만니히Karl Mannich가 고안한 잊힌 듯한 합성법, 만니히 반응Mannich reaction이었다. 활성수소가 붙은 탄소에

아민과 포름알데히드를 이어붙여 완전히 새로운 분자를 만들어내는 반응은, 화학이 지닌 창조적인 힘을 드러내는 마법과도 같았다.

잭은 무릎을 쳤다. 모두가 시메티딘의 구조에만 매달릴 때, 그는 전혀 다른 관점에서 새로운 돌파구를 찾아낸 것이다. 잭은 이 반응을 현대적으로 응용해 다시 실험을 이어갔다. 과거의 지식이 새로운 해결책으로 되살아난 순간이었다. 과학의 혁신이 반드시 전혀 새로운 것에서만 나오지 않는다는 사실을 보여주는 사례였다. 이 실험은 마침내 라니티딘ranitidine이라는 놀라운 성과로 이어졌다. 제약산업이라는 응용과학이 기초과학이라는 토양 위에서 어떻게 꽃을 피우는지 잘 보여주는 장면이었다.

1981년 제약업계의 새로운 챔피언이 탄생했다. 시메티딘이라는 이름의 블록버스터가 위궤양 치료의 패러다임을 바꾼 지 불과 몇 년 만이었다. '영원한 왕좌는 없다'라는 냉혹한 진리를 증명하듯 라니티딘이라는 강력한 도전자에게 그 왕관을 넘겨주게 된다.

라니티딘은 시메티딘의 모든 약점을 파고든 완벽한 후계자였다. 시메티딘의 가장 큰 약점은 상대적으로 짧은 약효 지속시간이었다. 이 때문에 환자들은 하루에도 서너 번 약을 복용하는 번거로움을 감수해야 했다. 하지만 라니티딘은 달랐다. 시메티딘보다 더 긴 반감기(약물 농도가 인체에서 50%로 줄어드는 시간) 덕분에 하루 두 번 복용만으로도 충분한 효과를 냈고, 이는 환자들의 삶의 질을 눈에 띄게 개선했다.

또한 약물 상호작용 문제도 깔끔하게 해결했다. 시메티딘은 간의 약물 대사 효소인 CYP450을 억제하여 다른 약물과 충돌을 일으킬 위험이 있어 다른 약과 혼합해서 먹으면 부작용이 생겼다. 그러나 라니티딘은 이 효소에 거의 영향을 주지 않아 병용 투여에 대한 부담이 현저히 낮았다. 여기에 남성형 유방증 같은 시메티딘의 부작용도 거의 나타나지 않아 안전성 면에서 압도적인 우위를 점했다.

제품 자체의 우수성에 더해, 개발사인 글락소의 공격적인 마케팅 전략이 더해지자, 1981년 잔탁Zantac이라는 제품명으로 나온 라니티딘은 시장을 빠르게 장악해나갔다. 라니티딘은 단순한 속쓰림 치료를 넘어 역류성 식도염까지 치료 범위를 넓히며, 1988년 시메티딘의 매출을 추월해 세계에서 가장 많이 판매되는 약이 되었다. 라니티딘의 성공은 단순히 더 나은 약을 만드는 것을 넘어, 환자의 편의성과 안전성이라는 가치가 제약시장의 승패를 결정짓는 핵심 요소임을 보여주는 좋은 사례다.

블록버스터 약이 탄생하려면 여러 조건이 충족되어야 한다. 먼저 환자가 많은 질환, 예를 들어 소화성 궤양, 고혈압, 고지혈증, 당뇨, 우울증, 통증 같은 분야에서 효과가 입증되어야 한다. 동시에 안전성도 확보되어야 한다. 아무리 효능이 뛰어나도 부작용이 크다면 약의 운명은 거기서 끝나기 때문이다. 여기에 더해, 대중에게 약의 가치를 쉽고 분명하게 알리는 마케팅 전략까지 뒷받침될 때 비로소 진정한 블록버스터가 완성된다.

시메티딘과 라니티딘의 성공은 전 세계 제약업계에 거대한 파문을 일으켰다. 이 두 약물이 위궤양을 수술이 아니라 약으로 치료하는 시대를 열자, 황금알을 낳는 거대한 시장이 눈앞에 펼쳐졌다. 위궤양은 치료 후에도 재발이 잦아 환자들이 장기간 약을 먹는 경우가 많았다. 이는 제약사 입장에서 안정적이고 지속적인 매출을 보장하는, 그야말로 꿈의 시장이었다.

19세기 중반, 일확천금을 찾아 수많은 이들이 캘리포니아로 몰려들었던 골드러시처럼, 전 세계 제약사들은 저마다 신약 개발의 꿈을 꾸고 거대한 위장약 시장에 뛰어들었다. 모두가 제2의 라니티딘을 꿈꾸며 막대한 자본과 연구 인력을 쏟아부었다.

그러나 뜨거웠던 열기와는 달리, 치열한 경쟁에서 살아남은 최종 승자는 손에 꼽을 정도였다. 최종 승자는 단 네 가지 약물뿐이다. 시메티딘, 라니티딘, 그 뒤를 이어 시장에 진입한 미국 제약사 일라이 릴리Eli Lilly의 니자티딘nizatidine(제품명: 액시드Axid), 마지막으로 일본 야마노우치 제약山內製藥의 파모티딘famotidine(제품명: 가스터Gaster)이 바로 그 주인공이다. 이 네 약물은 모두 히스타민 H2 수용체 차단제라는 같은 원리를 공유하면서도 각기 다른 장점을 내세워 시장을 지배했다. 이들 H2 차단제 4총사는 한때 제약시장을 호령하며 역사상 가장 성공적인 약물 계열 중 하나로 평가된다.

1980~90년대 제약시장을 휩쓴 시메티딘(제품명: 타가메트)과 라니티딘(제품명: 잔탁)의 전성기는 오래가지 않았다. 1994년 타가메트의 특허 만료를 시작으로, 1990년대 후반과 2000년대 초 잔탁·액시드·가스터까지 H2 차단제 4총사의 특허가 잇따라 끝나면서

시장 판도는 급격히 바뀌었다.

특허가 끝난다는 것은, 곧 독점이 무너진다는 의미다. 수십 년간 막대한 수익을 보장하던 오리지널 약물은 동일 성분 약인 제네릭의 물결 속에서 가격 경쟁에 내몰리며 매출이 급락했다. 제약사의 특허는 오랜 연구와 임상 시험에 드는 천문학적인 비용을 회수할 수 있는 유일한 제도적 장치다. 신약 개발에 걸리는 시간이 점점 길어지고 안전성 규제가 강화되는 상황에서, 특허 보호 기간은 그야말로 생명줄이다.

하지만 환자의 시각은 다르다. 특허가 만료되고 다른 제약사에서 제네릭이 나오면 약값이 크게 낮아지고, 더 많은 환자가 치료 기회를 얻을 수 있기 때문이다. 따라서 특허 제도는 제약사의 투자 유인과 환자의 약값 부담 완화라는 상반된 이해가 맞부딪히는 지점이다. 시메티딘과 라니티딘의 시대는 저물었지만, 특허 만료를 둘러싼 복잡한 힘의 균형은 오늘날까지 제약산업의 뜨거운 논쟁거리로 남아 있다.

20세기 중반, 인류의 운명을 바꾼 두 프로젝트가 있었다. 하나는 미국 물리학자 오펜하이머가 이끈 맨해튼 계획, 또 하나는 영국 약리학자 제임스 블랙이 주도한 위장약 신약 개발이었다. 맨해튼 계획은 군사적 우위를 위해 사막 한가운데서 철저히 비밀에 부쳐졌다. 그 결과 세상은 압도적 파괴력을 지닌 무기(원자 폭탄)를 손에 넣었다.

반면 블랙은 자신이 개발한 시메티딘의 연구 성과를 과감히 공개했다. 이 오픈 전략 덕분에 경쟁사들은 이를 토대로 더 효과적이고 안전한 라니티딘을 개발할 수 있었다. 하나는 비밀로 힘을 추구했고, 다른 하나는 공유로 건강한 세상을 열었다. 과학의 선택이 어떤 결실을 낳는지, 두 프로젝트는 극명한 대조를 보여준다. 유익한 지식과 정보는 널리 알릴수록 가치가 커진다. 그리고 세상을 위해 기여한 사람의 가치를 인정하고 존중하는 문화야말로 선진사회를 만든다.

라니티딘은 위장약 시장의 혁명을 이끌었다. 성공 비밀은 '만니히 반응'으로 도입된 다이메틸아민dimethylamine이라는 작은 분자에 있었다. 이 구조가 위산 억제 효과를 극대화하며, 시메티딘을 단숨에 뛰어넘는 블록버스터 약물을 탄생시킨 것이다.

하지만 아이러니하게도, 승리의 열쇠인 이 분자가 훗날 치명적인 약점이 되어 돌아왔다. 다이메틸아민은 햇빛이나 고온 등 특정 환경에서 발암 가능 물질인 나이트로소다이메틸아민NDMA으로 변할 수 있었다. 이것이 수십 년이 지나 문제를 일으키게 될 줄은 그때는 미처 알지 못했다.

2019년 가을, 위장약 라니티딘이 약국에서 돌연 사라졌다. 라니티딘에서 NDMA가 검출되자 식약처가 판매를 중단시킨 것이다. 2018년 일어난 고혈압약 발사르탄 사태가 제조 공정에서 발생한 불순물 혼입이 문제였다면, 라니티딘의 퇴출은 약물 구조 자체의 불안정성에서 비롯된 일이었다. 이는 제조 과정의 실수가 아니라 약물 분자가 지닌 화학적 운명이 초래한 결과였다. 다행히 같은 계열의 다른 약들은 문제가 되지 않았다. 전문가들은 단기 복용으로 암 발생 위험이 크지 않다고 설명했지만, '약은 절대 안전해야 한다'라는 원칙에 따라 판매가 중단되고, 유통 중인 제품은 전면 회수되었다. 오랫동안 쓰인 약도 시대가 바뀌면 새로운 검증 앞에서 취약점을 드러낼 수 있다. 라니티딘의 성공과 몰락은, 약의 역사가 과학과 산업 그리고 우리 사회와 맞닿아 있음을 증명한다.

스웨덴 재벌 발렌베리 장기 투자의 결실, 오메프라졸

북유럽의 복지국가 스웨덴을 이야기할 때 발렌베리 가문을 빼놓을 수 없다. 이들의 영향력은 마치 거미줄처럼 뻗어 있어, 블루투스를 처음 만들어낸 통신업계의 거인 에릭슨에서부터 일렉트로룩스의 생활가전 그리고 사브의 전투기까지 아우른다. 그 웅대한 산업 제국에서 제약사 아스트라Astra도 오랜 세월 발렌베리의 투자와 후원을 받으며 자리를 지켜왔다. 발렌베리 가문은 투자회사 인베스터 AB를 앞세워 아스트라의 든든한 주주로 참여하며, 오랜 세월 연구개발 자금을 안정적으로 공급해왔다.

이 재벌 가문은 부를 쌓는 데 그치지 않았다. '기업은 사회의 공기'라는 신념으로 긴 안목의 투자와 사회 환원을 실천해왔다. 그런 토대 위에 '20세기 스웨덴 최고의 발명'이라 불리는 위장약 오메

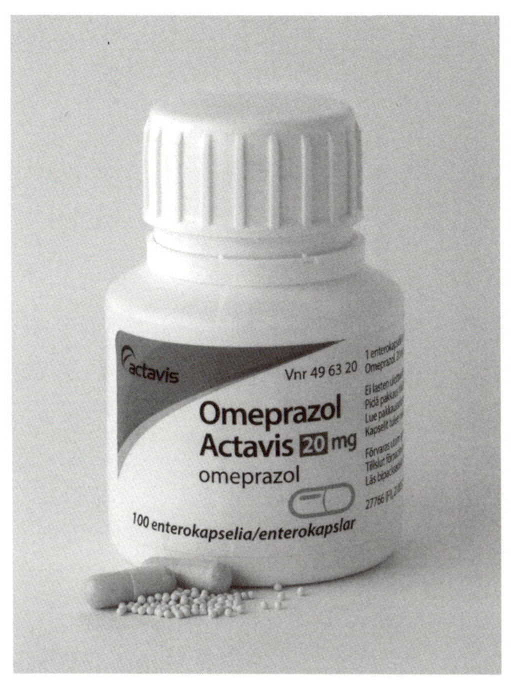

약 오메프라졸. '20세기 스웨덴 최고의 발명'이라 불리는 위장약으로, 스웨덴 발렌베리 가문의 투자와 후원으로 20년이 넘는 인내의 시간 끝에 탄생했다. 오메프라졸은 만성 위궤양과 역류성 식도염 등에 놀라운 효과를 보였으며, 하루에 단 한 번 복용하면 되는 편리함까지 더해지며 위장약의 새로운 시대를 열었다. ⓒW.carter

프라졸omeprazole이 세상에 빛을 드러낼 수 있었다. 1967년에 시작된 오메프라졸 연구는 무려 20년이 넘는 인내의 시간 끝에 결실을 맺었다. 발렌베리 가문의 끊임없는 투자와 지원이 있었기에 가능했다.

오메프라졸(제품명: 로섹Losec)의 등장은 위장약 시장의 틀을 통째로 바꾼 혁명이었다. 기존 위장약들이 히스타민 같은 위산 분비 신호의 '문을 닫는 데' 그친다면, 오메프라졸은 아예 위산이 만들어지는 마지막 관문인 '프로톤 펌프'를 막는다. 위에서 분비되는 위산은 pH 1~2에 이를 만큼 강력한 염산HCl이다. 이는 소금에서 나온 염화 이온Cl⁻과 몸속의 수소 이온H⁺이 결합해 만들어진다. 이 마지막 과정에 관여하는 것이 '프로톤 펌프'라는 효소 단백질이다.

프로톤 펌프는 말 그대로 위산을 분비하는 스위치다. 이 스위치를 꺼버리면 수소 이온이 나오지 않고, 염산도 만들어지지 않는다. 바로 이 원리를 이용한 약이 '프로톤 펌프 억제제PPI, proton pump inhibitor'다.

최초의 PPI 오메프라졸 덕분에 만성 위궤양 환자들은 거짓말처럼 빠르게 회복했고, 치료가 까다롭기로 악명 높던 역류성 식도염조차 놀라운 효과를 보였다. 하루에 단 한 번 복용하면 되는 편리함까지 더해지자, 오메프라졸은 단숨에 약물 시장의 왕좌에 올라 위장약의 새로운 시대를 열었다.

1990년 미국 FDA 승인을 받자, 오메프라졸은 순식간에 세계 시장을 휩쓸었다. 단숨에 블록버스터 약물의 대명사로 떠오른 것이다. 1996년부터 2000년까지 5년 연속 세계 판매 1위를 지켰고, 2000년 한 해 매출만 61억 달러에 이르렀다. 제약 역사상 전례 없는 기록이었다. 오메프라졸의 독주는 2001년 고지혈증 치료제 리피토Lipitor에 왕좌를 내줄 때까지 이어졌다. 이후 바통을 넘겨받은 리피토는 2003년 세계 최초로 연 매출 100억 달러를 돌파하는 신기록을 세웠다.

경쟁이 치열한 제약업계에 영원한 승자는 없다. 아스트라는 약물 특허 이후의 매출 하락에 대비해 새로운 돌파구를 모색했고, 해답은 국경 바깥에서 찾아왔다. 1999년 아스트라는 영국 제네카Zeneca와 손을 맞잡았다. 두 회사의 합병으로 탄생한 아스트라제네카AstraZeneca는 본사를 영국 케임브리지에 두고, 단숨에 세계 굴지의 다국적 제약사로 도약했다.

2001년 오메프라졸의 특허 만료가 다가오자, 아스트라제네카는 새로운 승부수를 던졌다. 바로 에소메프라졸esomeprazole(제품명: 넥시움Nexium)이다. 에소메프라졸은 오메프라졸의 S-이성질체로, 분자구조가 거울처럼 대칭을 이루는 쌍 중에서 치료 효과가 가장 뛰어난 쪽만을 선택해 만든 약이다. 쉽게 말해, 오메프라졸이 혼합물이라면 에소메프라졸은 그중에서 가장 강력한 성분만 정제해낸 '순수 약물'인 셈이다.

덕분에 약효가 더 빨리, 더 확실하게 나타났고 일부 환자에서는 치료 기간까지 단축되는 장점이 있었다. 에소메프라졸의 등장은 단순히 새로운 약의 출시가 아니었다. 오메프라졸 이후에도 위장약 시장을 주도하려는 아스트라제네카의 전략적 승부수였다.

곧이어 독일과 일본 제약사들이 잇따라 새로운 PPI를 출시하면서 시장 경쟁은 한층 뜨거워졌다. 반대로 한 시대를 풍미했던 시메티딘과 라니티딘 같은 H2 차단제들은 빛을 잃고 빠르게 무대에서 퇴장했다.

시메티딘의 성공이 라니티딘과 파모티딘 같은 H2 차단제를 불러왔듯, 오메프라졸의 성공은 새로운 위장약 시대를 열었다. PPI의 잠재력이 입증되자, 제약사들은 앞다투어 후속 약물을 내놓았다. 이런 동일 계열의 후발주자를 흔히 '미투me-too 약물'이라 부른다.

1994년 독일 바이크-굴덴BYK-Gulden이 판토프라졸pantoprazole을, 1995년 일본 다케다제약武田薬品工業이 란소프라졸lansoprazole을, 1999년에는 일본 에이사이Eisai가 라베프라졸rabeprazole을 출시하며 시장은 한층 더 뜨거워졌다.

오메프라졸이 쏘아 올린 신호탄은 곧 거대한 '위산 전쟁'으로 번졌다. 제약사들은 더 빠르고 더 오래가는 약효를 입증하기 위해 치열한 경쟁에 돌입했고, 그 과정에서 인류는 위산을 정확하고 강력하게 조절할 수 있는 여러 무기를 손에 넣었다. 오늘날 이러한 약물들은 위·식도 역류 질환 치료의 확고한 표준으로 자리 잡아, 현대인의 만성적인 속쓰림을 가장 효과적으로 다스리는 신뢰받는 처방이 되었다.

알약 한 알은 우연이 아니라 수십 년의 집요한 연구와 멀리 보는 투자의 산물이다. 오메프라졸은 장기적 비전과 사회적 책임이 만날 때 한 기업이 인류를 얼마나 크게 이롭게 할 수 있는지 보여준 결정적 증거였다.

위 속에 살아 있는 균, 헬리코박터 파일로리

오랫동안 위는 강력한 위산 덕분에 세균이 살 수 없는 무균의 공간으로 여겨졌다. 학계는 당연히 위를 '청정 지역'이라 믿었다. 그러나 헬리코박터 파일로리의 발견은 이런 통념을 송두리째 뒤집어놓았다. 헬리코박터 파일로리는 길이 $3{\sim}5\,\mu m$(0.003~0.005mm)에 불과한 작은 나선형 세균이다. 이 균은 '우레아제'라는 효소를 분비해 요소를 분해하고, 알칼리성의 암모니아를 만들어낸다. 이 덕분에 pH 1~2에 이르는 혹독한 산성 환경에서도 생존할 수 있다. 위산을 피해 점액층 깊숙이 파고들어 자리 잡는, 말 그대로 위 속의 불청객이다.

1970년대 들어 광섬유 위내시경이 도입되면서 위 점막을 직접 들여다볼 수 있게 되었다. 1979년 호주 병리학자 로빈 워런Robin Warren은 내시경으로 나선형의 세균을 관찰했다. 그는 이 세균이 단순한 '불청객'이 아니라 위염의 원인일 수 있다고 주장했다. 그러나 당시로서는 증거가 부족했다. 혹시 위염이 생긴 뒤 세균이 들어왔을 수도 있기 때문이다.

1982년 호주 생리학자 배리 마셜Barry Marshall이 합류하면서 연구는 새로운 국면을 맞았다. 그는 미지의 세균을 배양해 실체를 파악하려 했다. 하지만 번번이 실패하고 말았다. 일반적인 세균이 하루 이틀이면 눈에 띄게 증식하는 것과 달리, 이 균은 아무런 반응을 보이지 않은 것이다.

좌절이 반복되던 그때, 과학사의 위대한 발견들이 종종 그러하듯 우연의 여신이 미소 지었다. 부활절 연휴로 실험실을 며칠간 비워놓은 뒤, 마셜은 무심코 치우지 않은 배양 접시를 확인했다. 그리고 그 위에서 마치 기적처럼, 작은 세균 집락이 자라나 있는 것을 발견했다. 며칠을 기다린 끝에 마침내 모습을 드러낸 세균은, 상상을 뛰어넘을 만큼 느린 증식 속도를 보여주었다.

이 발견은 마치 알렉산더 플레밍이 페니실린을 발견했듯이, 우연히 발견한 한 줄기 빛과 같았다. 이 순간의 발견 덕분에 헬리코박터 파일로리균의 실체가 세상에 드러났고, 위궤양 치료의 혁신이 일어났다.

그 뒤 연구는 급물살을 탔다. 헬리코박터 파일로리는 단순한 세균이 아니었다. 위와 십이지장 궤양 환자의 대부분에서 발견되었고, 위점막에 만성 염증을 일으킨다는 사실이 속속 드러났다. 하지만 '세균이 궤양의 원인'이라는 주장은 여전히 의학계의 회의적인 시선을 받았다. 스트레스와 위산이 궤양을 일으킨다는 것이 당시 정설이었기 때문이다.

배리 마셜은 이를 직접 증명하기 위해 동물실험을 시도했다. 돼지와 원숭이 같은 실험동물에 세균을 투여했는데, 뚜렷한 위염 증상이 생기지 않았다. 그는 고심 끝에 이 세균이 인간에게만 특이적으로 병을 일으킬 수 있다는 가설을 세웠다. 오직 인간의 위에서만 살아가는 특별한 세균이라는 것이다. 이처럼 가설을 세우는 것은 뛰어난 통찰력과 비범한 능력을 요구한다.

그렇다면 이를 입증할 방법은 무엇일까? 자신의 위를 망칠 자원자가 있을 리 만무했다. 마셜은 결국 극단적인 결정을 내렸다. 스스로 실험 대상이 된 것이다. 그는 배양된 헬리코박터 세균이 담긴 용액을 단숨에 마셔버렸다. 며칠 뒤, 구토와 극심한 속쓰림에 시달린 그는 내시경 검사를 통해 자신의 위 속에서 세균을 확인했다. 세균 감염이 곧 위염을 일으킨다는 사실을 몸으로 증명한 것이다.

이 세균의 이름은 헬리코박터 파일로리helicobacter pylori. 나선helix 모양의 세균bacter이 위와 십이지장의 경계인 유문pylorus 부위에서 발견되었다는 뜻이다. 오늘날 위염과 위궤양의 치료는 이 작은 세균의 정체가 밝혀진 순간부터 완전히 새 장을 열게 되었다.

마셜의 과감한 자기 실험은 독일 미생물학자 로베르트 코흐Robert Koch가 세운 코흐의 공리Koch's Postulates를 인간에게 직접 적용한 사례였다. 그가 제시한 네 가지 공리는 단순하지만 강력하다. 환자에게서 같은 병원체가 존재해야 하며, 이를 분리해 배양할 수 있어야 한다. 배양한 균을 건강한 숙주에 넣으면 같은 병이 재현되어야 하

독일의 의사, 미생물학자인 로베르트 코흐. 탄저병(1877년), 콜레라(1885년)의 구체적인 원인 물질이 병원균인 탄저균과 콜레라균임을 명확히 규명하여 '세균학의 아버지'로 평가받고 있다. 1882년에 결핵균을 최초로 발견했으며, 이 공로로 1905년 노벨 생리·의학상을 수상했다.

고, 새로 병든 숙주에서 다시 같은 균이 나와야 한다.

이 공리는 감염병 연구의 황금률로 불리며, 병원체와 질병의 인과관계를 확립하는 열쇠가 되었다. 마셜은 그 원칙을 자기 몸에 적용해, 헬리코박터 파일로리가 단순한 위 속 동반자가 아니라 위염의 원인임을 온몸으로 증명해낸 것이다.

헬리코박터 파일로리 감염은 잠깐 스쳐 가는 불청객이 아니다. 위에 들어온 채로 수년간 버티며 만성 위염을 일으키고, 시간이 흐르면 점막이 점점 소실되는 위축성 위염으로 이어진다. 이렇게 약해진 위는 방어력을 잃고, 위암의 위험에 한 걸음 더 다가서게 된다. 실제로 이 균에 감염된 사람은 감염되지 않은 사람보다 위암에 걸릴 확률이 두 배 이상 높다.

궤양에서도 마찬가지다. 위궤양 환자의 80%, 십이지장 궤양 환자의 90% 이상에서 이 세균이 검출된다. 작은 세균 하나가 위염과 궤양의 주범일 뿐 아니라, 암까지 불러올 수 있다는 주장은 당시 의학계의 통념을 송두리째 흔들어놓았다. 암의 원인이 화학물질, 방사선, 자외선, 혹은 바이러스라는 사실은 알려져 있었지만, 세균이 암을 일으킬 수 있다는 생각은 아무도 하지 못했기 때문이다.

그러나 연구가 쌓이면서 결국 판도가 바뀌었다. 1994년 미국 국립보건원NIH과 국제암연구소IARC는 헬리코박터 파일로리균을 사람에게 확실히 암을 일으키는 발암 인자로 공식 규정했다. '위 속의 무해한 동반자'쯤으로 여기던 세균이, 인류가 두려워하는 암의 원인으로 지목되는 역사적 전환점이었다. 이후 고양이·개·돼지·원숭이 등 여러 동물의 위에서도 헬리코박터가 발견되면서, 인간 전용의 특이한 세균이 아니라 다양한 종에 걸쳐 퍼져 있는 보편적 세균임이 드러났다. 헬리코박터의 역사는 '인간 전용이라는 오해'에서 출발해 '다종 감염으로의 확장'으로 이어진, 시야 확장의 과정이었다.

헬리코박터 파일로리균은 전 세계 인구의 절반 이상이 감염돼 있을 만큼 흔한 세균이다. 우리나라 역시 예외가 아니다. 1990년대 후반까지만 해도 국민 10명 중 7명이 보균자였는데, 최근 조사에서는 성인의 감염률이 40~50% 수준으로 낮아졌다. 위생 환경이 개선되고 생활 방식이 바뀌면서 젊은 세대일수록 감염률이 크게 줄어드는 추세다. 10대 청소년에서는 한 자릿수로 떨어졌다는 보고도 있다.

앞으로도 이 흐름이 이어진다면 우리나라의 감염률은 미국이나 서유럽처럼 30% 이하로 낮아질 것으로 전망된다. 다만 연령대에 따라 격차가 크고, 여전히 중장년층에서는 절반 이상이 감염 상태인 만큼 안심하기는 이르다.

우리나라에서 헬리코박터 감염이 흔한 이유로는 한 그릇에 담긴 찌개나 국을 여러 명이 함께 떠먹거나 반찬을 각자 덜어 먹지 않고 한 접시에서 집어 먹는 식습관 등이 거론된다. 짜고 매운 음식은 감염률 자체보다는 위 점막 손상과 위암 발생 위험을 높이는 요인으로 주목받고 있다. 위생 관리와 생활 습관 개선이 감염률을 낮추는 중요한 열쇠라 할 수 있다.

2005년 마셜과 워런은 헬리코박터균과 위궤양의 연관성을 밝힌 공로로 노벨 생리·의학상을 받았다. 마셜은 우리나라 요구르트 TV 광고에도 출연해 화제가 되었다. 그래서인지 위장 장애가 생기면 요구르트를 먹는 사람을 종종 볼 수 있다. 유산균은 헬리코박터균 수를 줄일 수 있지만 완전히 없애지는 못한다. 확실한 치료는 항생제와 위산 억제제를 병용하는 제균 요법이다.

위산 억제제PPI로 위의 산도를 낮춰 항생제가 잘 듣는 환경을 만든 뒤, 페니실린계 항생제인 아목시실린과 마크로라이드계 항생제 클래리스로마이신을 함께 복용하는 3제 요법이 표준 치료다. 만일 실패하면 비스무트와 다른 항생제(테트라사이클린 + 메트로니다졸)를 더해 4제 요법으로 진행한다.

헬리코박터 제균 치료는 보통 2주 동안 하루 두 번 규칙적으로 복용하면 과거에는 80~90%의 높은 성공률을 보였다. 하지만 최근에는 항생제 내성균이 늘어나면서 성공률이 다소 떨어지는 추세다. 이에 따라 약의 용량을 조절하거나, P-CAB 같은 강력한 위산 억제제를 병용하여 성공률을 높이는 새로운 치료법들이 시도되고 있다. 한번 제균에 성공하면 1년 안에 헬리코박터균에 다시 감염될 가능성은 2~3%에 불과하다. 특히 위궤양 환자나 조기 위암 수술을 받은 환자라면 제균 치료를 적극적으로 고려하는 것이 좋다.

PPI를 넘어선
차세대 위산 억제제, P-CAB

위산 분비를 막는 월등한 효능이 있지만, PPI는 단점이 있다. 위산에 불안정해 PPI는 약물 복용 후 몸속에서 활성화되는 과정을 거쳐야만 약효를 발휘한다. 보통 복용 후 3~4일 지나 최대 효과가 나타난다. PPI의 효능이 느린 이유는 프로드럭prodrug이기 때문이다. 프로드럭은 약효가 없거나 약한 물질이지만, 몸에 들어가 대사 과정을 거쳐 활성 형태로 전환된 뒤 비로소 효과를 나타내는 약이다.

PPI는 위에서 바로 작용하지 않고, 장에서 흡수된 뒤 위벽 세포의 강한 산성 환경에서 활성 형태로 변해야 작용한다. PPI가 위산 펌프 효소와 단단히 결합해 위산의 분비를 막지만, 이 과정에 시간이 걸리므로 복용 즉시 효과가 나타나지 않는다.

위산 펌프는 식사 직후 가장 활발히 작동하기 때문에, PPI는 식사 30~60분 전에 복용해야 최대 효과를 낼 수 있었다. 그러나 PPI를 복용해도 야간에는 기저 위산 분비가 지속되어 속쓰림이 남는 경우가 있었고, 이를 야간 위산 돌파 현상NAB, nighttime acid breakthrough이라고 부른다.

이러한 PPI의 한계를 극복하고자 연구자들은 위산 펌프의 작동 기전을 더 깊이 파고들었다. 위산을 만드는 펌프H⁺/K⁺ ATPase는 마치 교환소와 같다. 이 펌프는 위 속으로 수소 이온H⁺을 내보내는 대신, 칼륨(영어로 포타슘) 이온K⁺을 끌어들여야 작동한다. 곧 칼륨 이온이 들어오지 않으면 펌프는 멈추고, 위산도 만들어지지 않는다. 작은 이온 하나가 위산 분비의 열쇠를 쥐고 있는 셈이다.

바로 이 지점에서 새로운 약물의 아이디어가 탄생했다. 위산 펌프 효소는 칼륨 이온이 들어올 자리가 꼭 있어야 한다. 그런데 그 자리를 먼저 차지해버리면, 칼륨 이온이 들어올 수 없다. 그러면 펌프는 멈추고, 위산도 나오지 않게 된다. 이것이 P-CABpotassium-competitive acid blocker의 핵심 원리다. P-CAB은 PPI와 달리 위산 펌프에 가역적으로 결합한다. 마치 열쇠가 자물쇠에 들어갔다 나왔다 하는 것처럼, P-CAB 약물이 펌프에 결합하여 칼륨 이온의 결합을 직접 방해하다가 떨어져 나가지만, 그 결합력이 워낙 강력해 지속적으로 펌프의 작동을 막는다.

이러한 기전의 가장 큰 장점은 압도적인 속도와 편의성이다. P-CAB은 복용 후 위장 세포에 도달하자마자 즉각적으로 약효를 발휘한다. PPI처럼 활성화될 때까지 기다릴 필요가 없으므로, 복용 후 1시간 이내에 최대 위산 억제 효과에 도달한다. 이 때문에 환자는 식사 시간에 구애받지 않고 언제든 복용할 수 있게 되었고, 밤중에 갑작스럽게 속이 쓰릴 때도 빠른 효과를 기대할 수 있다.

P-CAB 연구는 1990년대부터 시작되었지만, 상용화까지는 많은 시행착오를 거쳤다. 2015년 일본 다케다제약에서 보노프라잔vonoprazan(제품명: 다케캡Takecab)이 처음 허가를 받았을 때 의료계와 환자의 시선이 한꺼번에 쏠렸다. 기존 약물에 반응하지 않던 환자에게 새로운 선택지가 열릴 수 있다는 기대감이었다. 그 흐름은 우리나라에서도 이어졌다. 2019년 HK이노엔의 테고

프라잔tegoprazan(제품명: 케이캡K-CAB), 2022년 대웅제약의 펙수프라잔fex-uprazan(제품명: 펙수클루Fexuclue), 2024년 온코닉테라퓨틱스의 자스타프라잔zastaprazan(제품명: 자큐보Zacubo)이 차례로 등장했다.

임상 현장에서의 반응은 기대 이상이었다. 중증 역류성 식도염 환자에게서 P-CAB은 기존 PPI보다 더 빠르거나 비슷한 수준의 치료 효과를 보였고, 헬리코박터 제균 치료에서도 성공률을 끌어올렸다. 오랫동안 치료에 지쳐 있던 환자에게 P-CAB은 그야말로 새로운 희망의 불씨가 된 셈이다.

하지만 약의 역사는 언제나 빛과 그림자를 함께 품는다. P-CAB은 강력한 위산 억제 효과를 나타내지만, 몸은 이를 보상하기 위해 위산 분비 호르몬인 가스트린을 과도하게 늘려 장내 세균총이 달라질 수 있는 우려가 제기된다. 가스트린 수치가 높아지면, 약을 끊었을 때 위산이 평소보다 더 폭발적으로 분비되는 반동 현상이 생길 수 있다. 이러한 한계는 향후 더 많은 임상 연구와 데이터가 축적되면서 점차 개선될 것으로 기대된다. 부작용 우려와 더불어, 현실적인 과제 또한 남아 있다. 새롭게 개발된 신약인 만큼 P-CAB은 PPI보다 상대적으로 가격이 높아 장기간 치료가 필요한 환자에게 경제적 부담이 된다.

그럼에도 한 가지 사실만큼은 분명하다. P-CAB의 등장은 위장약 역사에 새로운 장을 열었다는 점이다. 1970년대 시메티딘이 수술 대신 약으로 치료하는 길을 열었고, 1980~90년대 PPI는 궤양 치료의 황금기를 이끌었다. 그리고 21세기에 P-CAB은 그 계보를 잇는 차세대 주자가 되었다. P-CAB의 등장은 위장 질환 치료의 새로운 패러다임을 연 사건이라 할 수 있다.

5

환청과 망상에서 벗어나게 한

조현병 치료제

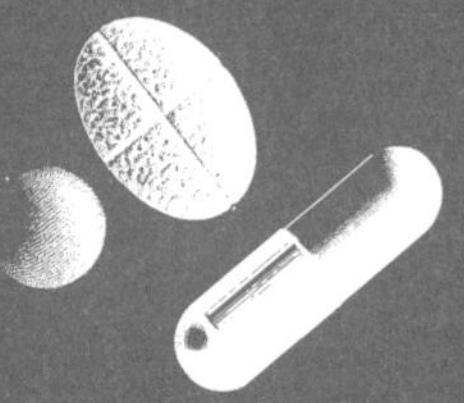

1793년 프랑스 대혁명기, 파리 비세트르 병원은

쇠사슬에 묶인 환자들로 가득했다.

사람들은 여전히 정신질환자를 괴물로 여겨

감금과 억압으로 다스렸다. 그러나 의사 필리프 피넬은

"그들은 치료받아야 할 인간"이라 선언하고 쇠사슬을 풀었다.

환자들은 햇빛과 바람 속에서 대화와 노동, 음악을 접하며

조금씩 존엄을 되찾았다. 로베르-플뢰리의 그림

〈정신질환자를 쇠사슬에서 해방하는 피넬〉은

이 순간을 상징한다. 미신에서 과학으로,

억압에서 인권으로의 전환이었다.

#피넬의개혁 #도파민가설 #앙리라보리 #클로르프로마진 #전두엽절제술
#할로페리돌 #클로자핀

정신분열증에서
조현병으로

사람들은 오래전부터 정신이 이상한 이들을 귀신이 들렸다고 여겼다. 과학이 발달하지 않았던 시대에는 굿이나 주문, 부적 같은 초자연적 방법으로 귀신을 쫓으려 했다. 어렵고 이해할 수 없는 정신의 문제를 미신으로 해석한 것이다. 실제로 남미 페루에서 발굴된 두개골에는 원시적인 뇌 수술 흔적이 남아 있다. 심한 두통이나 정신 이상을 앓던 환자의 머리에 구멍을 뚫어 악령이 빠져나가길 바란 것이다.

중세 유럽에서는 상황이 더 심각했다. 정신병은 죄에 대한 신의 형벌로 여겼고, 환자들은 가혹한 고문을 받거나 일부는 마녀로 몰려 화형당하기도 했다. 사회에 해를 끼칠 수 있다는 이유로 환자들은 수용소나 감옥에 갇혔고, 치료받아야 할 이들이 '격리 대상'으로 취급되었다.

그러나 18세기 계몽주의의 물결은 정신질환에 대한 인식에도 변화를 일으켰다. 이성, 합리, 인권이라는 새로운 가치가 퍼지면서 정신질환은 더 이상 초자연적인 형벌이 아니라 치료 가능한 질환으로 인식되기 시작했다. 병원에 환자를 입원시켜 치료하려는 시도가 나타난 것도 이 무렵부터다.

이러한 변화에도 19세기 사회는 여전히 한계가 뚜렷했다. 정신질환의 원인을 유전으로 돌렸고, 가족 중 한 사람이라도 정신병 수용소에 들어가면 집안 전체가 사회적 낙인을 감수해야 하는 분위기가 만연했다. 계몽주의가 새로운 희망을 열어주었지만, 정신질환에 대한 사회적 시선은 여전히 냉혹했다.

19세기 말에 이르러 산업혁명이 몰고 온 급속한 변화는 인간의 정신에도 깊은 상처를 남겼다. 급격한 도시화와 과도한 경쟁, 빈곤이 겹치면서 사람들은 전례 없는 사회적·심리적 스트레스에 시달렸고, 정신질환자도 급격히 늘어났다. 수천 명을 한꺼번에 수용하는 대형 정신병원이 세워진 것도 이 무렵이다.

정신질환이 갑자기 늘어나는 까닭을 알고 싶어 하던 시대, 오스트리아 의사 지그문트 프로이트Sigmund Freud는 눈길을 인간의 마음 깊은 곳으로 돌렸다. 그는 성인이 된 뒤 드러나는 신경증적 증상이 사실은 어린 시절의 경험과 억눌린 충동, 특히 성적 욕망을 포함한 심리적 요인에서 비롯된다고 보았다. 눈에 보이는 증상은 빙산의

정신분석학의 창시자 지그문트 프로이트. 거의 모든 이론을 성적 욕구와 연관지어 설명했으며, 인간의 무의식을 체계적으로 정립했다. 오이디푸스 콤플렉스와 엘렉트라 콤플렉스란 개념도 프로이트가 만들었다. 당시로는 혁명적인 저서 『꿈의 해석 *Die Traumdeutung*』을 펴내 대중에게 정신분석학과 무의식의 존재를 확실하게 각인시켰다.
©Library of Congress's Prints and Photographs division

일각일 뿐, 그 밑바닥에는 무의식이 숨어 있다는 것이다.

프로이트는 이 무의식을 끌어내기 위해 '정신분석'이라는 새로운 방법을 고안했다. 환자가 떠오르는 생각을 거리낌 없이 털어놓게 하는 '자유연상', 무의식의 단서를 읽어내는 '꿈 해석'은 그의 대표적인 정신분석 기법이다. 그는 억눌린 기억과 욕망을 의식 위로 끌어올려 환자가 그것과 마주하도록 했고, 그 과정을 통해 마음의 병을 치유할 수 있다고 믿었다. 이 획기적인 발상은 인간 정신을 이해하는 방식 자체를 바꾸어놓으며, 현대 심리학과 정신의학에 깊은 흔적을 남겼다.

프로이트가 닦아놓은 길은 인간 정신을 이해하는 데 전환점이 되었다. 정신병 환자를 사회로부터 떼어놓아야 할 존재가 아니라, 이해하고 소통해야 할 인간으로 인식하게 하는 중요한 역할을 했다. 그러나 시간이 흐르면서 심리 치료만으로는 한계가 있다는 사실이 드러났다. 마음의 갈등을 해석하는 것만으로는 모든 증상을 치유할 수 없었던 것이다. 20세기 중반, 항정신병 약과 항우울제가 등장하면서 상황은 크게 달라졌다. 이제 정신의학은 심리 치료와 약물 치료가 나란히 자리하는 새로운 국면을 맞이하게 된다.

한때 정신병은 '정신분열증'이라 불렸다. 정신분열증schizophrenia은 1908년 스위스 정신과 의사 오이겐 블로일러Eugen Bleuler가 붙인 용어다. 그리스어 'schizo(조각남)'와 'phren(정신)'을 합성한 말로, 사고·정서·의지가 분리되는 특징을 표현한 것이다. 블로일러는 환자가 생각과 말을 이어가는 과정에서 연상의 흐름이 쉽게 끊어지고 연결되지 않는 현상을 이 병의 핵심적인 특징으로 보았다.

그러나 이 병명은 필요 이상으로 부정적인 이미지를 만들어 환자에게 심리적 부담과 낙인을 안겼다. 2011년 대한신경정신의학회는 병명을 '조현병調絃病'으로 바꾸었다. 현악기의 줄을 다시 맞추듯, 마음도 치료와 보살핌을 통해 균형을 되찾을 수 있다는 희망을 담은 것이다.

조현병은 드물 것 같지만, 인구의 0.5~1%가 경험하는 질병이다. 입시, 군대, 취업으로 스트레스가 많은 젊은 사람에게 주로 발병해 10대 후반 혹은 20대 초반이 대다수다. 조현병의 증상이 복합적이어서 하나의 원인으로는 충분히 설명되지 않는다. 어떤 사람은 증상이 있어도, 다른 사람은 전혀 다른 증상이 나타나는 경우가 흔하다.

그럼에도 크게 양성증상, 음성증상으로 구분한다. 양성증상의 대표적인 것은 환청과 망상이다. 주변에 아무 소리가 없어도 행동을 간섭하는 말이나 다른 사람의 대화 소리가 들린다. 망상은 실제 현실과 다른 믿음을 말한다. '누가 나를 해치려고 한다'라는 피해망상, '나는 특별한 권능을 받은 사람이다'라는 과대망상, '사람들이 나를 보고 비웃는다'라는 관계망상 등이 있다. 간혹 '이상한 벌레가 몸에 기어다닌다'라는 괴이한 망상도 있다. 조현병 환자의 사고는 논리적인 연결이 끊어지고, 말이 쉽게 주제에서 벗어난다.

음성증상에는 말이 사라지는 무언증, 희로애락에 무덤덤해지는 무쾌감증, 삶의 의욕을 상실하는 무욕증 등이 있다. 장기적으로 보면 음성증상이 환자의 성격과 정체성을 상실하게 한다는 점에서 양성증상보다 더 나쁘다.

예전에는 조현병을 마음의 문제로만 여겼는데, 오늘날 의학은 뇌 발달 과정의 이상에서 비롯되는 신경 발달 장애로 본다. 태아기나 유년기부터 시작된 작은 이상이 사춘기 이후 성인기에 증상으로 드러나는 것이다. 유전적 소인, 임신 중 감염, 출산 때 손상, 영양 결핍 등 여러 요인이 겹쳐 뇌 발달의 균형이 흔들릴 때 병이 나타난다. 정신병은 단일 원인이 아니라, 유전과 환경이 맞물려 생기는 질환이다.

조현병은 단순히 마음의 문제가 아니다. 뇌 속 신경전달물질, 특히 도파민의 과잉 활동과 밀접히 관련된다. 여기에 세로토닌, 글루탐산, 아세틸콜린 등 여러 물질이 얽히며 균형이 깨질 때 증상이 나타난다. 치료의 중심은 약물이다. 항정신병 약물을 꾸준히 복용하면 재발을 막을 수 있다. 동시에 입원 치료나 집단·가족 치료 같은 심리적, 사회적 지원이 함께할 때 회복하는 길이 열린다.

조현병 치료는 약물 치료와 사회적 관계 회복, 두 축이 맞물려야 비로소 앞으로 나아갈 수 있다. 우리가 조현병을 올바르게 이해하고 따뜻한 시선을 보내는 것이 치료의 시작일지도 모른다.

미친 리어왕과
햄릿의 망령

셰익스피어의 4대 비극은 인간의 욕망과 복수가 어디까지 삶을 파괴할 수 있는지 보여준다. 그 가운데 『리어왕*King Lear*』은 노년의 오만한 판단이 걷잡을 수 없는 광기로 전락하는 모습을 처절하게 그린 작품이다. 그리고 『햄릿*Hamlet*』은 복수라는 강박 속에서 광기와 우울감이 뒤섞인 내면의 폭풍을 생생하게 그려낸다.

리어왕은 세 딸의 사랑을 시험하며 나라를 나누어주려 했다. 두 딸은 아첨으로 충성을 과시했지만, 막내 코델리아는 진실만을 말했다. 분노한 왕은 그녀를 내쫓고 나라를 언니들에게 맡겼다. 그러나 그의 기대와는 달리 충성의 가면은 오래가지 못했다. 권력도 가족도 잃은 왕은 휘몰아치는 광풍 속에서 절망하며 미쳐간다. 왕관 대신 들꽃을 머리에 꽂고 방황하는 그의 모습은 권력의 허망함과 인간의 나약함을 압축한 상징이다.

덴마크의 왕자 햄릿은 망설임과 내적 갈등의 길 끝에서 파멸한다. 아버지를 독살한 삼촌이 왕위를 차지하고, 어머니는 서둘러 그와 재혼한다. 우울증에 잠겨 있던 햄릿 앞에 아버지의 망령이 나타나 복수하라고 요구한다. 하지만 햄릿은 우유부단한 탓에 기회를 엿볼 뿐이었다. 그는 망령이 실제인지 헛것인지 갈등하다 주위의 의심을 피하려고 미친 사람처럼 행동한다. 그러다 실수로 연인 오필리아의 아버지를 죽이고 만다.

오필리아는 아버지의 죽음과 햄릿의 배신이라는 이중의 상처에 무너진다. 강물에 몸을 맡긴 그녀의 죽음은 의도적인 자살이라기보다, 극도의 혼란 속에서 판단 능력을 잃은 결과였다. 끝내 비극의 무대 위에 왕도 왕비도 햄릿도 모두 죽음을 맞는다.

셰익스피어가 무대 위에서 그려낸 광기와 환시는 오늘날 정신의학에서 마주하는 현실의 질병과 크게 다르지 않다. 과학이 발달하지 않았던 시대, 셰익스피어는 이미 인간 정신의 가장 어두운 심연을 포착해냈다. 주인공의 극심한 스트레스와 절망은 조현병의 증상과 놀라울 만큼 닮아 있다.

리어왕이 보여준 광기는 과대망상이나 피해망상을 연상시킨다. 비탄에 빠진 왕의 정신 균열은 현실과 단절된 믿음을 만들어냈다. 햄릿이 경험한 아버지 망령의 환시는 조현병의 환시와 환청을 떠올리게 한다. 눈에 보이지 않는 존재가 오직 자신에게만 말을 걸고, 복수를 요구하는 목소리를 들려주는 장면은 실제 환자들이 겪는 환청과 크게 다르지 않다.

현대 의학은 광기를 더 이상 '저주'나 '운명'으로 설명하지 않는다. 조현병 같은 정신질환은 뇌 속 신경전달물질의 불균형과 유전, 환경적 스트레스가 맞물려 생겨난다. 뇌 속 화학물질의 균형이 깨지면 망상이나 환청, 혹은 깊은 우울감이 생겨난다. 현대 뇌과학은 셰익스피어가 무대 위에 그려낸 인간 정신의 혼란을 오늘날 질병의 언어로 해석하게 한다.

리어왕의 광기와 햄릿의 환시는 단순한 극적 장치가 아니다. 그

것은 인간 정신의 취약함을 드러낸 문학적 증언이자, 갈등을 비추는 거울이다. 우리는 그 거울 속에서 여전히 자신을 발견하게 된다. 『맥베스*Macbeth*』와 『오셀로*Othello*』를 포함한 셰익스피어 4대 비극이 오늘날에도 여전히 유효한 이유다. 인간의 탐욕과 끝없는 불안 그리고 사라지지 않는 정신질환의 그림자는 시대를 넘어 되풀이되며 우리 주위에서 일어나는 현실이기 때문이다.

쇠사슬에서 자유로, 다시 절제술의 비극으로

음악 영화 《아마데우스*Amadeus*》는 19세기 초 오스트리아 빈의 정신병원에서 시작된다. 늙고 병든, 모차르트*Mozart*의 라이벌 살리에리*Salieri*가 수용된 정신병원의 풍경은 당시 현실을 그대로 비춘다. 높은 담장, 어두운 병실, 쇠사슬에 묶인 환자들. 그곳은 치료를 위한 병원이라기보다 격리를 위한 장소에 가까웠다. 정신적 고통을 겪던 이들의 삶이 그대로 드러나는 장면이었다.

오랫동안 유럽에서 정신질환자는 사회 질서를 해치는 존재로 여겨졌다. 광기는 신의 형벌이자 악령의 장난으로 해석되었고, 환자들은 감옥이나 수도원, 도시 외곽의 수용소에 갇혔다. 그곳에서 그들은 치료가 아니라 고문과 억압을 당했다. 정신병원이라 불렀지만, 실제로는 환자를 억제하고 통제하던 시설이었다. 1758년 런던의 의사 윌리엄 배티William Battie는 『광기에 관한 보고서A Treatise on Madness』에서 환자를 단순히 감금하는 것만으로도 충분한 치료 효과가 있다고 주장하기도 했다.

그러나 변화의 바람이 불었다. 18세기 후반, 프랑스 대혁명과 함께 계몽주의의 광풍이 유럽을 휩쓸었다. 계몽주의 사상가들은 이성의 힘으로 과거 세대보다 훨씬 삶이 개선될 수 있다고 생각했다. 인간의 이성과 자유를 중시하는 시대정신은 정신질환자를 바라보는 시선에도 스며들었다. "광인도 인간이다." 그때까지 당연한 것처럼 받아들여지던 정신이상자로 규정하는 굴레를 흔드는 목소리가 등장한 것이다.

1793년 파리 비세트르 병원에서 프랑스 의사 필리프 피넬Philippe Pinel은 과감하게 환자들의 쇠사슬을 풀었다. 그는 단호히 말했다. "환자는 괴물이 아니라 이해와 치료의 대상이다." 단순한 퍼포먼스가 아니었다. 그는 환자의 상태를 관찰하고 기록했으며, 대화를 나누고 정원 가꾸기 같은 활동을 통해 인간의 존엄을 회복하도록 시도했다. 그의 '도덕적 치료moral treatment'는 환자에게 햇빛과 바람을 허락하고, 예술과 음악을 통해 정서를 다스리는 새로운 발걸음이었다.

근대 정신의학의 창시자로 불리는 피넬은 환자의 쇠사슬을 걷어내고 대신 구속복으로 대체했다. 구속복은 환자의 팔을 몸통에 고정해 움직임을 제한하는 특수 의복이다. 흥분한 환자나 자해·타해 위험이 있는 상황에서 사용되었다.

토니 로베르-플뢰리의 그림 〈정신질환자를 쇠사슬로부터 해방하는 피넬〉, 1876년 작. 프랑스 의사 필리프 피넬은 계몽주의적 세계관과 프랑스 대혁명의 영향으로 환자의 인권을 개선하기 위해 노력했고, 현대 정신병 치료법을 확립했다고 평가받는다.

프랑스 역사화가 토니 로베르-플뢰리Tony Robert-Fleury는 〈정신질환자를 쇠사슬로부터 해방하는 피넬Pinel à la Salpêtrière〉을 그렸다. 그는 어두운 병동에서 사슬에 묶인 여성 환자를 해방하는 순간을 극적으로 담았다. 화면 중앙의 피넬은 결연하면서도 평온한 모습으로 서 있으며, 그의 주변에서 환자들은 두려움·불신·감격 등 각기 다른 표정을 짓는다. 한쪽에서 쏟아지는 빛은 피넬과 환자를 비추며 어둠에 잠긴 배경과 대비된다. 이는 억압에서 인간 존엄으로 나아가는 계몽주의적 전환을 상징한다.

피넬의 개혁은 곧 유럽 전역으로 퍼져나갔다. 영국의 요크 요양원, 대서양 건너 미국의 정신병원에도 도덕적 치료가 도입되었다. 감금에서 치료로, 억압에서 회복으로 치료의 흐름이 완전히 달라졌고 정신의학은 비로소 하나의 학문으로 자리 잡기 시작했다.

하지만 역사는 늘 진보하진 않는다. 쇠사슬에서 풀려났지만, 정신병을 치료할 별다른 방법은 없었다. 20세기 중반, 정신의학은 수술로 정신병을 치료할 수 있다고 판단했고, 이는 극단적인 실험으로 치달았다. 뇌를 직접 건드려 마음의 병을 다스리려는 시도는 오래전부터 있었다. 남미 페루에서 발견된 고대 두개골에는 뇌의 압력을 줄이거나 악령을 내보내기 위해 행한 트레파네이션trepanation 흔적이 남아 있다. 이것은 두개골 천공술로 기원전 400년경부터 잉카 제국이 멸망한 16세기까지 약 2,000년 동안 이어졌다. 페루 남부 파라카스 지역에서 발굴된 한 두개골에는 네 번 이상 구멍을 낸 흔적이 남아 있었는데, 구멍 주변 뼈가 다시 자란 것으로 보아 환자가 수술 후에도 상당 기간 생존했음을 알 수 있다. 도구와 방식은 달랐지만, 뇌를 고쳐 정신병을 치료하려는 시도는 시대를 넘어 반복되었다.

침팬지에게서 전두엽을 떼어냈더니 온순해졌다는 1935년 예일 대학의 실험 결과는 정신과 의사들에게 한 줄기 빛과 같았다. 이 연구에 영감을 받은 포르투갈의 신경과 의사 에가스 모니즈Egas Moniz는 정신질환 환자의 정수리에 구멍을 뚫은 후 절단기를 넣어 신경 다발을 끊는 전두엽 절제술을 고안했다. 이 수술은 조현병, 강박증, 우울증 환자에게 적용되며 '기적의 치료'라 불렸다. 모니즈는 이 수술법으로 1949년 노벨 생리·의학상을 받았다. 하지만 인간의 인격을 파괴하는 이 잔인한 행위는 역사상 가장 논란이 큰 노벨상으로 남아 있다.

미국으로 건너간 이 수술은 월터 프리먼Walter Freeman이라는 의사가 대중화했다. 프리먼은 수술의 위험을 줄이고 간편하게 만든다는 명목으로, 얼음송곳 전두엽 절제술ice pick lobotomy을 개발했다. 그는 눈꺼풀 아래로 가정에서 흔히 쓰는 얼음송곳을 넣어서 망치로 쾅 두드렸다. 그런 다음 마구 휘저어 신경 연결을 끊었다. 마취도 하지 않고 몇 분 만에 끝나는 이 끔찍한 수술은 정신병원에 입원한 수많은 환자에게 시행되었다.

수술받은 사람에는 존 F. 케네디 대통령의 여동생 로즈 마리 케네디Rose Marie(Rosemary) Kennedy도 있었다. 정신 발달이 느리고 감정 기복이 심했던 그녀는 1941년 23세 때 아버지 조지프 케네디의 결정으로 전두엽 절제술을 받았다. 그러나 수술은 언어와 인지 능력을 파괴해 그녀를 어린아이 수준으로 퇴행시켰다. 그녀는 평생을 시설에서 보냈고, 이 비극은 케네디 가문에 지울 수 없는 상처를 남겼다.

수술 직후 일부 환자의 흥분이 가라앉는 듯 보였지만, 결과는 참혹했다. 많은 환자가 무기력하고 감정 없는 존재로 변했고, 사고력을 상실하고 사회적 기능을 잃어버렸다. 일부는 심각한 후유증을 안은 채 평생을 버텨야 했다. 전두엽 절제술은 의술이라는 이름으로 자행된 거대한 의료 폭력이었다.

다른 치료 시도로는 전기경련 요법이 있었다. 뇌에 전기 자극을 가해 의도적으로 경련을 일으키면 정신병 증상이 호전된다는 보고가 이어졌다. 치료 비용이 저렴하고 효과도 뚜렷했지만, 전기로 발작을 일으킨다는 공포와 뇌 손상 위험 때문에 오랫동안 부정적 인식을 벗어나지 못했다. 그러나 현대에 들어 전기경련 요법은 마취와 근이완제를 병행하는 방식으로 발전해 안전성이 크게 향상되었으며, 약물에 반응하지 않는 난치성 우울증 치료에 여전히 중요한 수단으로 활용되고 있다.

모차르트를 시기한 살리에리가 갇혀 있던 병원은 인류가 정신질환자를 어떻게 대했는지 보여주는 거울이다. 피넬의 개혁은 인간 존엄을 되찾은 위대한 진보였지만, 전두엽 절제술의 비극은 잘못된 의술이 얼마나 쉽게 인간성을 파괴할 수 있는지 보여준다. 오늘날 우리가 정신질환자를 환자로 존중하고 치료하는 태도는, 과거의 비극이 남긴 값비싼 시행착오를 통해 세워진 것이다.

됭케르크 철수 작전과
군의관 앙리 라보리

　　　　제2차 세계대전이 본격적으로 불붙은 것은 1940년 5월 10일이었다. 독일군은 단숨에 프랑스와 벨기에, 네덜란드, 룩셈부르크를 동시에 덮쳤다. 프랑스는 이미 국경 지대에 거대한 콘크리트 요새, 마지노선을 세워놓고 안심하고 있었다. 제1차 세계대전 때 참호전에 지쳐본 경험이 있기에, 이번에는 철통같은 방어선만 구축하면 누구도 뚫지 못할 것이라 믿은 것이다.

　　하지만 독일은 전혀 다른 길을 택했다. 전차와 보병, 포병과 폭격기를 결합한 전격전blitzkrieg은 그야말로 번개처럼 빠르고 치밀했다. 독일군은 마지노선을 정면 돌파하지 않고 북쪽의 벨기에와 네덜란드를 관통하며 허를 찔렀다. 두 나라는 순식간에 항복했고, 독일군은 도버 해협을 향해 거침없이 밀고 내려왔다. 전황이 악화되자 프랑스에 파병된 영국군과 연합군은 프랑스 북부의 작은 항구도시, 됭케르크Dunkerque에 고립되고 말았다. 포위망이 조여오면서 수십만 병력이 한순간에 몰살당할 수 있는 벼랑 끝의 위기가 닥쳤다.

　　됭케르크 해안에 발이 묶인 병력을 구하기 위해 영국은 모든 선박에 동원령을 내렸다. 요트와 고깃배, 민간 어선까지 독일군의 폭격을 무릅쓰고 바다로 몰려들었다. 이 거대한 철수 작전에 프랑스 해군의 구축함 시로코Sirocco호도 합류했다.

1940년 5월 31일, 대피한 영국군으로 붐비는 영국 해군 구축함 한 척이 도버 항에 정박하고 있다. 됭케르크에 고립된 영국군과 연합군을 철수시키기 위해 죽음을 무릅쓴 대대적인 철수 작전으로 훗날 연합군이 전력을 재정비할 수 있었다. ©Imperial War Museums

1940년 5월 말, 시로코호는 됭케르크에서 병사들을 태우고 첫 항해에 나서 약 600명을 영국 도버 항에 내려놓았다. 이어 곧바로 다시 됭케르크로 향해, 약 800명에 이르는 군인을 갑판에 빽빽이 태운 채 출발했다. 수송 능력을 한계까지 끌어올린 위험한 항해였다.

그러나 이 용감한 항해는 끝내 비극으로 이어졌다. 5월 31일 새벽, 시로코호는 독일 해군 어뢰정의 공습을 받았다. 늦은 밤 배가 바다 위 부표를 돌 무렵 독일 함대가 쏜 어뢰 두 발이 시로코호의 정면을 강타했다. 바로 그때 바다 위를 날던 독일 비행기가 시로코호를 발견하고 폭탄 두 개를 떨어뜨렸다. 배에는 스물여섯 살의 프랑스 군의관 앙리 라보리Henri Laborit가 타고 있었다. 라보리는 프랑스 식민지 베트남 하노이에서 태어나 파리에서 대학을 마치고 해군에 들어가 군의관으로 복무하고 있었다.

폭격으로 배가 마구 흔들렸다. 배 안에 있던 탄약이 폭발하자 군인들은 공중으로 날아갔다. 배는 빠르게 물속으로 가라앉았다. 바다에 빠진 사람들은 떠다니는 것들을 잡기 위해 필사적으로 몸부림쳤다. 라보리는 구명조끼를 입은 대단히 운 좋은 사람이었다.

하지만 생존자들의 증언에 따르면 바다에 떨어지자, 구명조끼를 뺏기지 않으려고 바다에 떠 있는 군인들과 사투를 벌여야 했다. 곧 기름에 불이 붙었고 깜깜한 바다 위는 대낮처럼 환해졌다. 포탄의 충격과 파편에 맞아 시체가 둥둥 떠다니고 여기저기 찢어질 듯한 비명이 들렸다. 밤바다는 거대한 살인 현장이었다. 그들과 거리를 둔 라보리는 차가운 바다 위에서 가쁜 숨을 들이마셨다.

악몽 같은 몇 시간이 지나자 허우적대는 사람들이 기력을 잃었다. 라보리의 손과 발도 감각이 사라지고 있었다. 체온이 낮아지자, 혈압이 떨어지고 쇼크로 정신을 차릴 수가 없었다. 밤이 지나고 새벽이 서서히 다가왔다. 멀리서 희미한 불빛을 밝힌 영국 증기선이 생존자를 찾고 있었다. "이제… 살았다."

그러나 갑판에서 밧줄을 던지자 조용하던 바다에서 갑자기 광란의 장면이 펼쳐졌다. 마지막까지 살아남았던 생존자들은 밧줄을 움켜쥐고 필사적으로 매달렸다. 안타깝게도 그들은 높은 배 위까지 올라갈 기력이 없었다. 올라가다가도 중간에 밧줄을 놓쳤고 아래에서 힘겹게 올라오는 사람의 머리에 떨어졌다. 한번 추락해서 바다로 곤두박질치면 다시는 물 위로 나오지 못했다.

라보리는 끔찍한 고통의 시간이 지나가길 기다리고 기다렸다. 이윽고 주위가 잠잠해지자, 그는 천천히 증기선 옆으로 헤엄쳤다. 그다음 물에 젖어 미끄러운 밧줄을 붙잡고 마지막 있는 힘을 다해 힘겹게 배에 올랐다. 곧장 체온을 지키기 위해 따뜻한 물을 채운 욕조에 들어가자, 긴장이 풀려 그는 탈진하고 말았다. 그가 죽음의 바다에서 살아남은 경험은 훗날 정신과 치료제 연구에 뛰어들게 한 중요한 동력이 되었다.

이날 시로코호의 승무원 절반이 사망했다. 됭케르크에서 구출한 프랑스 군인 수백 명 이상이 희생당했고 다수의 병력이 바다에서 전사했다. 그럼에도 됭케르크 철수 작전은 성공적이었다. 프랑스에 파병한 영국군 22만 6,000명과 프랑스·벨기에 연합군 11만 2,000명이 영국으로 철수한 것이다. 비록 군 장비와 무기는 됭케르크에 두고 떠나야 했지만, 이들의 극적인 탈출은 훗날 연합군이 전력을 다시 갖추는 데 결정적인 밑거름이 되었다.

정신병원을 나오게 만든
기적의 약 클로르프로마진

됭케르크 철수 작전에서 가까스로 살아남은 젊은 군의관 앙리 라보리는 전쟁의 상처를 안고 프랑스령 서아프리카 다카르 해군 기지로 배치되었다. 죽음이 눈앞을 스쳐 지나간 됭케르크의 경험은 라보리에게 한 가지 뚜렷한 통찰을 남겼다. 전쟁터에서 병사들을 무너뜨린 것은 총탄만이 아니라, 극한의 스트레스가 불러오는 급격한 정신·신체의 붕괴였다. 그는 그날의 기억을 떠올리며 "몸이 감당하지 못하는 공포와 흥분을 어떻게 잠재울 수 있을까?"라는 질문을 마음속에 새기게 되었다. 해군 기지에서 그는 외과 수술 후 원인 불명의 '쇼크'로 환자가 죽어가는 현상에 주목했다. 당시 의사들은 이를 단순히 '공포가 환자를 죽인다'라고 여겼지만, 라보리는 과도한 아드레날린 분비가 심장을 급격히 자극해 쇼크를 유발한다고 생각했다. 그렇다면 몸을 평온한 상태로 되돌리면 치명적인 쇼크를 막을 수 있다는 생각이 그의 마음속에서 싹텄다.

라보리는 '인공동면 요법'을 고안했다. 마취제, 진통제, 근육이 완제, 수면제를 섞어 환자를 겨울잠 자는 동물처럼 깊은 안정 상태로 몰아넣는 방식이었다. 효과는 있었지만 호흡 억제와 저체온 같은 심각한 부작용 때문에 오래 쓰이지 못했다. 그러나 그는 여기서 멈추지 않았다. "부작용이 적고 더 안전한 약이 있다면 가능하지 않을까?" 바로 이 질문이 새로운 길을 열었다.

1951년, 파리로 옮긴 라보리는 프랑스 제약사 론-풀랑크Rhône-Poulenc에서 합성한 항히스타민제 후보 약물 하나를 시험하게 된다. 이름은 클로르프로마진chlorpromazine. 원래는 알레르기 치료를 목적으로 만든 약인데, 수술 환자에게 투여하자 놀라운 변화가 나타났다. 불안이 사라지고 감각이 무뎌지며 환자가 차분해진 것이다. 라보리는 이것이 쇼크를 막을 '기적의 약'이라 확신했다.

그 무렵 라보리는 정신병원 식당에서, 한 의사의 대화를 듣는다. "환자가 난폭하게 날뛰어 어쩔 수 없이 구속복을 씌워야 했어." 순간 그의 머릿속에 번개처럼 생각이 스쳐 지나갔다. 수술 환자의 불안을 잠재운 약이라면, 정신병 환자에게도 효과가 있지 않을까?

1952년, 발데그라스 군 병원과 생트안 정신병원에서 클로르프로마진을 처음 정신병 환자에게 투여했다. 놀랍게도 난폭하던 환자가 잠들고, 깨어난 뒤에도 차분함을 유지했다. 환각과 흥분이 가라앉고 의사와 대화가 가능해진 사례가 잇따랐다. 의사들은 "위험한 환자가 순한 양처럼 변했다"라고 진료 기록지에 묘사했다.

프로이트가 창시한 정신분석학 일변도의 시대에, 약으로 정신병을 치료할 수 있다는 사실은 가히 혁명적이었다. 1952년 프랑스에서 정식 출시된 이 약은, 1954년 미국에 토라진Thorazine이라는 이름으로 상륙하며 전 세계를 뒤흔들었다. 구속복과 수술, 전기경련 요법에 의존하던 정신병원은 서서히 변하기 시작했다.

1955년 56만 명에 달하던 미국의 정신병원 수용 환자는 1990년 무렵 12만 명으로 줄었다. 물론 사회 정책 변화도 작용했지만, 클로르프로마진의 등장이 결정적 전환점이 된 것은 부정할 수 없다. 됭케르크 바다에서 죽음의 공포를 견딘 한 군의관의 트라우마가 인류 최초의 항정신병 약물을 탄생시킨 것이다.

반체제 인사 탄압에 사용된 할로페리돌

클로르프로마진은 조현병 환자의 환각과 망상, 흥분과 공격성을 가라앉히며 정신의학에 대대적인 변화를 불러왔다. 뇌의 과도한 신경 신호를 차단해 환자를 안정시키는 이 약은, 마치 불길 속에 물을 끼얹듯 혼란스러운 정신을 진정시켰다.

흥미로운 점은, 조현병 증상과 마약 중독에서 나타나는 현상이 놀라울 만큼 비슷하다는 사실이다. 필로폰philopon(메스암페타민methamphetamin) 같은 각성제는 뇌에서 도파민을 단숨에 폭발적으로 분비시켜 환각과 망상을 일으킨다. 이 경험은 학자들에게 중요한 실마리를 주었다. "도파민이 지나치게 많아지면 사람은 현실과 비현실을 구분하지 못한다"라는, 이른바 도파민 가설이 자리 잡게 된 것이다. 이 발견은 조현병을 단순한 심리적 문제로 보던 기존 관점에서 벗어나, 뇌의 화학적 불균형을 핵심 기전으로 이해하게 만드는 계기가 되었다.

이 가설을 토대로 신약 개발에 도전한 이가 벨기에 의사 폴 얀센Paul Janssen이다. 얀센의 아버지는 의사면허가 있는 사람이지만, 진료보다 동유럽 헝가리에서 약을 들여와 판매하는 사업에 주력했다. 대학 시절 아버지를 도우며 약을 접했던 젊은 얀센은 그 약들의 효능에 의문을 품었다. "과학적인 근거 없이 팔리는 약이 아니라, 확실한 근거가 있는 신약을 만들어야 한다"라는 결심이 그의 가슴에 자리 잡았다. 훗날 세계적인 제약사 '얀센'이 태어나고, 혁신적인 신약들이 세상에 나온 것은 이 신념에서 비롯되었다.

얀센은 우연에 기대지 않았다. 분자구조를 체계적으로 설계하고, 수백 종의 화합물을 합성해 하나하나 시험하는 치밀한 탐색을 이어갔다. 1959년 세상에 나온 할로페리돌haloperidol은 조현병의 환각, 망상 같은 양성증상에 탁월한 효과를 보였다. 이로써 의학은 클로르프로마진과 할로페리돌, 두 가지 확실한 무기를 손에 넣게 되었다.

잇따라 유사한 약들이 등장했지만, 본질적인 효과에서는 큰 차이를 보이지 않았다. 이렇게 1950년대 이후 개발된, 도파민 과잉을 억제하는 약물을 정형 항조현병 약이라고 한다. 할로페리돌은 기존 약보다 수십 배 강력한 효과를 나타냈다. 할로페리돌은 단순한 약이 아니라, 정신의학의 문을 새롭게 연 열쇠였다. 조현병 치료에 그치지 않고, 틱 장애나 조울증 같은 다른 정신질환에도 효과가 확인되며, 정신의학의 영역을 넓혔다.

그러나 할로페리돌은 희망을 주는 동시에 어두운 그림자도 드리웠다. 소련(현재 러시아)에서 권력의 도구가 된 것이다. 소련 권력자들은 정권에 맞서는 이들을 '지연성 정신분열증'이라는 조작된 진단명으로 정신병원에 가뒀다. 그리고 고용량의 할로페리돌을 강제로 주사했다. 정상인이던 그들은 정신이 흐려지고, 몸이 굳어 반수면 상태에 빠졌다. 피해자들은 강제 투약으로 강직, 근육 떨림, 졸음, 무기력을 호소했다.

왜 하필 할로페리돌이었을까? 당시 소련은 물자가 부족했고, 의약품은 서방과의 교류가 제한된 탓에 안정적으로 확보하기가 쉽지 않았다. 정신과 영역에서도 선택지는 극히 제한적이었다. 그런 가운데 비교적 손쉽게 대량 확보할 수 있었던 약이 바로 할로페리돌이었다. 효과는 강력하면서도 제조 공정이 단순해 언제든 대량으로 확보할 수 있다는 점이, 이 약을 택하게 만든 또 다른 요인이었다. 치료를 목적으로 만든 약이 정적을 제거하는 손쉬운 억압 수단으로 둔갑한 것이다.

대표적인 피해자가 소련의 대표적 반체제 운동가이자 인권운동가 블라디미르 부콥스키Vladimir Bukovsky다. 그는 반체제 활동으로

12년간 정신병원에 강제 수용되어 약물 투여와 격리라는 정신과적 고문을 당했다. 이후 1976년 서방으로 망명한 그는 소련 정신병원 내부 기록을 폭로하며, 인권 탄압의 실상을 세계에 알렸다.

또한 소련의 핵물리학자이자 인권운동가인 안드레이 사하로프 Andrei Sakharov 박사 역시 이러한 만행을 공개적으로 비판했다. 수소폭탄의 아버지라 불리는 그는 반체제 인사에게 내려진 정신병 진단이 과학이 아니라 정치적 억압의 도구임을 지적하며, 국제 사회에 인권 문제를 제기했다. 사하로프는 동료 과학자들이 정신병원에 강제로 수용되는 현실을 폭로했다. 그의 목소리는 이 사안을 단순한 권력 남용이 아니라, 약물이 권력의 시녀로 전락할 수 있다는 위험을 드러내며 전 세계에 경종을 울렸다.

이들의 용기 있는 공개와 증언 그리고 서방 정신의학계의 비판은 세계정신의학협회WPA의 움직임을 이끌어냈다. 1977년 하와이 총회에서 WPA는 소련의 정치적 남용을 공식적으로 규탄하는 결의안을 채택했다. 이는 정신의학이 권력의 도구로 악용될 수 있다는 사실을 전 세계가 직시하게 한 중요한 계기였다.

과학적 성과는 언제나 인류를 위한 것일까, 아니면 권력의 필요에 따라 도구로 전락할 수도 있는 것일까? 약은 병을 고치기도 하지만, 잘못 쓰이면 인간의 자유와 존엄을 마비시키는 흉기가 될 수 있다. 오늘날 우리는 새로운 약물과 인공지능 시대에 살고 있다. 과연 우리는 같은 실수를 반복하지 않을 준비가 되어 있는가?

양성증상과 음성증상을 모두 개선하는
비정형 항조현병 약

클로르프로마진과 할로페리돌은 조현병 치료의 새 장을 열었다. 그런데 양성증상은 줄였지만, 무관심·무기력 같은 음성증상에는 효과가 없었다. 게다가 떨림, 근육 경직, 체중 증가, 성기능 장애 등 부작용도 적지 않았다.

1960년대 이후 뇌과학 연구와 영상 기술이 발전하면서, 기존 약의 한계를 극복하려는 시도가 이어졌다. 그 결과 스위스에서 개발된 클로자핀clozapine은 조현병의 양성·음성 증상을 함께 개선한 최초의 약이 되었다. 도파민뿐 아니라 세로토닌, 히스타민, 아드레날린 수용체에도 작용한 덕분이다. 무엇보다 떨림이나 근육 경직 같은 추체외로 부작용(도파민 조절 이상으로 일어나는 신경계 부작용)이 적어 환자가 일상생활을 이어가는 데 수월했다. 그러나 백혈구 수가 줄어드는 과립구감소증이라는 치명적 부작용이 발견되어 한때 사라졌다가, 1989년부터는 정기적인 혈액검사를 조건으로 다시 쓰이기 시작했다. 이 사건을 계기로 기존 약과 구분되는 '비정형 항조현병 약'이란 개념이 탄생했다. 이후 제약사들은 자이프렉사(성분명: 올란자핀olanzapine), 쎄로켈(성분명: 쿠에티아핀quetiapine), 리스페달(성분명: 리스페리돈 risperidone), 인베가(성분명: 팔리페리돈paliperidone), 아빌리파이(성분명: 아리피프라졸aripiprazole) 같은 비정형 약을 앞다투어 내놓았다. 자이프렉사는 효능은 우수하지만 체중 증가와 당뇨 발생 위험이 있고, 쎄로켈은 진정 작용이 강해 불면증이 동반될 때 유용하다. 리스페달은 약효가 빠르고 주사제로도 쓰이며, 인베가는 재발 방지 효과가 크다. 아빌리파이는 부작용이 상대적으로 적어 3세대 비정형 항조현병 약으로 불린다. 오늘날 임상에서는 환자의 증상과 생활 여건에 따라 이들 약을 조합하거나 상황에 따라 조절한다. 비정형 약물의 도입은 환자의 일상을 조금씩, 그러나 분명하게 바꿔놓았다. 부작용의 굴레가 벗겨지자, 약을 회피하던 환자들이 다시 치료의 궤도로 돌아오기 시작했다. 약을 연속해서 복용하면 재발의 악순환이 끊겼고, 반복되던 입원과 고립의 고리가 느슨해졌다. 그 변화는 단순한 증상 완화를 넘어, 환자들이 스스로의 삶을 되찾을 수 있는 문을 여는 힘이 되었다.

조현병은 재발이 잦아 꾸준한 약물 치료가 필수다. 치료를 꾸준히 이어가면 재발을 막을 확률이 80~90%에 달하지만, 졸음 같은 부작용이나 정신과 약을 먹는다는 사회적 편견 때문에 환자 스스로 약을 중단하는 경우가 적지 않다. 그러면 재발률이 급격히 높아지고, 더 길게 치료해야 한다.

언론은 종종 조현병 환자의 범죄를 과장해 다루는데, 실제로 치료를 잘 받는 환자들의 범죄율은 일반인의 범죄율과 큰 차이가 없다. 문제는 치료가 중단되었을 때다. 환청과 망상이 통제되지 못한 채 폭발하면서 문제가 발생한다. 따라서 치료를 이어가느냐 끊느냐가 향후 경과를 가르는 핵심 변수가 된다.

내가 만나온 조현병 환자들은 대체로 순하고 여린 사람이다. 오래 약을 먹어야 한다는 부담감, 사회적 낙인이 그들을 더 힘들게 할 뿐이다. 조현병은 누구에게나 찾아올 수 있는 병이다. 편견을 줄이고 치료를 이어갈 수 있도록 사회가 손을 내밀 때, 그들은 더 빨리, 더 안전하게 일상으로 돌아올 수 있다.

조현병은 불치병이 아니다. 병보다 무서운 것은 편견이며, 환자에게 필요한 것은 약만이 아니라 곁에서 지켜주는 따뜻한 사회의 눈빛이다.

주사와 파스로 진화하는
조현병 치료제

조현병 치료의 효과를 좌우하는 가장 큰 요인 가운데 하나는 '약을 얼마나 오랫동안 거르지 않고 복용할 수 있느냐'이다. 그렇지만 환자에게 매일 약을 챙겨 먹이는 일은 생각보다 큰 어려움이다. 며칠만 건너뛰어도 증상이 나빠지는 경우가 흔하다. 환자가 처방된 약의 용량, 복용 시간, 복용 기간 등 지시 사항을 잘 지키는 정도를 약물 순응도medication adherence라고 한다. 이 문제를 풀기 위해 고안된 해법이 바로 장기 지속형 주사제long-acting injectable다. 한 번 맞으면 2주에서 길게는 3개월 동안 약효가 이어져, 약을 거르는 사이에 찾아오는 재발 위험을 크게 낮춘다.

현재 국내에서 허가된 여러 가지 장기 지속형 주사제가 있다. 얀센의 리스페달 콘스타(2주 1회), 테바의 유제디(1~2개월 1회), 인베가 서스티나(1개월 1회), 인베가 트린자(3개월 1회), 인베가 하피에라(6개월 1회), 오츠카의 아빌리파이 메인테나(1개월 1회)다. 대부분의 장기 지속형 주사제는 근육에 저장되어 있다가 미세 입자가 서서히 녹아 나오며 약효를 낸다. 그런데 유제디는 예외로, 피하(피부밑)에 주사해 특수한 생분해성 고분자 중합체에서 조금씩 약물이 방출된다.

장기 지속형 주사제는 매일 알약을 삼켜야 하는 부담을 덜어주지만, 모든 약이 그렇듯 장점만 있는 것은 아니다. 환자가 해당 약에 잘 반응하고 부작용이 없는지 먼저 경구제나 단기 주사제(테스트 주사)로 확인한 뒤 시작하는 것이 원칙이다.

장기 지속형 주사제를 맞으면 약효가 오래 지속되기 때문에 부작용이 생겼을 때 즉각적으로 조절하기 어렵다. 그럼에도 장기 주사제가 재발과 재입원을 줄이는 이점은 아주 매력적이다. 장기 주사제를 사용하면 입원할 확률이 25~45% 낮아졌다는 연구 결과도 있다.

그럼에도 현재 장기 지속형 주사제의 처방률은 아주 낮다. 경제적 부담이 가장 큰 이유다. 알약은 건강보험을 적용받아 본인 부담이 적지만, 주사제는 약값 자체가 높고 의료급여 환자일 경우에도 일정 부분 본인 부담금을 내야 한다. 이때 외래 진료 시 장기 지속형 주사제에 대해 본인 부담률 5%가 적용된다. 약값이 수십만 원에 이르다 보니, 5%만으로도 몇만 원이 발생해 저소득 환자에게는 부담이 된다.

더욱이 장애인 등록 등 일부 예외를 제외하면 전액 면제 혜택을 받기는 어렵다. 약제 순응도를 높이고 재발·재입원을 줄이는 효과가 확실한 치료법임에도, 비용 장벽 때문에 가장 필요한 환자들이 오히려 혜택에서 소외되는 것이다.

이에 따라 보건복지부는 2026년 1월부터 의료급여 환자의 장기 지속형 주사제 본인 부담금을 전면 면제하는 방안을 시행하기로 했다. 조현병의 재발과 재입원은 환자 개인의 고통일 뿐 아니라 사회 전체의 비용으로 이어지기 때문이다. 장기적으로 이 제도 변화는 환자의 치료 연속성을 높이고, 사회적 비용 절감에도 도움이 될 것으로 기대된다.

외국에는 주사제 말고 파스 형태의 제형도 있다. 2019년 10월 미국 FDA는 조현병 치료를 위한 세계 최초의 경피 패치제 '세쿠아도'를 허가했다. 파스처럼 하루 한 번 붙이면 24시간 동안 약물이 피부를 통해 흡수된다. 알약을 삼키거나 주사를 맞지 않아도 된다는 점에서 환자에게 새로운 선택지가 생긴 것이다. 아직 국내에는 도입되지 않았지만, 이런 패치제가 상용화된다면 치료 효과를 높이고, 보호자와 의료진이 환자가 약을 제대로 사용하는지 직접 확인할 수 있다는 장점이 있다. 약의 진화는 삶의 질을 높이고 사회적 비용을 줄이는 길로 이어진다.

6

인생의 즐거움을 되찾게 한

항우울제

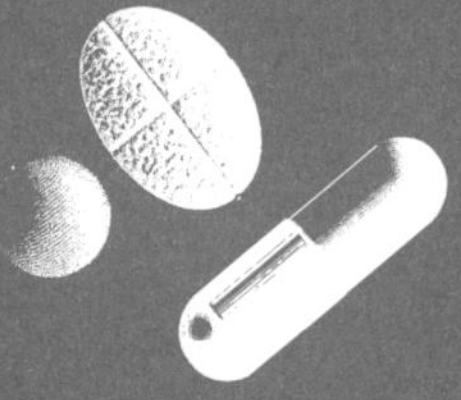

1942년 싱가포르 함락 후 정신과 의사 존 케이드는

창이 포로수용소에 갇혔다. 굶주림과 강제노동,

죽음의 공포 속에서 그는 동료들이

정신적으로 무너져가는 모습을 지켜보았다.

그 경험은 훗날 연구의 불씨가 되었다.

전쟁 후 케이드는 조울증 환자의 소변에서

독소를 찾으려다 요산을 녹이기 위해 쓴 리튬이

동물의 흥분을 가라앉히는 효과가 있음을 발견했다.

그는 직접 리튬을 복용해 안전성을 확인한 뒤

환자에게 투여했고, 6주 만에 조증이 호전되었다.

절망의 수용소에서 비롯된 작은 실험이

인류 최초의 기분안정제를 낳은 것이다.

#마음의감기 #베르테르효과 #신경전달물질 #모노아민가설 #이프로니아지드
#이미프라민 #프로작 #리튬

누구나 겪을 수 있는
마음의 감기, 우울증

우리는 때때로 유명 연예인이나 정치인이 우울증으로 세상을 떠났다는 소식을 접한다. 겉으로는 환하게 웃던 얼굴 뒤에 깊은 우울의 늪이 숨어 있었다는 것은 매우 안타까운 일이다. 누구나 삶에서 우울한 순간을 겪지만, 시간이 지나면 대부분 회복된다. 그러나 기쁨과 의욕이 사라진 채 어둠이 길게 이어진다면 그것은 단순한 기분 저하가 아니라 치료가 필요한 질환, 곧 '우울증'이다.

우울증은 흔히 '마음의 감기'라 불린다. 누구에게나 찾아올 수 있고, 인류 역사만큼 오래된 병이기 때문이다. 하지만 가볍게 여겨 방치하면, 폐렴처럼 생명을 위협하는 치명적인 병으로 돌변하기도 한다. 로마제국의 유명한 의사 클라우디오스 갈레노스_{Claudius}

Galenus는 사람의 체액을 혈액·점액·황담즙·흑담즙 네 가지로 나누어 성격과 기질을 설명했다. 혈액이 많은 사람은 다혈질로 명랑하고 사교적이며, 점액질이 많은 사람은 냉정하고 느릿하다. 황담즙이 우세하면 성급하고 쉽게 화를 내지만, 흑담즙이 많으면 사색적이고 우울하다고 했다.

이처럼 우울은 오랫동안 마음과 영혼의 문제로 여겨졌고, 20세기 초에 이르기까지 치료보다는 심리적·철학적 성찰의 대상이 되는 경우가 많았다. 오랫동안 우울은 뇌 질환이 아니라 인간의 기질로 이해했다. 그러나 오늘날 의학은 우울을 개인의 성격 문제가 아니라, 뇌와 신체에서 일어나는 생물학적 질환으로 이해한다.

실제로 우울증은 뇌의 회로가 균형을 잃은 데서 비롯된다. 전두엽은 사고와 판단, 감정 조절이 일어나고, 변연계는 원초적인 감정과 본능을 주관한다. 이 두 영역이 매끄럽게 소통해야 마음이 안정되는데, 신경전달물질의 불균형과 회로의 조율이 어긋나면 우울증이 나타난다. 다시 말해, 우울증은 단순한 기분의 문제가 아니라 뇌 속 의사소통의 문제다. 감정의 파동을 조율하는 뇌 회로가 흔들릴 때, 무기력과 슬픔이라는 증상을 겪게 된다.

우울증의 근본 원인은 뇌 회로와 신경전달 이상에 있지만, 여러 요인이 복합적으로 작용한다. 진단은 증상이 어떻게 나타나고 얼마나 지속되는가에 달려 있다. 주요 우울 장애는 우울한 기분과 무기력, 식욕 부진, 수면 장애 같은 증상이 최소 2주 이상 지속될 때 진단된다. 사랑하는 사람의 죽음, 별거, 이혼, 실직 같은 큰 사건이

촉발 요인이 되기도 하지만, 아무런 계기 없이 불시에 찾아오는 경우도 적지 않다.

우울증은 특별한 병이 아니다. 세계보건기구와 여러 연구는 평생 인구의 15~20%, 곧 다섯 사람 가운데 한 명꼴로 우울증을 경험한다고 한다. 우리나라 역시 예외가 아니다. 평생 유병률이 약 13%로 추정된다. 국민건강보험공단에 따르면, 우울증 환자 수는 2016년 약 64만 명에서 2022년 100만 명을 돌파한 뒤, 2024년에는 110만 6,000명으로 늘어나 역대 최대치를 기록했다. 남성보다 여성에게 두 배가량 흔하고, 20대 청년층에서 특히 높게 나타난다. 우울증은 개인 차원을 넘어, 사회 전체가 함께 풀어야 할 과제가 되었다.

감기처럼 쉽게 찾아오지만, 우울증이 위험한 이유는 그것이 곧 삶과 죽음의 문제로 이어질 수 있기 때문이다. 우울증 환자는 일반인보다 자살 위험이 압도적으로 높다. 연구에 따르면 위험은 10~20배에 이르며, 환자의 8~10%가 실제로 자살로 생을 마감한다는 보고도 있다. 더 아이러니한 점은 가장 깊은 절망의 순간보다, 오히려 다시 살아보겠다는 기운이 조금씩 되살아날 때 위험이 커진다는 사실이다. 극심한 무기력 속에서는 행동할 힘조차 없지만, 에너지가 돌아온 순간 맞닥뜨린 좌절은 오히려 더 치명적일 수 있기 때문이다.

우울증은 하나의 모습으로만 나타나지 않는다. 주요 우울 장애, 양극성 장애(과거 조울증), 계절성 우울증 등 형태도 다양하다. 처음에는 가슴이 답답하고 두통, 만성피로 같은 신체 증상으로 시작해 환자 스스로 우울증임을 알아차리지 못하는 경우가 많다. 그래서 여러 진료과를 전전하다가 뒤늦게 정신건강 의학과에서 진단받는 일이 드물지 않다.

예방의 첫걸음은 평소 긍정적인 태도와 더불어 상실의 순간에 충분히 슬퍼하고 감정을 솔직하게 표현하는 것이다. 감정을 억누르는 것은 마음의 짐을 더 무겁게 만들 뿐이다. 중요한 사실은 우울증은 결코 의지가 부족해서 생기는 것이 아니라 치료해야 하는 질병이라는 점이다. 현재는 다양한 항우울제가 개발되어 치료 효과가 크게 높아졌고, 부작용도 과거에 비해 확연히 줄어들었다. 이 병은 분명히 치료될 수 있으며, 적절한 도움과 생활의 변화(운동, 햇빛, 수면 등) 그리고 사회적 지지가 있다면 누구든 다시 일어설 수 있다.

베르테르의 권총 자살과
링컨의 유머

1774년 발표된 『젊은 베르테르의 슬픔*Die Leiden des Jungen Werthers*』은 요한 볼프강 폰 괴테*Johann Wolfgang von Goethe*가 스물다섯 살에 겪은 사랑과 상실의 체험을 바탕으로 쓴 자전적 소설이다. 당시 법학 공부를 막 마치고 고등법원에서 실습 중이던 괴테는

『젊은 베르테르의 슬픔』 독일의 문호 요한 볼프강 폰 괴테의 서간체 소설로, 무명작가였던 괴테를 순식간에 전 유럽에 알린 첫 성공작이다. 당시 유럽의 많은 젊은이가 소설의 주인공 베르테르처럼 옷차림을 하고 다닐 정도였고, 이 작품을 읽고 베르테르를 따라 자살하는 사람이 속출했다. 1974년 사회학자 데이비드 필립스David Philips는 유명인과 자신을 동일시해 유사한 방식으로 자살을 따라하는 현상을 두고 '베르테르 효과Werther effect'라는 개념을 창안했다.
ⓒJula2812

법관 부프의 집에 드나들다 그의 딸 샤를로테에게 깊은 연정을 품었다. 하지만 그녀는 이미 외교관 케스트너와 약혼한 상태였다. 이루어질 수 없는 사랑은 괴테를 깊은 절망에 빠뜨렸고, 이 아픔은 소설 속 주인공 베르테르로 다시 태어났다.

이 작품은 친구 빌헬름에게 보내는 편지 형식으로 전개된다. 시골에서 그림을 그리고 호메로스의 시를 탐독하던 청년 베르테르는 무도회에서 로테를 만나 첫눈에 매혹된다. 그녀의 맑고 고운 성품은 그에게 삶의 빛처럼 다가왔지만, 이미 약혼자 알베르트가 있었다. 로테는 알베르트와 결혼하고, 절망에 빠진 베르테르는 알베르트의 권총을 빌려 스스로 생을 마감한다.

당시 이 소설은 유럽 사회에 커다란 파문을 일으켰다. 젊은이들은 베르테르의 옷차림을 따라 하고 거리를 거닐었고, 심지어 주인공을 따라 자살하는 비극적인 모방까지 이어졌다. 오늘날 '베르테르 효과'라는 용어가 이 작품에서 비롯되었다.

급기야 『젊은 베르테르의 슬픔』은 사회적 파장을 감당하지 못하고 일부 지역에서 판매가 금지되었다. 주인공 베르테르는 이루어질 수 없는 사랑의 상실감에 깊은 우울감에 잠기고, 끝내 자살이라는 비극적 결말에 이르렀다. 여기서 한 가지 사실을 확인할 수 있다. 심한 우울은 단순한 슬픔을 넘어, 생명을 위협하는 치명적인 위험이 될 수 있다는 점이다.

소설 속 베르테르는 우울을 견디지 못하고 생을 마쳤지만, 역사 속에는 그 어둠을 삶의 힘으로 전환한 인물이 있다. 바로 미국의

16대 대통령 에이브러햄 링컨Abraham Lincoln이다.

젊은 시절 링컨은 사랑하던 여인 앤 러틀리지Ann Rutledge를 잃고 깊은 절망에 빠졌다. 친구들이 혹시 그가 스스로 목숨을 끊을까 봐 걱정할 정도였다. 그러나 그것은 시작에 불과했다. 사업은 번번이 실패했고, 선거에 나설 때마다 낙선의 고배를 마셨다. 결혼 생활에서도 갈등이 끊이지 않았다. 우울은 그림자처럼 그의 삶을 따라다녔고, 링컨은 평생 그 무거운 짐과 함께 살아야 했다.

하지만 그는 고통을 회피하지 않았다. 홀로 견디는 시간을 통해 그는 더욱 깊이 사색했고, 실패와 좌절을 통해 인간의 나약함을 이해하게 되었다. 우울을 삶의 일부로 받아들이고 그것을 깊이와 통찰의 자양분으로 삼았다. 그래서 남의 아픔을 자기 일처럼 느낄 줄 아는 지도자로 성장할 수 있었다. 무엇보다도 그는 유머와 긍정을 무기로 삼았다. 농담 한마디, 따뜻한 말 한마디로 분위기를 바꾸며 스스로의 무거운 마음도 추슬렀다.

끝없는 실패와 좌절을 딛고 마침내 51세에 대통령 자리에 오른 링컨은 남북전쟁이라는 거대한 격랑을 헤쳐나가 국가를 지켜냈다. 더 나아가 그는 노예해방을 선언하며 세계사의 흐름을 바꿔놓았다. 오늘날의 미국이 분열되지 않고 성장할 수 있었던 배경에는 그의 리더십이 중요한 역할을 했다. 만약 링컨이 없었다면, 남북으로 분열되어 미국이 지금과 같은 초강대국의 모습을 갖추기는 어려웠을지도 모른다.

링컨의 삶이 전해주는 메시지는 분명하다. 우울은 결코 피해야 할 굴레가 아니다. 오히려 정신적 성숙과 통찰의 토양이 될 수 있다. 베르테르가 절망 속에서 무너져내린 것과 달리, 링컨은 어둠을 자신의 힘으로 바꾸어 새로운 역사를 썼다. 우울은 때로 힘겨운 시련이지만, 그 속에서 자신을 돌아보고 성장의 발판으로 삼는다면 전화위복이 될 수 있다.

베르테르가 살던 시대에는 우울증을 질병으로 바라보는 눈도, 이를 다룰 마땅한 치료법도 거의 없었다. 19세기 링컨이 살던 시대 역시 크게 다르지 않아 그는 오직 의지와 성찰로 삶의 무게를 견뎌냈다. 그러나 오늘날은 상황이 다르다. 항우울제를 비롯한 현대 의학의 발전으로 우울증을 더욱 적극적으로 치료하고 관리하는 방법이 있다. 이는 시대가 변하면서 인류가 정신건강을 이해하고 다루는 방식이 얼마나 성숙해졌는지 잘 보여준다.

인도 사목, 고혈압 치료제에서 우울증의 열쇠로

인도와 동남아시아에서 자라는 나무뿌리 인도 사목 Rauwolfia serpentina은 수천 년 동안 인도에서 약으로 쓰여왔다. 뿌리가 뱀을 닮아 '스네이크 루트snake root'라 불렸고, 뱀이나 전갈에게 물렸을 때 해독제로 사용했다. 그 외 흥분된 신경을 가라앉히는 효능이 있어 울음을 멈추지 않는 아이를 달래는 데도 이용되었다. 위대한 영혼이라 불린 인도 지도자 마하트마 간디Mahatma Gandhi가 명상을 위해 항상 인도 사목을 달여 마셨다고 한다.

1950년대 서구 연구자들은 이 식물에서 천연물 레세르핀reser-pine을 분리해냈다. 레세르핀은 혈압을 낮추는 작용을 해 고혈압 치료제로 주목받았는데, 곧 예상치 못한 부작용이 나타났다. 장기간 복용한 환자에게서 심한 우울증이 발생하고, 자살 충동이 증가한 것이다.

고혈압 치료제로는 밀려났지만, 인도 사목은 우울증 연구에 중요한 단서를 남겼다. 당시만 해도 우울증은 단순히 감정의 문제라서 약으로는 치료할 수 없다고 여겼다. 그러나 생물 정신의학이 발전하면서 조현병 연구에서 도파민 가설이 등장했듯이, 우울증도 뇌 속 신경전달물질의 이상으로 생길 수 있다는 생각이 떠올랐다. 그렇다면 이를 겨냥한 약을 만들 수 있다는 희망이 열린 것이다.

이후 연구에서 레세르핀이 뇌 속의 세로토닌serotonin, 노르에피네프린norepinephrine, 도파민dopamine을 줄인다는 사실이 밝혀졌다. 이 발견은 우울증이 뇌의 신경전달물질과 연관 있다는 생각을 낳았고, 바로 '모노아민Mono Amine 가설'로 이어졌다. 이 가설은 우울증이 세로토닌, 노르에피네프린, 도파민 같은 뇌의 모노아민 신경전달물질이 부족해 생긴다는 이론이다. 인도의 전통 약물이 현대 뇌과학과 맞닿은 순간, 레세르핀은 항우울제 개발의 새로운 출발점이 되었다.

레세르핀이 남긴 유산은 약리학의 발전에서 그치지 않는다. 인도의 사상과 문화는 간디의 정치적 동반자이자 계승자인 자와할 랄 네루Javāharlāl Nehrū를 통해 이어졌다. 영국의 식민지 법률을 어기고 인도 독립을 위한 시민 불복종 운동을 주도한 혐의로 네루는 1930년부터 3년간 감옥에 갇혀 있었다. 그는 감옥에서 딸 인디라에게 총 196통의 편지를 써서 세계사와 서구 문명의 본질을 가르쳤다. 그의 편지는 『세계사 편력Glimpses of World History』으로 출판되었는데 인도인의 입장에서 이해한 세계사라고 할 수 있다.

네루는 인도를 침략한 서구인을 고대 그리스 문화의 계승자라고 말했다. 소크라테스의 제자 플라톤은 30여 편의 저작을 남겼는데, 대부분이 인물 간의 '대화' 형식으로 쓰였다. 이는 고대 그리스인이 서로 생각을 나누고 토론을 통해 진리를 탐구하는 문화를 얼마나 중시했는지 잘 보여준다. 심포지엄 같은 토론회가 생활화되어 함께 모여 사물의 본질을 파악하려 했다.

책에서 네루는 서양에서 과학이 발전한 원인을 대화와 토론에서 찾았다. 설교나 강의도 정보를 전달하는 방식이지만, 권위에 눌려 쉽게 반론할 자유가 주어지지 않는다는 단점이 있다. 어떤 의견에 대한 반론이 없다는 이유로 상대방의 주장을 옳다고 받아들여서는 안 된다. 반박과 검증을 거쳐 살아남은 주장만이 진리의 자리에 이를 수 있기 때문이다.

상대방이 제시한 주장을 검증하고 반박하는 기회가 충분히 주어져야 오류를 수정할 수 있다. 이것은 나와 다름을 인정하는 민주주의 사회의 특징과 맥락이 같다. 너무나 당연한 상식이지만 공개되지 않는 특수하고 폐쇄적인 영역에서는 이런 기본 원칙이 잘 적용되지 않는다.

우리 사회는 상대를 인정하고 다양성을 포용하는 문화가 약하다. 나와 다르면 틀렸다고 생각하고, 사소하고 지엽적인 문제로 서로 편을 가른다. 남을 존중하고 받아들이는 유연성이 부족하다 보니 자신의 속내를 자유롭게 표현하지 못하고, 정보의 흐름이 막히니 오류가 생겨 진리를 얻기가 어렵다. 이러한 폐쇄성과 경직성은 추구해야 할 거대한 이상과 꿈이 약해질 때 발생한다. 원대한 비전이 사라진 자리는 사사로운 이해관계와 소모적인 갈등으로 채워진다. 이런 상황에서는 과학 발전이 더디고, 기존의 관습에서 벗어난 독창적인 아이디어가 나오기 힘들다.

세계에서 신약을 만들 수 있는 나라는 손에 꼽을 정도로 적다. 몇몇 국가가 세계 신약의 대부분을 개발해 제약산업을 주도한다. 현재 우리가 사용하는 대다수의 약은 그 나라들에서 개발한 것을 들여왔거나 복제한 것이다. 물론 국산 신약도 있지만, 수가 얼마 되지 않고 그나마 이익이 나는 품목은 많지 않다.

이런 상황을 벗어나려면 누구나 자유롭게 의견을 나눌 수 있는 풍토가 필요하다. 질문과 답변 속에서 다양한 생각이 섞일 때 창조적인 발전이 가능하다. 과학은 대화와 다양성을 존중하는 문화에서 열매를 맺는다.

과학기술이 발전하면 산업과 경쟁력이 강화되고 일자리가 늘어 나라가 부강해진다. 통일이 늦었던 유럽의 후발주자 독일이 두 차례 세계대전에서 영국과 프랑스를 압도할 수 있었던 배경은 우수한 과학기술에 있었다. 더 좋은 약, 더 성숙한 사회를 위해 필요한 것은 다양성을 존중하는 문화와 열린 대화의 자세다. 세계적인 신약도 그런 건강한 토양에서만 태어날 수 있다.

정신 에너자이저와 삼환계 항우울제의 탄생

1950년대 초 결핵 치료의 판도를 바꾼 신약이 등장했다. 바로 이소니아지드isoniazid다. 알약으로 복용할 수 있어 주사제에 의존하던 불편함을 크게 덜어주었고, 지금도 여전히 결핵약으로 쓰인다. 1951년 이소니아지드의 화학구조를 변형하다가 뜻밖의 결과물을 얻었다. 이프로니아지드iproniazid라는 약이다. 이 약은 결핵균을 겨냥했지만, 임상 현장에서 예상치 못한 일이 일어났다. 숨 가쁘게 기침을 하고 축 늘어져 있던 말기 결핵 환자들이 기분이 좋아지고 활력이 넘치는 것이었다. 그들은 노래하고 춤을 추기도 했다.

처음에 이프로니아지드를 우울증 환자에게 써보자는 제안은 농담처럼 들렸다. 당시만 해도 약으로 사람의 기분을 바꾼다는 발상 자체가 낯설었기 때문이다. 하지만 결과는 놀라웠다. 환자들의 우울감이 뚜렷하게 호전된 것이다. 연구를 거듭한 끝에 이 약이 뇌

속에서 신경전달물질을 분해하는 효소, 곧 모노아민 산화효소MAO
를 억제한다는 사실이 밝혀졌다. 세로토닌, 노르에피네프린, 도파
민이 시냅스에서 오래 남아 기분을 북돋아주는 작용을 한 것이다.

이렇게 이프로니아지드는 최초의 항우울제가 되었다. 우울한
이들에게 활력을 불어넣는다고 해서 이 약을 '정신 에너자이저'라
고 부르기도 했다. 한때 40만 명이 넘는 환자에게 처방되며, 우울
증 치료의 새로운 시대를 여는 듯 보였다.

그러나 얼마 후 나타난 부작용은 치명적이었다. 간 독성이 보고
되었고, 치즈, 맥주, 와인 같은 발효 식품과 함께 복용하면 혈압이
치솟는 '치즈 반응cheese reaction'이 나타났다. 원인은 발효 식품에
들어 있는 티라민tyramine이었다. 티라민은 노르에피네프린과 비슷
한 성질을 지녀 혈관을 수축시킨다. 평소에는 몸속에 있는 효소가
이를 분해해 큰 문제가 되지 않지만, 이프로니아지드를 복용하면
이 효소가 억제되어 티라민이 분해되지 않고 몸에 쌓인다.

그 결과 혈압은 순식간에 치솟았고, 뇌혈관이 자극되며 두통까
지 동반되었다. 치즈와 와인 같은 숙성·발효 식품이 특히 위험한
이유가 여기에 있었다. 1960년대 초, 이프로니아지드는 시장에서
자취를 감췄다. 그러나 짧은 생애에 비해 그 흔적은 지워지지 않았
다. 실패한 결핵약에서 비롯된 이 우연한 발견이야말로, 현대 항우
울제 개발과 정신의학의 새로운 시대를 연 것이다.

1950년대 중반 정신의학계는 5장에 나온 클로르프로마진의 성
공으로 술렁이고 있었다. 조현병 환자의 망상과 흥분을 가라앉힌

이 약의 등장은 '정신질환도 약으로 다스릴 수 있다'라는 희망을 처음으로 보여주었다. 세계 제약사들은 앞다투어 새로운 정신과 약물 개발에 뛰어들었다.

스위스의 가이기Geigy도 예외가 아니었다. 현재 노바티스Novartis 의 전신이 된 가이기는, 수면 효과가 있는 항히스타민제를 기반으로 한 화합물들을 연구하고 있었다. 그중 하나가 조현병 치료제로 시험될 가능성이 있다고 판단되었고 이 약물이 바로 이미프라민 imipramine이다.

1954년 스위스 베른주의 뮌싱겐에 있는 정신병원에서 근무하던 정신과 의사 롤런드 쿤Roland Kuhn은 가이기로부터 임상 시험용 신약 이미프라민을 받았다. 그는 수십 명의 조현병 환자에게 이 약을 투여했지만, 기대한 효과는 보이지 않았다. 보통 연구자라면 여기서 실험을 중단했을 것이다. 그러나 쿤은 달랐다. 그는 환자들의 작은 변화를 놓치지 않고 꼼꼼히 기록하며, 새로운 시도를 결심했다. "조현병에는 약효가 듣지 않았지만, 우울증에는 어떨까?"

당시 우울증은 정신분석이나 전기경련 요법에 의존하던 난치병이었다. 쿤은 이미프라민을 우울증 환자 40명에게 투여했다. 클로르프로마진은 조현병 환자에게서 즉각적인 효능을 보인 데 반해, 이미프라민은 2~3주가 지나 약효가 나타났다.

쿤은 이렇게 표현했다. "환자들은 점차 생동감을 찾기 시작했다. 나지막하고 음울한 목소리는 크고 힘차게 변했다. 주고받는 대화가 많아지고, 불평하며 울던 일도 사라졌다." 그는 아주 우연히 항우울제를 발견한 것이다. 그가 이런 시도를 할 수 있었던 것은, 조현병 환자뿐 아니라 우울증 환자를 대하면서 얻은 여러 경험과 직관이 있었기 때문이다.

1957년 독일에서 시판된 이미프라민은 화학구조가 세 개 링이 연속된 형태로 이루어졌다. 이런 계열의 약을 삼환계 항우울제TCA, tricyclic antidepressant라고 한다. 최초의 삼환계 항우울제 이미프라민을 바탕으로 아미트립틸린amitriptyline, 노르트립틸린nortriptyline 같은 약이 잇따라 나올 수 있었다. 흥미로운 점은, 분자구조가 클로르프로마진과 매우 비슷한데도 적응증은 정반대였다는 사실이다. 약간의 화학적 구조 차이가 조현병과 우울증이라는 상반된 질환을 치료하는 약이 된 것이다.

우울증이라는 난치병도 세심한 관찰과 임상 경험에서 비롯된 통찰이 더해지면 새로운 돌파구가 열린다. 실패한 조현병 치료제에서 출발해 우울증 치료제가 된 이미프라민은 발상의 전환이 신약 개발의 원동력임을 보여주는 대표적인 사례다.

행복해지는 약,
프로작

독일 작가 헤르만 헤세Hermann Hesse는 소설 『수레바퀴 아래서Unterm Rad』에서 자신이 몸소 겪은 신학교의 억압적이고 우울한 수도원 생활을 생생하게 그려냈다. 19세기 말 독일의 우수한 학생은 성직자가 되는 것을 엘리트 코스로 여겼다. 학생들은 이름난 신학교에 입학하기 위해 자신의 흥미와 재능을 억누른 채 오로지 공부에 매달려야 했고, 치열한 시험을 통과해야 했다. 그 관문을 넘어선 이들만이 남서부 바덴뷔르템베르크주에 자리한 유서 깊은 마울브론 수도원에 들어갈 수 있었다.

시골 출신 한스 기벤라트도 그 길을 택했다. 그러나 마울브론 신학교에서 그는 자유로운 기질의 하일러와 가까워지면서 보수적이고 권위적인 교육의 허구를 깨닫게 된다. 획일적이고 억압적인 규율 속에서 점차 학업에 흥미를 잃은 한스는 신경쇠약에 걸려 학교를 그만두게 된다. 이후 한스는 사회에서도 적응하지 못하고 방황한다.

마을에서 만난 엠마와의 짧은 첫사랑은 그를 좌절과 우울증으로 몰아넣었고, 한스는 강가에서 비극적인 최후를 맞는다. 소설 속 수레바퀴는 개인을 짓누르는 사회의 질서를 상징한다. 거대한 수레를 벗어나려고 하면 깔려서 파멸할 수밖에 없다.

만약 한스가 우울증 치료제를 복용했다면 그의 운명은 달라졌을까? 안타깝게도 당시에는 그런 약이 없었다. 훗날 등장한 이미프라민 같은 삼환계 항우울제는 우울증에 효과가 있지만, 대가도 따랐다. 입안이 바짝 마르고 변비·졸음·혈압 저하·체중 증가 같은 부작용이 잇따랐다. 이것을 항콜린성 부작용이라고 하는데 약물이 세로토닌과 노르에피네프린뿐 아니라 다른 신경전달물질에도 영

헤르만 헤세. 아버지처럼 선교사가 되려고 했지만 포기하고, 정신병원에 입원하는 등 한동안 방황하는 기간을 보냈는데, 이때의 경험은 『수레바퀴 아래서』에 반영되었다. 나치즘을 비판하는 행보를 보여 나치한테 탄압당하기도 했으며, 1930년 말에는 독일 내에서 작품 출판을 금지당한다. 제1차, 제2차 세계대전을 일으킨 조국 독일을 비판하며, 결국 고뇌하다 스위스로 망명했다. ⓒDutch National Archives

항을 미쳤기 때문이다. 치료 효과만큼이나 부작용도 강했다.

우울증 치료의 새로운 길은 세로토닌에서 시작되었다. 뇌 신경 세포에서 방출된 세로토닌은 곧바로 세포 안으로 흡수된다. 그런데 이 과정을 막으면 시냅스에 남는 세로토닌 농도가 높아지고 기분이 개선될 수 있다는 가설이 세워졌다. 문제는 이를 선택적으로 조절할 약이 필요하다는 점이었다.

이 도전에 처음 성과를 낸 곳은 미국 제약사 일라이 릴리였다. 1970년대 초, 일라이 릴리는 기존 삼환계 항우울제의 장점은 살리면서 부작용은 줄인 신약 개발에 착수했고, 플루옥세틴fluoxetine을 합성하는 데 성공했다. 이 약은 현재도 수면제로 쓰이는 항히스타민제 다이펜하이드라민diphenhydramine의 구조를 변형하는 과정에서 탄생했다.

플루옥세틴은 삼환계 항우울제와 달리 세로토닌 재흡수만을 선택적으로 차단해, 항콜린성이나 심혈관계 부작용을 크게 줄인 것이 특징이다. 이러한 계열의 약을 선택적 세로토닌 재흡수 억제제SSRI, selective serotonin reuptake inhibitor라고 부른다. 임상 시험에서 일부 환자에게서 체중 감소 효과가 보고돼, 체중 증가가 흔했던 기존 항우울제와 대비되는 특징으로 기대는 한층 더 커졌다. 1987년 제품명 프로작Prozac으로 세상에 나온 이 약은 '행복해지는 약happy pill'이라는 별명으로 불리며 전 세계에서 선풍적인 인기를 끌었다.

기존 항우울제보다 부작용이 적다는 장점에 더해, 복용한 이들은 마음이 한결 가벼워지고 활력이 돌아온다고 느꼈다. 이 약은 우울증 환자만의 약이 아니었다. 중요한 비즈니스 협상이나 강연을 앞둔 사람, 첫 데이트를 준비하는 소심한 연인까지 프로작을 찾았다. 단순한 치료제를 넘어, 자신감을 주는 기적의 약으로 자리 잡은 것이다.

프로작 열풍은 정신과 약물을 일상의 영역으로 끌어내며 사회적 인식을 바꾸었다. 이제 정신질환자는 낙인이 찍힌 존재가 아니라, 스트레스를 견디다 지친 평범한 사람일 뿐이라는 사회적 공감대가 형성되었다. 이후 다양한 SSRI가 뒤따라 개발되면서 우울증 치료는 전혀 새로운 시대를 맞이했다.

임상 경험이 쌓이면서 SSRI는 단순한 우울증 치료제를 넘어섰다. 강박 장애, 불안 장애, 공황 장애, 외상 후 스트레스 장애, 월경전 불쾌 장애까지 적용 범위를 넓히며 정신과에서 폭넓게 쓰이는 약물이 되었다. 하지만 모든 약이 그렇듯, SSRI 또한 처음부터 순탄하게 작용하는 것은 아니다. 처음 약을 먹으면 불안과 초조, 예민함이 밀려올 수 있고, 성기능 장애도 생길 수 있다. 용량을 성급히 높일수록 이런 부작용은 더 심해질 수 있다. 다행히 대부분의 초기 증상은 며칠 안에 잦아들고, 진짜 효과는 2~4주 뒤에야 서서히 드러난다. SSRI는 시간을 두고 기다릴 때 비로소 그 가치를 발휘하는 약이다.

『수레바퀴 아래서』 주인공 한스가 우울증으로 비극적 최후를 맞이한 것과는 달리, 작가 헤르만 헤세는 문학으로 어려움을 극복했다. 헤세 역시 신학교를 중퇴한 뒤 깊은 우울증을 겪었지만, 철공소 견습생과 서점 점원을 거치며 시와 산문을 썼다. 그는 스위스에 정착해 살며 나치의 광신을 비판했다. 『데미안*Demian*』, 『크눌프: 크눌프 삶의 세 가지 이야기*Knulp: Drei Geschichten aus dem Leben Knulps*』, 『나르치스와 골드문트*Narziß und Goldmund*』를 통해 청소년기의 갈등과 인간성 회복을 그린 그는 세계적인 작가로 성장해 1946년 『유리알 유희*Das Glasperlenspiel*』로 노벨 문학상과 괴테 상을 받았다.

금속 조울증 치료제
리튬

조울증은 기분의 롤러코스터다. 한껏 고양된 기분과 과도한 에너지가 폭발하는 조증*mania*과 모든 의욕이 꺼져버린 듯한 우울증*depression*이 번갈아 찾아온다. 조증이 나타나면 자신감이 지나치게 커지고 활동이 늘어난다. 평소에는 꼼꼼하고 절제하던 사람이 하루아침에 수천만 원을 흥청망청 써버리는 일도 거리낌 없이 행한다. 반대로 우울기에 빠지면 기분이 극도로 가라앉아 초조감과 허무감, 심지어 자살 충동까지 느끼게 된다.

1950년대 의사들은 조증 환자에게 조현병 치료제 클로르프로마진을 써보았다. 클로르프로마진은 흥분을 빠르게 가라앉히는 데는 효과적이었지만, 과도한 졸음과 지연성 운동 장애 같은 중대한 부작용이 뒤따랐다. 지연성 운동 장애는 약을 오래 복용한 뒤 나타나는 후유증으로, 입이나 혀가 꿈틀거리듯 움직이거나 얼굴 근육이 반복적으로 일그러지는 불수의 운동이 특징이다. 일단 발생하면 쉽게 사라지지 않고 평생 지속될 수 있다. 심각한 부작용으로 클로르프로마진은 조울증 치료에서 밀려나고 말았다.

조울증의 또 다른 얼굴은 우울기다. 단순한 우울증에는 항우울제가 잘 듣지만, 조울증 환자에게 항우울제를 단독으로 쓰면 오히려 조증을 유발할 수 있다. 우울증은 스트레스가 지속되면서 뇌의 회복력과 연결성을 유지하는 능력, 곧 신경가소성이 떨어질 때 나타난다. 반면 조울증은 기분을 조절하는 뇌 회로의 생체 리듬과 신호전달 체계가 불안정해지면서 균형이 붕괴될 때 생긴다. 이처럼 조울증과 우울증은 겉으로는 비슷하지만, 속을 들여다보면 전혀 다른 질환이다.

흥미로운 사실은, 조울증 치료의 핵심 약물이 뜻밖에도 한 금속에서 비롯되었다는 점이다. 바로 리튬lithium이다. 소금처럼 무기염 형태로 쓰이는 리튬은 현재까지도 가장 중요한 조울증 치료제로 남아 있다. 금속이 수많은 사람의 삶을 안정시키는 약이 되었다는 점에서, 리튬은 정신과 약의 상징 같은 존재라 할 수 있다. 인류는 리튬을 모르던 시절부터 마음을 편안하게 하는 광천수를 '신비의 물'이라 여겨왔다.

예로부터 사람들은 미네랄이 풍부한 광천수mineral spring water에 몸을 담그면 피로가 풀리고 병이 낫는다고 믿었다. 우리나라와 외국의 유명 온천에 류머티즘이나 피부병에 효과가 있다는 전설이 따라붙은 것도 그 때문이다. 실제로 일부 광천수에는 리튬 같은 미네랄이 함유되어 있었다. 다만 당시 사람들은 특별한 물맛과 일시적인 기분의 회복 정도로 받아들였다.

2세기 로마제국 시대, 소아시아 에페수스의 의사 소라누스Soranus는 정신질환 환자에게 온천과 목욕을 권장했다. 그가 리튬의 효능을 알지는 못했지만, 몸과 마음을 안정시키는 전통적 요법의 일환이었다. 훗날 리튬이 과학적으로 규명되고 조울증 치료제로 자리 잡으면서, 고대의 경험은 현대 의학의 발견과 이어졌다.

리튬의 효능을 과학적으로 처음 밝힌 사람은 호주의 정신과 의사 존 케이드John Cade다. 그는 1949년 논문을 통해 리튬이 조증을 가라앉히고 기분을 안정시킨다는 사실을 세상에 알렸다. 최초의 기분안정제, 리튬의 발견 역시 이미프라민처럼 우연에서 비롯되었다.

케이드는 제2차 세계대전 중 호주군 군의관으로 태평양 전쟁에 참전했다. 1942년 2월, 싱가포르가 불과 일주일 만에 일본군의 공세에 무너지고 그는 전쟁포로가 되었다. 수많은 병사와 함께 싱가포르 창이 수용소Changi Camp에 수감되었고, 그곳에서의 고통스러운 경험은 훗날 그의 연구와 삶에 깊은 흔적을 남겼다.

창이 수용소는 굶주림과 강제노동으로 악명이 높았다. 형편없는 식량 배급 탓에 포로들은 풀뿌리와 나무껍질로 연명하기도 했고, 대부분은 앙상한 뼈만 남을 만큼 쇠약해졌다. 절망에 빠져 자살하는 이도 있었고, 극심한 마음의 고통으로 정신적으로 무너지

1945년 9월 창이 수용소에 갇힌 포로의 모습. 창이 수용소는 제2차 세계대전 당시 일본군이 싱가포르에 세운 수용소로 전쟁포로와 민간인이 억류되었다. 좁고 비위생적인 환경에서 억류자들은 영양실조, 질병, 폭력 등에 시달렸으며, 종전 후 일본군이 철수하면서 수용소는 폐쇄되었다. 이곳은 싱가포르가 1942년 일본에 함락된 지 59주년 되는 날인 2001년 2월 15일, 박물관으로 개관했다. ©Nationaal Archief

는 이들이 적지 않았다.

그런 혹독한 환경에서도 케이드는 달랐다. 정신과 의사로서 그는 동료들의 불안정한 모습이 조증 환자의 과도한 흥분과 닮은 점을 발견했다. 그 가운데 그는 이런 생각을 했다. "전쟁포로라는 혹독한 스트레스가 몸속에 독소를 만들어내 정신을 뒤흔드는 것이 아닐까?" 이때의 경험은 훗날 실험으로 이어졌고, 리튬이라는 최초의 기분안정제를 발견하는 실마리가 되었다.

전쟁이 끝난 뒤, 존 케이드는 호주로 돌아와 멜버른의 한 정신병원에서 조울증 연구를 시작했다. 그는 조증의 원인을 가혹한 스트레스로 인해 몸에서 생겨난 독소라고 추측했다. 케이드는 조증 환자의 몸에서 만들어진 독소가 소변으로 빠져나온다고 믿었다. 그래서 환자의 소변을 모아 기니피그의 복강에 주사하고 그 반응을 지켜보았다. 소변 속 물질을 분석하던 그는 독소가 요산일 것이라 믿었지만, 이는 틀린 가설이었다.

문제는 요산이 물에 잘 녹지 않는다는 점이었다. 케이드는 요산을 녹이기 위해 리튬 염을 사용했는데 뜻밖에도 리튬이 동물의 흥분을 가라앉히는 효과를 나타냈다. 평소 꿈틀거리며 불안정하게 움직이던 기니피그가 리튬을 투여한 후 놀라울 정도로 차분해졌다. 뜻밖의 발견은 리튬 치료의 서막을 열었다.

존 케이드는 약의 독성을 확인하기 위해 몇 달 동안 스스로 리튬을 먹어보았다. 다행히 심각한 부작용은 없었고, 이 물질이 안전하다는 확신을 얻었다. 그는 멜버른 정신병원에서 5년째 입원 중이던 환자 빌 브랜드Bill Brand에게 리튬이 든 물약을 건넸다. 심한 조증으로 통제하기 어려웠던 환자는 6주 만에 눈에 띄게 호전되어 병원을 나설 수 있을 정도가 되었다. 그러나 약을 끊자 곧 증상이 되살아났다.

케이드는 이에 멈추지 않았다. 1949년 그는 조증 환자 열 명, 조현병 환자 여섯 명, 우울증 환자 세 명에게 리튬을 투여했다. 결과는 분명했다. 조증 환자 열 명 모두에게서 증상이 호전되었다. 반면 다른 환자들에게는 별다른 효과가 없었다. 이 발견은 정신의학사에 한 획을 그었다. 리튬은 최초의 조울증 치료제이자, '기분을 안정시키는 약mood stabilizer'의 시작을 알리게 된 것이다.

케이드가 리튬을 조울증 환자에게 투여한 것은 치밀한 임상 시험 설계나 확고한 과학적 이론에 근거한 선택이 아니었다. 오히려 개인적인 호기심과 집요한 관찰이 만들어낸 '뜻밖의 발견'에 가까웠다. 그러나 그 행운은 결코 우연만은 아니었다. 싱가포르 전쟁포로 수용소에서 케이드는 인간이 겪는 극한의 고통과 절망을 직접 목격했다. 그 경험은 그의 마음속에 약자를 돕고자 하는 깊은 연민과 휴머니즘을 심어주었다. 바로 그 인간애가 있었기에, 리튬은 단순한 실험적 시도를 넘어 인류 최초의 조울증 치료제로 탄생할 수 있었다.

70여 년이 지난 지금도 리튬은 여전히 조증 치료의 1차 선택 약으로 자리하고 있다. 보통은 하루 2~3회로 나누어 먹는데, 일부 환자는 취침 전 한 번 복용하기도 한다. 제형은 주로 탄산리튬Li_2CO_3, lithium carbonate 알약이다. 처음에는 조울증 치료에 리튬만이 유일한 선택지였으나, 1990년대 들어 비정형 항정신병 약물(리스페리돈, 올란자핀, 아리피프라졸)과 항경련제 일부(발프로산, 카르바마제핀, 라모트리진)가 효과를 보이면서 선택의 폭이 넓어졌다. 이제는 환자의 상태에 따라 여러 약을 병용해 쓰면서 치료 효과를 더욱 높일 수 있게 되었다.

금속이 사람의 감정을 지키는 약이 되었다는 사실은 기적에 가깝다. 작은 알약 속 리튬은 오늘도 수많은 환자의 삶을 다시 붙잡아주고 있다. 전쟁포로 수용소라는 절망의 끝에서 탄생한 리튬은, 무너지는 마음을 지탱해주는 가장 단단한 금속이다.

다양한 항우울제와 전자약, 디지털 치료제

프로작으로 대표되는 SSRI 항우울제 외에도 다양한 계열의 약이 있다. SSRI는 세로토닌 재흡수를 선택적으로 억제해 삼환계 항우울제보다 안전성이 높고, 경증에서 중등도 우울증까지 널리 쓰인다. 다만 일부 환자에게서는 효과가 충분하지 않아, 이를 보완하기 위해 세로토닌-노르에피네프린의 재흡수를 억제하는 SNRI가 등장했다.

SNRI는 SSRI에 반응하지 않거나 주요 우울증·불안 장애가 있는 환자에게 1차 치료제로 활용된다. 대표적인 약이 이펙사Effexor(성분명: 벤라팍신venlafax-ine)와 심발타Cymbalta(성분명: 둘록세틴duloxetine)다. 특히 벤라팍신은 용량에 따라 세로토닌과 노르에피네프린 억제 비율이 달라지는 특징이 있다.

SNRI 이외에도 다른 계열의 약이 있다. 그중 레메론Remeron(성분명: 미르타자핀mirtazapine)은 우울증과 불면증을 동시에 개선하는 특징이 있다. 잠들기 어려운 환자에게 특히 효과적이다. 다만 졸음이나 체중 증가 같은 부작용이 나타날 수 있다. 대신 성기능 장애나 소화기 부작용은 적어, 환자에 따라 장점이 될 수 있다.

우울증 치료제 가운데 가장 널리 쓰이는 것은 SSRI와 SNRI 계열이다. 이 약들은 뇌 속 세로토닌(SNRI의 경우 노르에피네프린 포함) 농도를 높여 기분을 안정시키지만, 동시에 성기능과 관련된 수용체에도 영향을 미친다. 그래서 성욕이 줄거나 발기 기능이 떨어지고, 오르가슴이 지연되는 부작용이 흔히 보고된다.

금연 치료에도 사용되는 부프로피온bupropion은 이와는 다른 기전으로 작용한다. 세로토닌보다는 도파민과 노르아드레날린의 작용을 강화하는 약으로, 항우울 효과와 함께 성기능 장애를 개선하는 특징이 있다. 실제로 일부 환자에게서는 성욕을 회복시키거나 발기 기능을 돕는 효과가 보고되면서, 성기능 부작용(성욕 감소, 발기 기능 저하, 오르가슴 지연)을 우려하는 경우 중요한 대안으로 쓰인다.

2013년에 허가받은 보르티옥세틴vortioxetine은 또 다른 선택지다. 세로토닌 수용체에 다중적으로 작용하는 독특한 기전이 있어 인지기능 개선과 우울 증상 완화에 효과를 보인다. 세로토닌 시스템에 직접 관여하긴 하지만, 기존 약보다 성기능 부작용이 확실히 적다는 점에서 주목받는다.

최근 우울증 치료에 새로운 주자가 나타났다. 오랫동안 약물과 상담 치료가 양대 축을 이루어왔다면, 이제는 전자약과 디지털 치료제라는 신개념의 치료가 자리를 넓혀간다. 첫 신호탄은 우리나라에서 울렸다. 2021년 식품의약품안전처는 우울증 치료용 전자약 '마인드스팀Mindstim'을 허가했다. 이 기기는 뇌에 미세한 전기 자극을 주어 신경 회로의 균형을 조절한다. 6주간 매일 30분씩 마인드스팀만 사용했을 때 우울증 증상이 사라지는 비율이 62.8%로, 기존 항우울제(약 50%)보다 높게 나타났다고 국내 임상에서 보고되었다. 화학 약물이 아니라 물리적 자극을 활용하므로 '전자약electroceutical'으로 불린다.

2024년에는 미국 FDA에서 처음으로 우울증 치료용 디지털 치료제 '리조인

Rejoyn'을 승인했다. 스마트폰 앱 기반의 처방용 소프트웨어로, 환자가 스스로 기분과 사고를 기록하고 인지행동 치료 기법을 반복 학습하도록 설계되었다. 리조인은 기존 약물 치료와 병행하는 보조적 치료 수단이다.

이 앱은 자신에게 부정적인 영향을 주는 생각을 인식하고, 이를 긍정적이고 현실적인 생각으로 바꾸는 훈련을 반복하게 함으로써 뇌의 신경 회로를 재구성하는 원리다. 미국 임상에서 우울증 환자의 부정적 감정에 대한 주의 편향을 개선하고, 행복감을 높이는 효과를 확인했다.

물론 이들 치료제가 모든 환자에게 약을 대신할 수 있는 것은 아니다. 그러나 약물 부작용을 줄이고 기존 치료를 보완하는 새로운 선택지가 등장했다는 점은 분명하다. 약을 복용하기 어려운 임산부나 약물 부작용을 경험한 환자에게 안전한 치료 옵션을 제공할 수 있다는 점이 큰 장점이다. 우울증 치료는 이제 알약을 넘어, 전자와 디지털의 세계로 확장되고 있다.

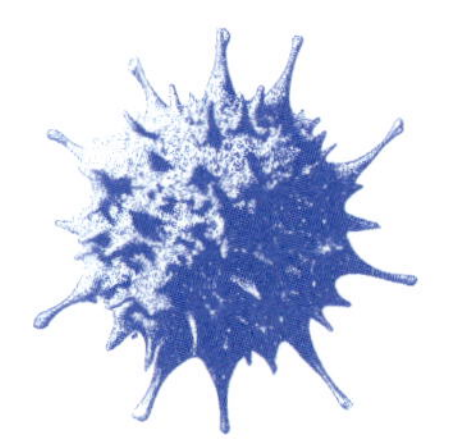

7

불안과 스트레스를 가라앉히는

신경안정제와 수면제

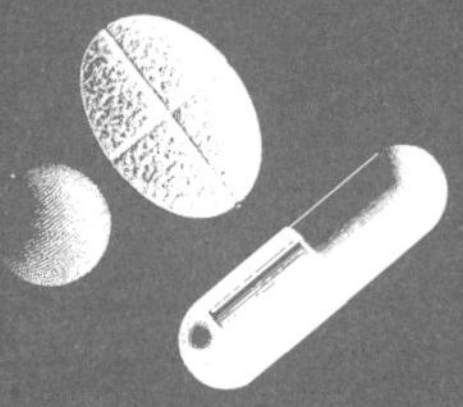

1957년, 로슈 연구소의 레오 슈테른바흐가 합성한
'Ro 5-0690'은 처음엔 수많은 화합물 중 하나에 불과했다.
그러나 동물실험에서 뜻밖의 장면이 펼쳐졌다.
늘 민첩하게 철망을 오르던 쥐들이 약을 투여받자,
몇 걸음 오르다 다리가 풀리며 힘없이 떨어진 것이다.
본능마저 제압하는 강력한 진정 효과가 나타났다.
분석 결과, 분자는 예상과 전혀 다른
독특한 고리 구조를 하고 있었다.
우연히 얻어진 이 화합물은 벤조다이아제핀이라는
전혀 새로운 계열의 약물이었다.
1960년 FDA 승인을 받은 리브륨과 이어 나온 발륨은
불안과 불면 치료를 혁신하며
전 세계에서 가장 많이 처방된 약이 되었다.

#불면증 #불안장애 #클로랄하이드레이트 #바르비투레이트 #벤조다이아제핀
#졸피뎀

불면의 밤, 불안한 마음
: 현대인의 두 그림자

　　"몸은 녹초가 됐는데 밤새 한숨도 못 자요. 내일 아침 출근이 걱정돼 수면제에 의지할 수밖에 없어요." 정도의 차이는 있지만 이렇게 말하는 사람이 적지 않다. 자정을 훌쩍 넘겨 새벽 서너 시까지도 잠들지 못하다가, 해가 뜨고 나서야 겨우 잠깐 눈을 붙이는 일이 반복된다. 불안, 초조, 지속적인 스트레스, 우울감은 정상적인 수면을 방해하는 대표적인 요인이다.

　　실제로 우울증 환자의 대다수는 불안 장애를 함께 겪고, 수면 장애까지 이어진다. 진학과 취업, 결혼과 사업 등 인생의 고비마다 무한 경쟁과 압박이 쏟아지는 한국 사회는 그야말로 '불면의 밤'을 살고 있다. 여기에 흡연, 지나친 카페인, 잠들기 직전까지 손에서 놓

지 못하는 스마트폰까지 더해지며 숙면은 더욱 멀어지고 악순환
이 이어진다.

불면증은 쉽게 잠들지 못하거나, 밤에 잠이 들어도 자꾸 깨는
일이 3개월 넘게 이어지는 상태다. 걱정이 쌓이고, 스트레스가 겹
치며, 우울감까지 더해지면 불면은 더 심해지고 낮의 일상까지 무
너져 내린다. 잠을 제대로 자야 피로가 풀리고 생각이 정리되는데,
그러지 못하면 활력이 떨어지고 만성피로는 물론 심장 건강까지
위협받는다.

불면이 깊어지면 약을 찾게 된다. 약국에서 구할 수 있는 간단
한 수면 유도제와 달리, 수면제는 의사의 처방을 받아야 한다. 벤
조다이아제핀benzodiazepine이나 졸피뎀zolpidem 같은 수면제는 '최
면진정제'로 분류되는데, 사용량이 해마다 늘고 있다. 서울대학교
병원 보도에서 국내 수면제 처방 건수가 2010년 약 1,050만 건에
서 2022년 약 4,240만 건으로 12년간 네 배 이상 증가했다. 특히
여성과 고령층에서 사용 빈도가 높게 나타났다. 과도한 경쟁과 스
트레스에 시달리는 현대인의 불면이 그만큼 약물에 기대고 있다
는 방증이다.

숙면을 위해선 낮 동안 가볍게라도 몸을 움직여주는 게 좋다.
하지만 잠자리에 들기 직전의 격렬한 운동은 오히려 뇌를 깨워 수
면을 방해한다. 침대는 잠만 자는 공간으로 남겨두고, 스마트폰이
나 TV 같은 전자기기는 과감히 치워야 한다. 카페인에 예민하다
면 커피나 녹차는 아침에만 즐기는 게 낫다. 술은 처음엔 잠을 부

르지만, 수면의 질을 떨어뜨리고 새벽에 깨기 쉽게 만들기 때문에 피하는 편이 현명하다.

불면 못지않게 흔한 것이 불안 장애다. 불안은 원래 위험을 피하기 위해 꼭 필요한 감정인데, 지나치면 삶을 무너뜨린다. 이유 없이 가슴이 뛰고 숨이 가빠지며 손에 땀이 차는 순간, 마음은 이미 최악의 상황을 향해 달려간다. 사소한 일도 크게 받아들이고, 일어나지 않을 재앙을 상상하며 자신을 옥죄는 것이다. 이런 때 곁에서 지지해주고 "괜찮다, 실제로는 안전하다"라는 사실을 확인시켜주는 사람이 있다면 큰 힘이 된다. 그러나 불안이 삶의 균형을 무너뜨릴 정도로 지속되면 전문적인 치료를 받아야 한다.

불안 장애는 단순히 성격이 내성적이거나 마음이 약해서 생기는 문제가 아니다. 뇌 속 신경전달물질의 불균형, 유전적 요인, 환경적 스트레스가 복합적으로 얽혀 나타나는 질환이다. 그렇지만 우리 사회에는 아직도 '의지가 부족해서 그렇다'는 편견이 남아 있다. 이 잘못된 인식은 환자가 제때 치료를 받지 못하게 하고, 병을 더 깊게 한다.

불안 장애가 오래 지속되면 그 영향은 개인을 넘어 가정, 학교, 직장 등 삶의 모든 영역에 파고든다. 집중력 저하, 대인관계 갈등, 성취도 감소가 이어지고, 심하면 우울증이나 알코올·약물 의존으로 빠질 위험도 크다. 세계보건기구에 따르면 불안 장애는 전 세계적으로 가장 흔한 정신질환 중 하나로, 삶의 질을 크게 떨어뜨리는 주요 원인으로 꼽힌다.

따라서 불안 장애를 '성격 문제'로 치부하기보다는 조기에 발견하고 적극적으로 치료하는 것이 무엇보다 중요하다. 약물 치료와 인지행동 치료 같은 과학적으로 검증된 방법을 통해 회복할 수 있으며, 꾸준한 치료와 주변의 도움이 더해진다면 환자는 다시 건강한 일상으로 돌아올 수 있다.

아편에서 바르비투레이트까지, 잠을 지배한 약

인간은 오랫동안 잠을 제어하려고 애써왔다. 밤을 편히 보내고 싶은 인류의 소망은 잠의 비밀을 자연에서 찾았다. 그중 하나가 바로 아편opium이다. 양귀비에서 흘러나온 흰 유액을 굳혀 만든 아편은 고대 메소포타미아와 이집트에서 신비의 약으로 쓰였다. 통증을 덜어주고 사람을 깊은 잠으로 이끌었기에 '신의 선물'처럼 여겨졌다.

유럽에서는 또 다른 식물들이 밤을 지배했다. 사리풀과 맨드레이크mandrake가 그것이다. 이 식물들은 신경을 가라앉히고 마음을 진정시키는 효능 덕분에 중세 의학에서 귀하게 다뤄졌다. 뿌리와 잎에 담긴 알칼로이드 성분은 환각과 졸음을 불러와, 사람들을 현실과 꿈의 경계로 이끌었다.

1804년 약학은 새로운 시대를 맞이했다. 독일의 젊은 약사 프

그리스 신화 속 꿈의 신 모르페우스를 그린 장-베르나르 레스투Jean-Bernard Restout의 〈잠 Sleep〉, 1771년경. 독일의 약사 프리드리히 제르튀르너는 아편에서 불순물을 걷어낸 물질에 꿈의 신 모르페우스를 기려 모르핀이라 이름 붙였다. 우리가 흔히 아는 진통제는 통각을 두루 뭉술하게 희석시키는 기능만 할 뿐인데, 모르핀을 비롯한 아편류, 곧 마약은 매우 강력한 진통제로 뇌가 통증을 잊어버리도록 한다. ©Clevelandart

리드리히 제르튀르너Friedrich Sertürner가 아편에서 불순물을 걷어내고, 순수한 결정을 처음으로 분리해냈다. 그는 이 물질에 그리스 신화에서 꿈의 신 모르페우스Morpheus를 기려 모르핀morphine이라 이름 붙였다.

제르튀르너는 자신과 친구들을 대상으로 모르핀을 먹는 대담한 실험을 진행했다. 깊은 잠이 찾아왔지만, 곧 강력한 중독의 그림자도 함께 드러났다. 그는 "이 약은 인간을 고통에서 풀어주지만, 동시에 악마와 거래하는 것과 같다"라고 경고했다. 그럼에도 모르핀은 최초의 순수 알칼로이드(질소 원자를 포함하는 식물 유래 염기성 화합물) 수면·진통제로서 새로운 장을 열었다. 자연에서 얻은 모르핀은 근대 약학의 서막을 연 위대한 출발점이었다.

같은 시기, 가짓과 식물에서 추출한 히요스시아민hyoscyamine도 등장했다. 사리풀, 맨드레이크, 벨라돈나, 미치광이풀, 흰독말풀 등에 있는 히요스시아민은 극적인 수면 효과 덕분에 외과 수술 전 환자를 잠재우는 데 쓰였다. 인류는 자연에서 뽑아낸 알칼로이드 성분을 통해 잠을 조절하는 법을 배우기 시작한 것이다. 진통과 수면 효과가 있는 히요스시아민은 때로는 환각을 동반하며 위험을 일으키기도 했다.

불면증 치료의 돌파구를 찾으려던 의학계는 19세기 중반 프랑스 해안 염전에서 얻은 붉은 용액 속 브로민bromine 화합물에 주목하게 되었다. 브로민은 흥분된 신경을 억제해 신경안정제로 불렸고, 당시로서는 보기 드문 치료 수단이었다. 하지만 체내에 쌓이면 중독과 부작용이 심했다. 이렇게 자연의 산물만으로는 한계가 많았다. 천연물에서 추출한 물질은 여러 작용이 동시에 나타났고 일시적인 효과만 나타낼 뿐이었다. 모르핀도 잠을 재우지만 치명적인 중독을 일으키는 마약으로 수면제로는 적당하지 않았다. 더 안전하고 예측할 수 있는 정교한 수면제가 필요했다.

이후 인류는 더 이상 자연에만 의존하지 않고 실험실에서 해답을 찾기 시작했다. 1832년 독일 화학자 유스투스 폰 리비히Justus von Liebig가 합성한 클로랄 하이드레이트chloral hydrate가 그 시작이었다. 훗날 이 화합물은 진정과 수면 효과로 의학계의 주목을 받게 된다. 1869년 클로랄 하이드레이트는 수면제와 마취제로 널리 사용되었고, 기존에 쓰던 약보다 불면증 치료에 훨씬 효과적이었다.

하지만 새로운 시대를 열 것처럼 보였던 이 약은 이내 예상치 못한 어두운 그림자를 드러냈다. 이 약의 강력한 수면 효과는 종종 범죄에 악용되었다. 당시 사람들은 클로랄 하이드레이트를 몰래 술이나 음료에 섞어 상대를 기절시켰다. '녹아웃 물방울knockout drops'이라는 불명예스러운 이름이 붙은 이런 종류의 수면제를 '데이트 강간 약물'이라고 불렀다. 범죄에 악용되던 클로랄 하이드레이트는 장기간 남용하면 의존성이 생겨 중독 증상이 나타나고 약을 끊으면 금단 증상이 나타났다.

1864년에는 독일 화학자 아돌프 폰 바이어Adolf von Baeyer가 바르비투르산barbituric acid을 합성했다. 클로랄 하이드레이트처럼 초기에는 의학적으로 활용되지 못하다가 1903년, 독일 제약사 바이엘

아돌프 폰 바이어. 그가 1864년에 합성한 바르비투르산을 1903년 독일 제약사 바이엘에서 개량해 베로날을 만들어 판매했는데, 베로날은 빠르고 확실한 효과 덕분에 '혁명적인 수면제'라는 명성을 얻었다. 바이어는 또한 뮌헨 대학 교수로 재직하며 다양한 유기화학 분야에서 연구를 수행했고, 특히 천연염료인 인디고의 구조를 밝히고 합성하는 데 성공하여 이 업적으로 1905년 노벨 화학상을 수상했다. 그의 연구는 당시 염료 산업에 혁신을 가져왔으며, 합성염료 개발의 기반을 마련했다. ⓒPopular Science Monthly Volume68

의 화학자들이 바르비투르산을 개량하자 상황은 급속히 달라졌다. 베로날Veronal(성분명: 바르비탈barbital)을 만들어 판매하기 시작한 것이다. 베로날은 세계 최초의 바르비투레이트barbiturate 계열 수면제로, 빠르고 확실한 효과 덕분에 '혁명적인 수면제'라는 명성을 얻었다.

이어 1912년에는 루미날Luminal(성분명: 페노바르비탈phenobarbital)이 등장했다. 루미날은 단순한 수면제를 넘어 간질(뇌전증) 치료에까지 사용되며 활용 범위를 넓혔다. 바르비투레이트는 20세기 초반 수면제 시장을 석권하며 불면증 치료와 마취, 신경 안정에 광범위하게 사용되었다. 제2차 세계대전 시기에는 전쟁의 불안에 시달리던 군인과 민간인에게까지 널리 처방되었다.

군 병원에서는 전투 신경증, 곧 전장의 폭음·공포·살상 경험 때문에 극도의 불안과 혼란에 빠진 병사들에게 바르비투레이트를 처방했다. 민간인들은 공습 사이렌이 울리던 밤, 잠을 청하기 위해 약국을 찾았다. 미국과 유럽에서 바르비투레이트는 '전쟁의 불안을 달래는 알약'으로 불리며 불안을 진정시키는 약으로 널리 보급되었다. 전쟁이 끝난 뒤에도 참전용사들은 여전히 불면과 불안에 시달렸고, 많은 이들이 약에 의존하게 되었다.

그러나 이 약도 많은 문제점이 있었다. 바르비투레이트는 필요 용량과 치사량의 간격이 좁아 쉽게 호흡을 억제한다. 약리학에서는 이를 '안전역이 좁다'고 말한다. 곧 효과를 내는 용량과 독성을 일으키는 용량의 간격이 좁아, 적정량이 조금만 넘어도 뇌의 호흡 중추를 마비시킨다. 조금 더 자기 위해 용량을 올리면 수면 중 사망하는 사태가 벌어진다. 여기에 알코올과 함께 복용하면 위험은 배가 되었다. 바르비투레이트를 반복 사용하면 금세 내성과 의존성이 생겨 더욱 깊은 위험 속으로 몰아넣었다. 마릴린 먼로와 영화《오즈의 마법사The Wizard of Oz》에서 도로시 역으로 유명한 배우 주디 갈런드Judy Garland 같은 할리우드 스타들의 비극적인 약물 남용 사건은 사회적으로 큰 충격을 더했다. 바르비투레이트는 '잠의 세계로 들어가는 열쇠'였지만, 비극적인 흔적을 남겼다. 더 깊고 안정된 잠을 유도하면서도, 중독과 부작용을 피할 수 있는 새로운 수면제가 절실해졌고 1960년대 벤조다이아제핀 계열의 약으로 이어졌다.

수면을 방해하는
카페인

커피는 에티오피아에서 태어났다. 그곳에는 커피의 시작을 알리는 오래된 전설이 내려온다. 가장 널리 알려진 것은 목동 칼디Kaldi의 이야기다. 칼디는 들판에서 염소들을 지켜보는 목동이다. 어느 날 그는 염소들이 붉은 열매를 먹고 갑자기 들판을 뛰어다니는 모습을 보았다. 호기심이 발동한 그는 염소를 날뛰게 한 열매를 입에 넣어 맛보았다.

그러자 정신이 맑아지고 기분이 상쾌해졌다. 그는 이 사실을 근처 이슬람 수도사에게 알렸는데, 수도사는 악마의 열매일지 모른다며 불 속에 던져버렸다. 그런데 타오르던 열매에서 은은한 향이 퍼져 나왔다. 수도사는 남은 열매를 달여 마셨고, 졸음이 달아나는 것을 느꼈다.

물론 이는 어디까지나 설화에 불과하다. 역사적인 사실로 확인되는 최초의 커피 음용은 15세기 아라비아반도 남쪽 끝에 있는 예멘에서다. 예멘의 항구도시 모카 지역의 이슬람 수피sufi파 수도자들은 늦은 밤까지 이어지는 기도를 위해 커피를 끓여 마셨다. 커피는 단순한 음료가 아니라, 종교수행을 도와주는 '약'으로 받아들여졌다. 모카에서 시작된 커피는 홍해를 건너 메카와 메디나로 퍼져 나갔고, 17세기 후반 커피는 오스만제국 전역에서 사랑받는 음료가 되었다. 카이로, 이스탄불, 다마스쿠스의 커피하우스는 정치와 문화를 논하는 사교장이 되었고, 유럽 외교관과 상인들도 이곳에서 커피를 접하게 되었다.

커피가 유럽에 전해진 계기가 된 사건은 1683년 일어난 빈 전투다. 빈을 포위한 오스만 군대가 폴란드 기병대의 맹렬한 반격을 받고 급히 퇴각하면서, 그들이 버리고 간 전리품 속에서 낯선 갈색 콩 자루가 발견되었다. 빈 시민들에게는 정체불명의 물건이었지만, 오스만군이 즐기던 기호품이라는 점에서 곧 관심을 끌었다.

이때 폴란드 출신 한 외교관이 오스만제국에서 머문 경험 덕분에 커피를 알고 있었다. 그는 전리품으로 남은 커피 원두를 활용해 빈 최초의 커피하우스를 열었다고 한다. 이곳에서 커피는 설탕과

폴란드 출신의 외교관이 연 빈 최초의 커피하우스 '블루 보틀Blue Bottle'과 카페 풍경을 그린 유화.(1900년경) 오스만제국에서 통역관으로 일한 경험이 있어 커피의 존재와 사용법을 알고 있던 게오르크 프란츠 콜시츠키Georg Franz Kolschitzky는 전리품으로 남은 커피 자루를 포상으로 받았고, 처음에는 쓴맛 때문에 외면받던 커피를 오스트리아 사람들의 입맛에 맞게 설탕과 우유를 섞은 달콤한 음료로 변신시켰다. 미국의 유명 커피 체인점 '블루 보틀'의 이름은 여기에서 유래했다.

우유를 섞은 달콤한 음료로 변신하며 오스트리아 사람들의 입맛을 사로잡았다. 이것이 오늘날 '비엔나 커피' 문화의 시초로 전해진다.

역사적 사실과 전설이 섞여 있지만, 오스만과의 전쟁 이후 커피가 유럽 전역으로 급속히 확산된 것은 분명하다. 베네치아, 파리, 런던의 커피하우스로 이어진 흐름 뒤에는, 전쟁의 흔적 속에서 새로운 마실 거리를 발견한 유럽인의 호기심과 빠른 수용력이 있었다. 오늘날 전 세계인의 일상이 된 커피의 기원은, 인간이 잠과 싸워 깨어 있으려는 오랜 욕망에서 비롯된 것이다.

18세기에 들어서자 산업혁명을 주도한 부르주아 시대가 열렸다. 그들은 머리를 맑게 하고 이성적 사고를 돕기 위해 커피를 마셨다. 예전에는 졸음이 오면 어쩔 수 없이 끝마쳐야 했던 일도 커피를 마시면 늦은 시간까지 더 오래 일할 수 있어서 능률이 높아졌다. 당시 신교, 곧 프로테스탄트들은 노동을 신에게 바치는 소명으로 여겼다. 그래서 밤늦게까지 깨어 집중력을 유지하게 해주는 커피는 그들의 근면한 삶과 잘 맞아떨어졌다. 맥주나 와인을 마시던 사람들이 차차 부르주아의 기호품, 커피 맛에 빠져들었다.

커피 향이 진동하던 1820년 독일의 젊은 화학자 프리드리히 룽게Friedlieb Runge는 새로운 알칼로이드 물질을 찾아냈다. 그는 커피콩에서 순수한 결정을 분리해냈는데, 이것이 바로 카페인이다. 흥미로운 점은 이것을 발견한 배경에 괴테가 있다는 사실이다. 룽게의 재능을 눈여겨본 괴테가 커피 원두를 건네주며 "이 안에 어떤 비밀이 숨어 있는지 살펴보라"고 권한 것이다.

룽게는 실험 끝에 정신을 번쩍 깨우는 물질을 추출했고, 커피에서 얻었다는 뜻으로 '카페인kaffein'이라 이름 붙였다. 영어로 'caffeine'이라 불리며, 오늘날까지 전 세계인의 삶에서 함께하고 있다.

커피 한 잔에는 약 100mg의 카페인이 들어 있다. 커피 속 작은 분자 하나가 어떻게 졸음을 몰아내고 눈을 번쩍 뜨이게 하는 걸까? 비밀은 '아데노신adenosine'이라는 뇌 속 신호물질에 있다. 아데노신은 하루종일 쌓이다가 수용체에 달라붙어 졸음을 불러오는데, 카페인은 그 자리를 가로채 뇌를 속인다. 그래서 피곤해도 정신이 또렷해지고, 밤늦게까지 깨어 있을 수 있는 것이다.

잠의 세계는 생각보다 정교하다. 전체 수면의 4분의 3은 깊은 논렘Non-REM 수면, 나머지 4분의 1은 꿈꾸는 렘REM 수면으로 이뤄진다. 렘REM은 급속 안구 운동rapid eye movement의 약자로, 몸은 깊이 잠들어 있어도 뇌는 활발히 깨어 있는 상태다. 잠든 지 30~40분쯤 지나면 가장 깊은 잠에 빠지고, 이후 밤새 4~6차례 렘수면이 주기적으로 찾아온다. 이때 몸은 쉬지만 뇌는 깨어 움직이며, 꿈을 꾼다.

좋은 수면제란 단순히 잠만 오게 하는 약이 아니다. 커피가 뇌를 속여 각성을 불러오듯, 훌륭한 수면제는 논 렘수면, 렘수면같이 뇌의 리듬을 따르면서도 자연스러운 수면을 유도해야 한다. 곧 자연 수면에 가장 가까운 패턴을 지녀야 한다.

커피 속 카페인은 잠시 머리를 맑게 하고 피곤을 잊게 만든다.

그러나 그 효과는 오래가지 않는다. 근본적인 피로는 여전히 쌓여 있고, 빚처럼 몸에 고스란히 남는다. 문제는 카페인을 과하게 섭취했을 때다. 불면, 두통, 두근거림, 신경과민, 어지럼증, 메스꺼움 같은 부작용이 금세 고개를 든다.

특히 학생들의 과도한 카페인 섭취가 사회적 문제로 떠오르고 있다. 밤샘 공부를 위해 커피나 에너지 음료를 연거푸 들이켜는 일이 흔해졌다. 카페인 음료 하나에 들어 있는 양은 생각보다 많아, 몇 캔만 마셔도 하루 권장량을 훌쩍 넘기기 쉽다. 당장은 집중력이 오른 것 같아도, 장기간 이어지면 심장과 혈압에 부담이 쌓인다. 고카페인 음료 섭취는 성장기 청소년의 수면 패턴까지 망가뜨린다.

카페인은 수면의 가장 큰 방해꾼이다. 불면증에 시달린다면 커피는 되도록 피하고 카페인 함량이 적은 차를 마시는 것이 좋다. 숙면은 약이나 음료가 아니라, 몸이 스스로 지닌 자연스러운 리듬을 지킬 때 찾아온다.

카페인은 잠시 눈을 뜨게 할 뿐, 잃어버린 잠을 되돌려주지는 않는다. 각성의 힘을 빌리기보다, 제대로 된 쉼을 통해 다시 깨어나는 것, 그것이 카페인이 줄 수 없는 진정한 활력이다.

세계적인 신경안정제 발륨

    아름다운 알프스를 배경으로 한 뮤지컬 영화《사운드 오브 뮤직The Sound of Music》의 마지막 장면은 많은 이들의 기억에 남아 있다. 나치 독일에 합병된 오스트리아를 떠나기 위해 가족들이 산을 넘어 스위스로 향하는 장면이다. 당시 전체주의에 반대하는 수많은 사람이 마찬가지로 중립국 스위스로 발길을 향했다.

오스트리아-헝가리 제국 시절, 오늘날 크로아티아 아드리아 해안의 휴양 도시 오파티야에서 한 유대인 아이가 태어났다. 훗날 '벤조다이아제핀의 아버지'라 불리게 되는 레오 슈테른바흐Leo Sternbach다. 그의 아버지는 약사였고, 가족은 더 나은 삶과 일터를 찾아 폴란드 제2의 도시 크라쿠프로 이주했다. 어린 슈테른바흐는 약국 풍경을 일상처럼 바라보며 자랐다. 약병과 시약, 손님들과 나누는 대화가 뒤섞인 공간은 그의 호기심을 키웠고, 약학을 전공해 유기화학 박사학위까지 이르는 길을 걷게 되었다.

1930년대 나치의 박해가 거세지자, 그는 스위스로 망명해 바젤에 있던 제약사 로슈 연구소에 자리를 얻었다. 그러나 곧 유럽 전체가 전쟁의 소용돌이에 휘말리자, 미래를 예견한 로슈는 유대인 과학자들이 안전하도록 이들을 모두 미국으로 이주시켰다. 미국에 도착한 슈테른바흐는 뉴저지주의 로슈 연구소에서 연구를 이어 갔다.

마침 뉴저지주의 작은 마을 밀타운에서 개발된 신경안정제 메프로바메이트meprobamate가 미국 사회를 뒤흔들고 있었다. 1955년 나온 메프로바메이트는 항불안제 시대를 연 약이다. 불안과 긴장을 풀어주는 작은 알약은 '기적의 신경안정제'로 불렸고, 심지어 아스피린보다 더 많이 처방될 정도였다. 할리우드 스타부터 정치인, 평범한 시민까지 너나없이 복용하며, 새로운 신경안정제 시대가 열린 듯 보였다.

하지만 이 약은 곧 한계를 드러냈다. 졸음과 어지럼증은 흔한 일이었고, 장기간 복용하면 의존성이 생겨 약을 끊을 때마다 불안과 불면에 시달리게 되었다. 고용량에서는 호흡 억제와 혼수까지 일으켜, '기적의 약'은 어느새 위험한 알약으로 변해갔다.

메프로바메이트가 한창 인기 있을 때 로슈는 슈테른바흐에게 메프로바메이트와 유사한 약을 만들도록 지시했다. 그는 기존의 화합물을 반복해서 합성하는 방식으로는 치열한 경쟁에서 살아남을 수 없다고 판단했다. 슈테른바흐는 남들과 다른 길을 모색했고, 그 선택이 훗날 현대 약학의 한 장을 장식하게 된다.

로슈 연구소는 연구원들에게 정규 업무 외에도 자신의 흥미 있는 분야를 탐구하도록 장려했다. 슈테른바흐 역시 그 기회를 놓치지 않았다. 그는 폴란드 시절 합성한 한 염료 물질이 조현병 치료제 클로르프로마진과 구조적으로 닮았다는 사실에 주목했다. 그 작은 발견에서 출발해 그는 무려 40여 종이 넘는 새로운 화합물을 합성해냈다.

연구자의 마음속에는 학위 과정에서 뿌려진 주제의 씨앗이 깊숙이 뿌리내린다. 언젠가는 그것을 다시 꺼내어 실전에 응용해보고 싶은 열망이 솟구친다. 배움은 쌓이는 순간에는 미미해 보여도, 언젠가 삶을 바꾸는 힘이 된다. 과거의 모든 지식과 경험은 언젠가 새로운 도전을 가능하게 하는 무형의 자산이 되기 때문이다.

폴란드에서 연구하던 시절, 슈테른바흐는 장비가 열악해 자신이 합성한 물질의 구조를 정확히 규명하기가 어려웠다. 그러나 미국에 와서 로슈 연구소의 첨단 분석 장비를 접하자 상황은 달라졌다. 1957년 그는 'Ro 5-0690'이라는 번호를 붙인 새로운 화합물을 합성해 약리 실험실로 보냈다. 약이 되기 전 연구 단계에 있는 화합물은 대개 이렇게 이름을 붙인다. Ro는 로슈를 뜻하고 5-0690은 로슈 내부의 화합물 식별 번호다. 보통 앞의 숫자는 특정 화학 계열이나 프로젝트 그룹을, 뒤의 숫자는 해당 시리즈 내에서 합성된 순서나 고유 등록 번호를 의미한다. 놀랍게도 동물실험에서 강력한 진정과 수면 효과가 확인되었다.

신경안정제의 약효를 검증하는 테스트 중 하나는 쥐에게 약물을 투여한 뒤, 세로로 세운 그물 형태의 철망에 매달아보는 것이다. 철망에 발톱을 걸자마자, 건강한 쥐는 본능처럼 철망을 타고 위로 올라간다. 그러나 Ro 5-0690을 투약한 쥐들은 전혀 달랐다. 몇 걸음 오르다 그대로 추락했다. 어떤 쥐는 철망에 매달린 채 떨기만 할 뿐 한 발짝도 나가지 못했다. 약의 강력한 진정 효과가 본능까지 압도한 것이다.

화학 분석 결과는 더욱 뜻밖이었다. 슈테른바흐가 설계한 분자와는 전혀 다른, 낯선 고리 구조가 자리하고 있었다. 합성 반응 과정에서 화학적 재배열rearrangement이 일어나 우연히 얻어진 분자였다. 이렇게 해서 탄생한 화합물의 골격은 벤젠benzo과 두 개의 질소 원자가 있는 7각형 고리diazepine가 결합한 독특한 구조였다. 사람들은 이 새로운 계열의 신경안정제를 '벤조다이아제핀benzodiaze-pine'이라 불렀다.

1960년 로슈는 마침내 미국 FDA의 승인을 받았다. 실험실에서 단순히 Ro 5-0690이라 불리던 화합물이 '리브륨Librium'이라는 이름을 달고 세상에 나온 순간이었다. 그전까지 불안과 불면을 다스리던 약물은 바르비투레이트 계열 수면제와 메프로바메이트였다. 강력한 효과로 사람을 재우는 데는 능했지만, 그 대가가 컸다. 용량을 조금만 넘기면 환자를 혼수에 빠뜨리거나 목숨을 위협했고, 의존성과 남용 문제는 늘 그림자처럼 따라다녔다. 대표적인 수면제 페노바르비탈은 약효가 10~16시간이나 이어져 아침이 되면 정신이 몽롱했고 내성과 습관성을 일으켰다.

그러나 리브륨은 달랐다. 벤조다이아제핀 계열의 첫 번째 신약은 낮 동안의 졸음을 크게 줄이고, 당시 치명적이던 부작용을 크게 줄였다. 약을 먹고 단순히 잠을 재우는 데 그치지 않고 불안과 경련까지 가라앉히며, 정신과에서 필수적인 치료제가 되었다. 리브륨의 성공은 스위스 제약사 로슈를 단숨에 세계 무대의 중심으로 끌어올렸다. 하지만 이 약의 이야기는 여기서 끝나지 않는다.

슈테른바흐는 리브륨의 성공에 안주하지 않고 계속 연구를 이어갔다. 그는 더 강력하면서도 안정적인 벤조다이아제핀을 찾았고, 1963년 '발륨Valium(성분명: 디아제팜diazepam)'을 세상에 내놓았다. 발륨은 곧 리브륨을 제치고 항불안제와 수면제의 대명사로 자리 잡았다. 1969년부터 무려 13년 동안, 발륨은 미국에서 가장 많이 처방된 약이었다. 『뉴욕타임스』에 따르면 1987년 한 해에만 발륨 알약 28억 개가 생산되었다. 특히 불안과 불면을 호소하는 여성 환자에게 집중적으로 처방되었는데, 이 현상은 대중문화에도 반영되었다.

롤링 스톤스의 노래 〈Mother's Little Helper〉 속 가사, '작은 노란 알약a little yellow pill'이 바로 발륨을 뜻한다. 당시 가정주부들의 서랍 속에 늘 들어 있던 이 노란 알약은, 위안과 안정을 주는 작은 도우미였다. 로슈는 발륨을 출시하면서 가사와 육아에 지친 가정주부의 긴장을 풀어주는 약이라고 광고했다. 약 하나가 집안의 스트레스를 덜어준다는 메시지는 금세 대중의 마음을 사로잡았다. 발륨의 성공은 압도적이었다. 리브륨이 처음으로 벤조다이아제핀 시대의 막을 올렸다면, 발륨은 그 시장을 폭발적으로 키워 로슈를 단숨에 글로벌 거대 제약기업으로 올려놓았다.

발륨이 선풍적인 인기를 끌자, 비평가들은 곧바로 '민중의 아편'이라는 냉소를 던졌다. 본래 마르크스가 종교를 두고 쓴 표현인데, 불안을 지우고 마음을 잠재우며 깊은 잠으로 이끄는 발륨은 그만큼 흔하고 손쉬운 진정제가 되어 있었다. 의사들은 남용하듯 처방했고, 대중은 의존하듯 알약을 삼켰다. 이 아편의 비유에는 정신과 약물이 단순한 치료제를 넘어, 불안한 시대를 정신적으로 마비시키는 비판의 메시지가 담겨 있었다.

리브륨이나 발륨 같은 벤조다이아제핀 계열의 약물은 GABA(γ-아미노부티르산)와 관련이 있다. GABA는 중추신경계의 대표적인 억제성 신경전달물질로, GABA 수용체에 결합하면 염소 이온$_{Cl^-}$이 세포 안으로 들어가 신경세포의 흥분을 가라앉힌다. 벤조다이아제핀은 이 수용체에 직접 작용하지 않고, GABA가 더 잘 작용하도록 도와주는 조절제 역할을 한다. 쉽게 말해, GABA라는 신경을 가라앉히는 브레이크가 이미 밟혀 있을 때 벤조다이아제핀이 그 힘을 더 강하게 눌러주는 것이다. 덕분에 신경세포의 과도한 흥분이 억제되고 불안과 긴장이 풀리며, 뇌로 향하는 스트레스 신호가 차단되어 숙면을 돕는다.

이후에도 로라제팜lorazepam, 트라이아졸람triazolam, 미다졸람midazolam, 알프라졸람alprazolam 등 수많은 벤조다이아제핀이 개발되었다. 불안과 불면이라는 현대인의 고질적 증상을 제어하는 데 이 계열의 약물은 20세기 후반 가장 널리 처방된 정신과 약이다.

레오 슈테른바흐는 리브륨과 발륨으로 정신과 약의 혁명을 일으켜놓고도 2003년 95세의 나이가 될 때까지 연구를 멈추지 않았다. 로슈는 그의 공을 인정해 아낌없이 보상했고, 그는 회사 역사에서 가장 빛나는 이름으로 새겨졌다. 세계에서 가장 많이 처방된 약이라는 발륨의 기록 뒤에는, 고독한 실험실에서 끝없이 가능성

크로아티아 오파티야의 레오 슈테른바흐 벽화. 슈테른바흐는 항불안제와 수면제의 대명사인 리브륨과 발륨을 탄생시켰는데, 1969년과 1982년 사이에 미국에서 가장 많이 처방되었으며 최고조에 달했던 1978년에는 23억 회분이 넘게 판매되었다. 슈테른바흐는 241개의 특허를 보유했으며, 그의 발견은 로슈를 제약업계의 거대 기업으로 성장시키는 데 기여했다.
ⓒHenry Kellner

을 탐구한 한 약학자의 집념이 숨어 있었다.

그가 죽고 세월이 흘러도 이름은 잊히지 않았다. 2019년, 고향 크로아티아 오파티야의 한 거리에 슈테른바흐를 기리는 벽화가 새겨졌다. 단 한 알의 약이 인류의 불안과 불면을 달래고, 한 사람의 생애가 도시의 기억 속에 남는 순간이었다.

베트남전쟁의
트라우마

부산보훈병원에서 처방받아 장기간 약을 드시는 단골 환자가 있다. 젊은 시절 베트남전쟁에 참전한 용사인데, 수십 년이 지난 지금도 깊은 잠을 이루지 못한다. 꿈속에서 전장의 기억이 불현듯 되살아나 몸부림치다 깨어나곤 한다. 연세 지긋하신 참전용사를 버티게 하는 것은 항우울제와 항불안제, 수면제, 때로는 항조현병 약까지 섞인 약들이다. 하루도 빠짐없이 먹는 약들이 한 줌이나 된다.

이런 고통을 의학적으로 외상 후 스트레스 장애PTSD라고 한다. 전쟁이나 사고 같은 충격적인 사건이 기억 속에 각인되어, 갑자기 되살아나 악몽과 불안으로 일상을 잠식하는 질환이다. 흔히 '트라우마'라는 말로 가볍게 표현하는데, 실제로는 한 사람의 삶 전체를 뒤흔드는 만성질환이다. 전쟁은 오래전에 끝났지만, 후유증은 여전히 곁에 남아 베트남전의 상처가 오늘의 일상에서도 이어지고 있다.

1964년 통킹만 사건은 미국을 베트남전에 본격적으로 끌어들인 기폭제였다. 그 순간부터 전쟁은 내전을 넘어 국제전으로 번졌다. 미군 50만 명, 한국군과 호주·뉴질랜드군이 남베트남군과 함께 싸웠지만, 정글에서 벌어진 게릴라전은 쉽지 않았다. 북베트남 지도자 호찌민과 군사 전략가 보응우옌지압은 땅굴과 매복, 정치 공작으로 초강대국에 맞섰다. 네이팜탄과 고엽제가 하늘에서 쏟아졌지만, 끝내 굴복하지 않았다.

전쟁의 불길은 전장을 넘어 세계로 번졌다. 미국 대학가와 도심에 반전 시위가 들불처럼 번졌고, 1968년 프랑스 혁명의 거리에서도 베트남전 반대의 외침이 메아리쳤다. 린든 존슨Lyndon Johnson 대통령은 거센 반전 여론 속에서 재출마를 포기했고, 뒤이어 집권한 리처드 닉슨Richard Nixon이 베트남 철군을 시작했다. 부패한 남베트남 정권은 버티지 못했고, 1975년 사이공 함락으로 전쟁이 끝났다.

전쟁이나 자연재해, 성폭력 같은 극심한 충격은 쉽게 치유되지 않는다. 외상 후 스트레스 장애로 이어지면 불안과 공포, 죄책감이 일상을 잠식하며 오래도록 삶을 흔든다. 이런 불안을 잠재운 약이 벤조다이아제핀이다. 발륨의 성공은 전 세계 제약사들을 신경안정제 시장으로 끌어들였고, 로슈가 특허를 독점하자 경쟁사들은 구조가 전혀 다른 새로운 화합물을 찾아나섰다.

벤조다이아제핀의 7개 원자 고리 구조는 끝없는 분자 변형 가능성을 열어주었다. 로슈가 시장을 장악하던 시절, 미국 업존은 새로운 해법을 찾았다. 그리하여 1981년 새롭게 출시된 벤조다이아제핀 계열의 약이 자낙스Xanax(성분명: 알프라졸람alprazolam)다.

자낙스가 등장하자 정신의학계는 술렁였다. 불안을 가라앉히는 효과가 빠르고 강력했으며, 짧은 작용 시간 덕분에 공황 발작처럼 갑작스러운 위기 상황에 특히 빛을 발했다. 자낙스는 공황 장애 치료제로 처음 승인된 벤조다이아제핀으로, 이 계열 약물의 흐름을 바꾼 분수령이 되었다.

자낙스는 등장과 동시에 항불안제 시장의 판도를 뒤흔들었고, 곧 불안 치료의 새로운 표준으로 자리 잡았다. 발륨이 지켜온 절대적 아성을 무너뜨린 자낙스의 영향력은 수십 년 동안 지속되어, 항불안제 가운데 가장 많이 처방되는 약이 되었다.

타원형 모양의 이 작은 알약은 곧 '불안의 특효약'처럼 퍼져나갔지만, 강력한 효과 뒤에는 치명적인 그늘이 숨어 있었다. 의존성과 금단 증상 문제가 끊임없이 제기되면서 장기 복용에는 적합하지 않다는 한계가 드러난 것이다.

복용 초반에는 신속한 진정 효과를 주지만, 시간이 지나면 내성과 의존성이 쌓인다. 약을 끊으려 하면 불안과 불면, 심지어 발작 같은 금단 증상이 뒤따른다. 교통사고 위험을 높이고, 고령자에게는 치매 발병률까지 끌어올린다는 연구도 보고되었다. '불안을 달래는 약'이 어느새 또 다른 불안을 낳는 모순을 가지게 된 것이다.

오늘날 제약사들은 더 이상 벤조다이아제핀 신약 개발에 뛰어들지 않는다. 이미 수십 종의 약물이 시장에 나와 있고, 특허로 파고들 틈새도 거의 사라졌다. 결정적인 이유는 의존성과 부작용이라는 한계를 끝내 극복하지 못했기 때문이다.

불안과 트라우마 치료의 무게 중심은 이제 항우울제인 SSRI와 SNRI 그리고 인지행동 치료 같은 심리적인 접근으로 옮겨갔다. 이 약들은 의존성이 거의 없고 장기 복용이 가능하며 재발을 예방하는 효과가 뛰어나, 현대의 불안·우울·PTSD 치료에서 새로운 표준 치료제로 자리 잡았다. 그렇다고 벤조다이아제핀이 완전히 사라진 것은 아니다. 여전히 단기간 불안을 가라앉히거나 급성 긴장을 완화하는 데에는 빠르게 효과를 발휘한다. 하지만 치료의 중심축은 이미 다른 약들이 차지했다.

냉전 시대 한 나라가 공산화되면 이웃 나라도 공산화된다는 도미노 이론은 불안한 상상을 퍼뜨렸다. 우리나라는 미국의 요청과 안보·경제적 필요가 맞물려, 젊은 병사들을 머나먼 베트남 땅으로 보냈다. 청춘을 전장에 바친 대가로 미국의 원조와 차관을 받아 산업화의 기틀을 다졌고 근대화의 길을 서둘러 걸을 수 있었다.

하지만 전쟁의 그림자는 오래 남았다. 참전용사들 가운데는 고엽제 후유증으로 고통받거나, 총성과 폭격의 기억이 지워지지 않아 평생 트라우마에 시달리는 이들이 적지 않다. 국가가 필요할 때 청춘을 내어준 이들인 만큼, 이제는 사회가 따뜻한 배려와 치유로 보답해야 한다. 끔찍한 전쟁의 상처가 하루빨리 옅어지기를, 남은 생애가 평온하기를 기원한다.

가장 많이 사용되는 수면제
졸피뎀

　　　　　1992년 세상에 나온 졸피뎀zolpidem은 오늘날 가장 많이 쓰이는 수면제다. 기존 벤조다이아제핀 수면제가 의존성, 숙취, 근육 이완 같은 부작용을 안고 있었던 데 비해, 졸피뎀은 뇌의 GABA_A 수용체 중 수면과 직접 관련된 알파1$_{α1}$ 소단위체에 선택적으로 작용해 '잠을 재우는 힘'에 집중했다. 정교한 선택성은 졸피뎀을 '잠만 정확히 겨냥하는' 약으로 만들어, 밤은 편안하게 하고 아침은 맑게 해주었다.

　　졸피뎀 외에도 조피클론zopiclone, 잘레플론zaleplon 같은 약이 있는데, 이름이 모두 z로 시작해 '제트 약z-drugs'이라 불린다. 눈길을 끄는 것은 'z'가 단순한 알파벳이 아니라는 점이다. 만화책에는 졸린 주인공 머리 위에 'zzz'가 표시된다. 서양에서는 이 기호가 쿨쿨 자는 소리를 대신하는 의성어로 쓰였고, 심지어 '졸다'라는 뜻의 영어 단어 doze에서 z를 따왔다는 이야기도 있다.

　　미국에서 졸피뎀 광고가 처음 나왔을 때는 만화 이미지를 그대로 활용했다. 베개 위에 큼지막하게 새겨진 'zzz', 이불 위로 흘러나오는 졸음의 기호가 소비자들의 눈길을 단숨에 사로잡았다. 환자들은 "아, 이 약은 먹으면 곧장 잠드는구나" 하고 직관적으로 이해했다. 제약업계에서는 이를 두고 "약효를 설명하기 전에 환자의 머릿속에 먼저 들어간 이름 덕에 마케팅 절반은 이미 성공한 셈"

이라는 농담까지 나왔다.

1993년 졸피뎀은 출시와 동시에 폭발적인 인기를 끌며 수면제 시장을 뒤흔들었다. "먹으면 바로 잠들고, 아침엔 개운하다"라는 메시지는 불면에 지친 환자들의 마음을 단숨에 사로잡았다. 기존 벤조다이아제핀이 남기던 무거운 숙취와 의존성에 대한 두려움 앞에서, 졸피뎀은 마치 오랫동안 기다려온 대안처럼 빛나 보였다.

처방은 눈덩이처럼 불어났고, 몇 년 만에 글로벌 매출은 수십억 달러를 넘어섰다. 유럽과 아시아에서도 빠르게 허가를 받으며, 불면 치료의 새로운 기준으로 자리매김했다. 의사들은 안전하다고 믿었고, 환자들은 "드디어 불면에서 해방되었다"라고 안도했다.

하지만 편리함 뒤에는 위험이 숨어 있었다. 졸피뎀은 뇌의 억제성 신경전달물질인 GABA에 부분적으로 작용하기 때문에, 뇌 기능을 완전히 가라앉히지는 않는다. 잠을 쉽게 유도하지만, 졸피뎀은 불안을 가라앉히거나 근육을 풀어주는 효과가 약하다. 그 결과 뇌 전체가 깊이 억제되지 못하고, 일부 기능은 깨어 있는 상태로 남는다. 이렇게 '반쯤 깬 상태의 잠'은 때때로 잠과 행동이 뒤섞이는 기이한 현상을 불러왔다.

대표적인 사례가 복합수면 행동complex sleep behaviors이다. 실제로 어떤 환자는 약을 먹고 잠든 상태로 운전하거나 전화하고, 음식을 먹고도 다음 날 전혀 기억하지 못한다. 기억 상실과 결합한 기이한 행동들은 졸피뎀의 명성과 한계를 동시에 보여준다. 이런 행동은 권장 용량 내에서도 발생할 수 있지만, 정해진 용량을 넘겨 복용했을 때 위험이 급격히 증가한다.

여러 연구에서 졸피뎀 복용자가 비복용자보다 자살 위험이 높다는 결과가 보고되면서, 이 약은 반드시 신중히 사용해야 할 약물로 분류되었다. 그럼에도 현실에서는 남용할 우려가 크다. 식품의약품안전처는 오남용을 줄이기 위해 졸피뎀의 처방 기간을 4주 이내로 제한하고, 1일 투여량도 10mg 이하로 규정했다. 그럼에도 2024년 국정감사 자료에서는 한 해 동안 약 187만 명이 이 약을 처방받은 것으로 보고되었다. 졸피뎀의 의존성과 남용에 대한 경각심은 여전히 필요하다는 사실을 보여준다. 특히 고령층에서 사용 비율이 높아 부작용 위험은 더 커진다. 졸피뎀은 결코 '가볍게 먹는 수면제'가 아니다. 안전한 숙면을 돕는 동반자가 되려면, 정확한 진단과 엄격한 처방, 그리고 사용자의 각별한 주의가 반드시 뒤따라야 한다.

잠이 오지 않을 때 술에 기대는 사람이 있다. 알코올이 긴장을 풀어주고 쉽게 잠들게 하는 듯 보이지만, 이는 착각에 가깝다. 술은 정상적인 수면 주기를 깨뜨려 깊은 잠을 방해하고, 새벽에는 오히려 몸을 각성시켜 더 쉽게 잠에서 깨게 만든다. 아침에 눈을 떠도 개운하지 않고 피로가 남는다. 그래서 술은 가장 질이 낮은 수면제라고 할 수 있다.

술은 또한 기도를 좁게 만들어 코골이와 수면무호흡증을 악화시키는 주범이 된다. 여기에 수면제까지 곁들이면 위험은 배가된다. 뇌의 각성 기능이 억제되어 자는 동안 호흡이 멈춰도 깨어나지 못할 수 있기 때문이다. 잠을 부르는 술잔은 숙면을 방해하고, 때로는 생명을 위협하는 독이 될 수 있다. 불면의 해결책은 술이 아니라 올바른 생활 습관과 치료에서 찾아야 한다.

수면제를 찾는 현대인의 수요는 여전히 많지만, 치료의 중심은 점차 약물에서 벗어나 수면위생 교육, 인지행동 치료, 스트레스 관리 같은 비약물적 접근으로 이동하고 있다. 졸피뎀은 불면 치료의 중요한 도구이지만, 잠을 되찾는 근본적인 해법은 여전히 약 바깥에 있다.

수면 호르몬제,
멜라토닌 서방정의 명암

잠 못 이루는 현대인에게 수면제는 구원의 손길이자 동시에 위험한 유혹이다. 세대를 거쳐 수많은 약이 개발되었지만, 빠른 효과 뒤에는 늘 의존성과 숙취, 기억 상실 같은 대가가 따라왔다. 이런 맥락에서 등장한 대안이 바로 우리 몸이 스스로 만들어내는 밤의 신호, 멜라토닌melatonin이다.

멜라토닌은 뇌 깊숙한 곳의 송과선에서 분비되어 낮과 밤을 구분하고 생체 시계를 조율하는 호르몬이다. 낮에는 햇빛에 의해 억제되다가, 해가 지면 어둠 속에서 서서히 분비가 늘어나며 몸에 잠들라는 신호를 보낸다. 아침 햇살을 받으면 분비가 급격히 줄어들며 자연스럽게 각성한다. 단순한 '수면 스위치'를 넘어, 밤과 낮을 구분 짓는 시간의 언어라 할 수 있다.

이 자연의 리듬을 의학적으로 활용한 것이 바로 멜라토닌 의약품이다. 대표적인 제제가 2014년 이스라엘에서 개발된 서카딘circadin 서방정徐放錠(약 성분이 몸속에서 천천히 나오도록 만든 알약)이다. 단순한 보충제를 넘어, 약물이 8~10시간에 걸쳐 천천히 방출되도록 설계되어 밤새 일정한 혈중 농도를 유지한다. 불꽃처럼 금세 사라지는 일반 멜라토닌과 달리, 서카딘 서방정은 시계태엽처럼 느리게 돌아가며 숙면의 흐름을 붙잡아준다.

멜라토닌 분비가 줄어든 55세 이상 불면 환자에게 이 약을 투여하자, 잠드는 데 걸리는 시간이 단축되고 수면의 양과 질 모두에서 뚜렷한 개선이 확인되었다. 무엇보다 우리 몸에 원래 존재하는 물질이라 기존 수면제처럼 의존성이나 금단 증상이 거의 없고, 보고된 부작용도 어지럼증이나 가벼운 소화기 증상 정도다. 그래서 불면증 환자에게 서카딘은 '억지로 재우는 약'이 아니라, '몸이 잊어버린 밤의 리듬을 되살려주는 약'으로 다가온다.

실제 환자 사례도 이를 뒷받침한다. 은퇴 후 만성 불면에 시달리던 60대 남성은 여러 수면제를 시도하다 부작용으로 포기했지만, 서카딘 서방정을 복용한 뒤 점차 취침 시간이 앞당겨지고 기상 시 훨씬 더 개운하게 일어날 수 있었다. "약이 억지로 눈을 감게 하는 게 아니라, 몸이 다시 밤을 기억하도록 도와주는 느낌"이라고 그는 표현했다. 또 다른 연구에서는 밤중에 일어나는 야간뇨 때문에 자주 깨어나던 환자들이 서카딘 서방정을 복용 후 밤중 각성 횟수가 줄었다는 결과도 보고되었다. 빨리 잠들게 하는 것에서 나아가, 밤새 푹 잘 수 있도록 수면의 질까지 개선한 것이다.

국내 멜라토닌 시장은 빠른 속도로 성장하고 있다. 2018년 약 55억 원 규모에서 2021년에는 100억 원에 육박하며, 연평균 18% 이상 증가세를 기록했다. 이는 단순한 숫자의 확대가 아니라, 수면의 질에 대한 사회적 관심과 기존 약물의 부작용에 대한 우려가 반영된 결과다. 불면증 치료 패러다임이 점차 '강제로 재우는 약'에서 '리듬을 되살리는 약'으로 이동하고 있다.

서카딘의 특허가 2020년 만료되면서, 라톤을 포함한 국내 제약사들이 경쟁적으로 멜라토닌 서방정 제네릭을 출시했다. 이는 약 가격 인하라는 긍정적 효과를 가져왔지만, '지속 방출 기술'을 얼마나 안정적으로 유지할 수 있느냐 하는 과제가 새롭게 부각되었다. 여러 장점이 있지만 서카딘 서방정 역시 만능은 아니다. 졸피뎀처럼 즉각적인 수면 유도 효과는 기대하기 어렵고, 개인의 생체 리듬에 따라 반응도 달라진다.

어디까지나 멜라토닌은 수면을 돕는 보조자일 뿐이다. 늦은 밤 스마트폰 사용, 불규칙한 취침 시간, 빛 공해 같은 생활 습관과 주위 환경이 그대로라면 약물의 효과는 한계에 부딪힐 수밖에 없다. '멜라토닌은 안전하다'라는 막연한 믿음보다는 생활 습관 교정과 함께 보완적으로 사용할 때, 비로소 약물 의존의 두려움이 아니라 숙면의 든든한 동반자가 될 수 있다.

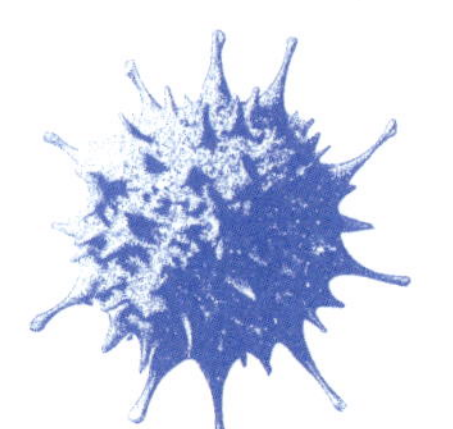

8

뇌 건강을 지켜주는

뇌 질환 치료제

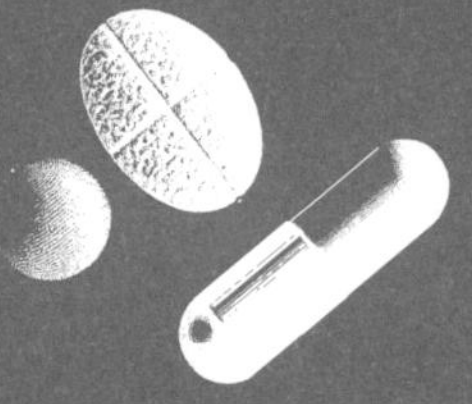

1968년, 파킨슨병 치료의 운명을 바꾼 약

레보도파가 등장했다. 혈액뇌장벽이 도파민을 가로막아

수많은 시도가 실패했지만, 연구자들은 BBB를 통과해

뇌 속에서 도파민으로 전환되는 전구체 약물을 찾아냈다.

그것이 바로 레보도파였다.

침대에 누워 눈조차 힘겹게 깜빡이던 환자가

며칠 만에 일어나 걸음을 떼는 모습은 기적처럼 보였다.

절망을 무너뜨린 이 순간, 한 알의 약이

인간의 뇌와 삶을 되살릴 수 있다는 사실이 증명되었다.

#알츠하이머병 #도네페질 #파킨슨병 #레보도파 #뇌전증 #브롬화칼륨
#페니토인

고령화 시대의 그림자
치매, 파킨슨병, 뇌전증

우리 사회의 인구 구조는 한 세대도 되지 않아 급격히 변했다. 2000년 65세 이상 인구 비중이 7%를 넘어서며 고령화 사회에 진입했고, 2018년에는 14%를 돌파해 고령 사회가 되었다. 2024년에는 20%를 넘어 초고령 사회에 들어섰다. 이는 일본이나 유럽보다 훨씬 빠른 속도로, 전 세계에서 가장 빠른 고령화를 기록한 것이다.

급격한 고령화는 치매와 파킨슨병 같은 퇴행성 뇌 질환의 급증으로 이어지고 있다. 치매는 크게 알츠하이머병과 혈관성 치매로 나뉘는데, 이 중 알츠하이머병이 75%를 차지한다. 치매의 시작은 특별한 사건이 아니라, 일상의 작은 균열에서 드러난다. 아침에 눈을 떴을 때 가족의 얼굴이 낯설어지고, 늘 하던 일의 순서가 흐트러지며 조용히 모습을 드러낸다. 방금 식사를 마쳤는데도 밥을 먹었다는 사실조차 기억하지 못한다.

증상이 진행되면 기억력과 판단력, 이해력, 언어 능력이 무너져 내린다. 사람에 대한 의심이 많아지고, 사소한 일에도 쉽게 화를 내거나 깊은 우울증에 빠지기도 한다. 치매는 더디게 진행되기에 언제부터 병이 시작되었는지조차 알기 어렵다. 그러나 시간이 흐르면 음식을 삼키는 것조차 힘들어지고, 전신 쇠약, 폐렴이 겹치면서 생의 마지막 순간으로 향하게 된다.

알츠하이머병은 한번 시작되면 오랜 시간에 걸쳐 서서히 삶을 무너뜨린다. 국내 연구에 따르면 첫 증상이 나타난 뒤 평균 12년, 진단 이후에는 9년 정도 더 살 수 있다. 나이가 많을수록 예후는 좋지 않지만, 약물이 발전한 덕분에 과거보다 생존 기간은 조금씩 늘고 있다.

흔히 노인에게 나타나는 건망증은 자연스러운 노화 현상이다. 단서가 주어지면 기억을 되살릴 수 있지만, 알츠하이머병은 그와 다르다. 뇌세포 자체가 손상되면서 기억이 통째로 사라져버린다.

이 병이 두려운 까닭은 원인이 불분명하다는 데 그치지 않는다. 알츠하이머병은 긴 시간 조용히 숨어 있다가, 이미 되돌리기 힘든 시점에야 모습을 드러낸다. 겉으로 멀쩡해 보이지만, 증상이 나타날 무렵에는 뇌세포의 상당 부분이 손상된 뒤라 치료 효과도 제한적일 수밖에 없다.

알츠하이머병은 서서히 스며드는 병이다. 그래서 흔히 '기나긴 작별'이라 부른다. 기억과 자의식이 하나둘 무너지면서 마지막에는 사람의 모든 것이 사라져간다. 가족조차 알아보지 못하고, 끝내는 자기 자신이 누구인지조차 잊어버리는 병. 그래서 치매는 '세상에서 가장 슬픈 병'이라 불린다. 보건복지부「2023 치매 역학 조사 및 실태조사」에 따르면 2026년에는 65세 이상 노인 가운데 치매 환자가 100만 명을 넘고, 2030년이면 120만 명을 넘어설 것으로 예상한다. 급격히 고령화되는 사회에서 치매는 더 이상 남의 이야기가 아니다.

치매와 함께 또 다른 고령화의 대표 질환은 파킨슨병이다. 파킨슨병은 뇌에서 도파민을 만드는 신경세포가 점차 사라지면서 생기는 질환이다. 도파민은 우리가 몸을 원하는 대로 움직일 수 있게 돕는 핵심 물질인데, 이것이 줄어들면 움직임이 느려지고 근육이 뻣뻣해지며 손발이 떨리고 자세가 불안정해진다.

초기에는 글씨체가 작아지거나 얼굴이 굳어지는 정도로 시작되지만, 시간이 흐를수록 일상적인 동작조차 어렵게 만든다. 셔츠 단추를 채우거나 젓가락질하는 사소한 행동이 환자에게는 큰 장벽이 된다. 치매처럼 점진적으로 진행되기 때문에 조기 발견과 꾸준한 관리가 무엇보다 중요하다.

우리나라의 파킨슨병 환자 수는 매년 증가하고 있다. 건강보험심사평가원 통계에 따르면 2017년 10만 명을 넘어선 이후 꾸준히 늘어나 2024년에는 약 14만 3,000명에 이르렀다. 특히 연령대별

파킨슨병을 앓고 있는 것으로 묘사된 남성의 정면 및 측면도. 치매와 함께 또 다른 고령화의 대표 질환인 파킨슨병은 우리가 몸을 원하는 대로 움직일 수 있게 돕는 핵심 물질인 도파민이 줄어들면서 파킨슨 증상(느림, 떨림, 강직, 자세 불안)이 나타난다. 파킨슨병은 이 질환을 처음 보고한 영국인 의사 제임스 파킨슨James Parkinson의 이름에서 따왔다. 덩샤오핑, 무하마드 알리 등이 이 병으로 세상을 떠났다. ⓒChristian Archibald Herter

분포를 보면 60대가 20%, 70대가 38%, 80대 이상이 34%를 차지한다. 환자의 90% 이상이 노인층이라는 사실은, 파킨슨병이 고령화 사회의 깊은 그늘을 그대로 비춘다는 증거다.

문제는 이것이 환자 개인의 삶의 질만 떨어뜨리는 데 그치지 않는다는 점이다. 파킨슨병 환자의 상당수는 치매 같은 다른 신경 질환을 함께 겪는다. 이 때문에 치료와 간병 부담은 배가되고, 가족 전체의 삶에도 깊은 영향을 미친다. 환자를 돌보는 가족들은 정신적·경제적 부담에 시달리고, 사회적으로도 의료·복지 비용이 급격히 늘어난다. 이미 선진국에서는 파킨슨병을 '치매 다음으로 준비해야 할 노인성 뇌 질환'으로 보고 장기 대책을 마련하고 있다.

현재까지 파킨슨병을 완치할 방법은 없다. 줄기세포 치료나 유전자 치료 같은 차세대 치료법이 연구되고 있지만, 아직 임상 현장에 적용되기에는 시간이 필요하다. 그럼에도 약물 치료와 물리·재활 치료를 꾸준히 병행하면 병의 진행을 늦추고 일상생활의 불편을 줄일 수 있다. 이처럼 파킨슨병은 단순한 의학적 과제를 넘어, 고령화 사회에서 우리가 어떻게 노년의 존엄과 삶의 질을 지켜낼지 근본적인 물음을 던진다.

뇌전증은 뇌 신경세포가 갑자기 과도하게 흥분하면서 생기는 질환이다. 의식을 잃고 쓰러지거나 팔다리가 뻣뻣해지고 경련을 일으키는 발작seizure이 대표적이다. 본래 영어로 seizure는 '붙잡다'라는 뜻인데, 옛사람들은 발작을 보며 악령이 영혼을 붙잡았다고 믿었다. 그래서 발작이 있으면 오랫동안 신의 벌, 초자연적인 저주로 차별받았다.

하지만 오늘날 그 비밀이 풀렸다. 뇌 신경세포가 주고받는 전기 신호가 비정상적으로 흐를 때 발작이 일어난다는 사실이 밝혀진 것이다. 발병 연령은 U자 곡선을 그린다. 10세 미만 소아에게서는 열성 경련이나 발달 과정의 문제로, 70세 이상 노인에게서는 뇌졸중·치매·종양 같은 뇌 질환이 원인이 된다. 그럼에도 뚜렷한 원인을 찾지 못하는 경우가 전체 환자의 30~40%나 된다.

현재 우리나라에는 약 37만 명의 환자가 있는 것으로 추산된다. 병원을 찾아 치료받는 인원은 약 15만 명이지만, 사회적 편견 때문에 병을 숨기는 환자가 그만큼 많다는 뜻이다. 발작은 언제, 어디서든 불시에 찾아와 환자와 가족의 일상을 뒤흔든다. 그러나 절망만 있는 것은 아니다. 꾸준한 약물 치료와 생활 관리로 환자의 70%가량은 발작을 효과적으로 조절할 수 있다. 발작은 더 이상 두려움의 병도, 낙인의 대상도 아니다. 과거 '발작'이라고 불리던 병명이 '뇌전증'으로 바뀌며 사회적 인식도 한층 성숙해졌다.

치매, 파킨슨병, 뇌전증은 완치하기 어려운 만성 뇌 질환이지만, 약물 치료로 증상을 조절하고 진행을 늦출 수 있다. 치매는 기억과 인지 기능이 무너져내리는 병으로 신경전달물질 보충이 필요하고, 파킨슨병은 도파민 부족으로 몸이 굳어가기에 도파민 보충이나 분해 억제가 핵심이다. 뇌전증은 뇌세포의 과흥분이 원인이므로, 과도한 신경 신호를 억제해 뇌 기능을 안정시킨다. 현대사회에서 고령화는 피할 수 없는 현실이지만, 치매·파킨슨병·뇌전증은 어떻게 준비하느냐에 따라 삶의 방향이 달라질 수 있다.

신자유주의 쌍두마차 레이건과 대처, 알츠하이머의 아이러니

20세기 후반 세계사의 무대에 두 거인이 등장했다. 미국의 로널드 레이건Ronald Reagan과 영국의 마거릿 대처Margaret Thatcher다. 출신과 성장 배경은 달랐지만, 두 사람은 하나의 신념으로 연결되었다. 시장의 자유를 극대화하고 국가의 개입을 최소화한다는 신자유주의였다.

레이건은 1981년 대통령에 취임하며 "정부는 해결책이 아니라 문제"라는 선언으로 미국 사회를 뒤흔들었다. 감세와 규제 완화, 공공부문 축소로 상징되는 '레이거노믹스'는 미국 경제의 지형을 바꾸었다.

대처는 1979년 영국 최초의 여성 총리가 되었다. '철의 여인'이라 불린 그녀는 강성 노조를 제압하고 국영기업을 민영화했으며, 복지국가의 전통을 과감히 축소했다. 그녀의 정책은 '대처리즘'이라는 이름으로 불리며 영국 사회의 체질을 근본적으로 바꾸었다.

1980년대, 두 사람은 신자유주의의 쌍두마차로 세계사를 질주했다. 냉전 종식과 더불어 '작은 정부, 큰 시장'이라는 그들의 철학은 국경을 넘어 확산되었고, 금융 자유화와 노동 유연화, 민영화의 물결로 이어졌다. 오늘날까지도 세계 경제 곳곳에는 여전히 그들의 그림자가 드리워져 있다.

그러나 역사는 언제나 아이러니를 품고 있다. 세계 질서를 새로짜며 냉전 이후의 시대를 설계한 두 거인은 권좌에서 물러난 뒤 똑같이 알츠하이머에 쓰러졌다. 냉전의 균열을 메우고 세계화를 밀어붙인 주역이지만, 정작 그들의 말년은 기억을 잃어가는 긴 어둠 속에서 흘러갔다. 한 시대를 지배하며 역사를 새긴 주인공들이, 자신의 기억과 정체성마저 지켜내지 못한 것이다.

레이건은 알츠하이머에 대한 대중의 경각심을 높이고자, 국민에게 보내는 공개편지 「나의 사랑하는 미국인들에게」를 남겼다. 그는 "알츠하이머는 기억을 앗아가는 동시에 가족이 무거운 짐을 짊어지게 된다. 나는 아내 낸시가 그 고통에서 벗어나길 바란다"라고 고백했다. 이어 "나는 인생의 황혼으로 향하는 여정을 시작하지만, 미국의 앞날에는 언제나 밝은 새벽이 있을 것임을 믿는다"라고 덧붙였다. 자신을 대통령으로 선택해준 국민에게 깊은 감사를 전하며 편지를 마무리했다.

대처도 다르지 않았다. 총리 시절 날카로운 언변과 강단 있는 카리스마로 정적을 제압하던 '철의 여인'은 점차 기억의 세계에서 멀어져갔다. 사소한 일정을 잊는 것으로 시작해 가까운 동료와 측근조차 알아보지 못한다는 보도가 이어졌고, 언론은 "강철 같은 의지가 서서히 녹슬어간다"라고 표현했다.

그녀는 여생 동안 여러 차례 알츠하이머 증세로 고통을 겪었으며, 공식 석상에 모습을 드러내는 일도 드물어졌다. 2013년 뇌졸중으로 세상을 떠날 때 이미 알츠하이머는 그녀의 삶과 기억을 깊이 지배하고 있었다.

냉전의 균열을 메우고 세계화를 밀어붙인 두 사람의 병력은 단순한 개인의 불행으로만 볼 수 없다. 신자유주의를 앞세워 국가의 울타리를 허문 이들은, 정작 말년에는 뇌세포가 무너져 혼돈 속으로 빠져들었다. 역사가들은 이 장면을 두고 "기억의 자유조차 지키지 못한 설계자들"이라 말했다. 더불어 오늘날 신자유주의는 초기의 성장에도 불구하고 불평등과 사회적 균열을 심화시켰다는 평가가 주류다. 레이건과 대처의 정책 역시 성장의 논리에 가려진 사회적 비용을 초래했다는 비판이 더욱 힘을 얻고 있다. 세계 경제 질서를 새롭게 바꾼 지도자들이 복지와 규제의 안전망을 해체했듯이, 알츠하이머는 인간의 가장 소중한 자산인 기억과 자의식을 지탱하는 장치를 무참히 허물어버렸다.

한 시대를 풍미한 레이건도, 대처도 알츠하이머를 피하지 못했다. 알츠하이머는 특정한 사람에게만 찾아오는 병이 아니다. 누구에게나 닥칠 수 있고, 나이가 들수록 그 가능성은 더 높아진다. 이를 예방하기 위해서는 생활 습관 관리가 무엇보다 중요하다. 걷기, 조깅, 자전거 타기 같은 유산소 운동은 뇌 혈류를 늘려 기억을 담당하는 해마를 지킨다. 주 3~5회, 하루 30분만 꾸준히 걸어도 알츠하이머 위험을 낮출 수 있다는 연구가 있다.

특히 달리기 같은 유산소 운동은 뇌에서 새로운 신경세포가 만들어지는 '신경세포 신생'을 촉진해, 노화로 줄어드는 뇌세포를 보충하는 효과가 있다는 연구도 보고되었다. 여기에 근력 운동까지 병행하면 근육을 유지할 뿐 아니라 주의력과 실행 능력까지 개선된다.

알츠하이머를 예방하는 방법은 멀리 있지 않다. 매일 걷는 몇 걸음, 얼마간의 근력 운동, 그리고 즐겁게 몸과 머리를 함께 쓰는 활동이 뇌를 지키는 가장 확실한 처방이다. 뇌 건강의 소중함을 깨닫고, 노년의 존엄을 지키기 위한 준비를 지금부터 시작해야 한다.

작은 관찰에서 시작된 거대한 도전, 알츠하이머 100년

1906년 독일 뮌헨의 정신과 의사 알로이스 알츠하이머Alois Alzheimer는 한 여성 환자의 사례를 학회에 보고했다. 이름은 아우구스테 데터, 당시 51세였다. 그녀는 기억을 잃고 언어가 어눌해지며, 의심과 불안에 시달렸다. 증상이 심해지면서 일상에서 정상적인 대화조차 이어가지 못했다. 알츠하이머는 그저 나이 탓으로 치부하기엔 이 환자가 뭔가 특별하다고 느꼈다.

4년 뒤 그녀가 사망하고 그는 뇌를 부검해 정밀하게 관찰했다. 그러자 충격적인 장면이 눈앞에 펼쳐졌다. 대뇌 피질은 눈에 띄게 위축되어 있었고, 특이한 흔적들이 남아 있었다. 세포 밖에는 아밀

알츠하이머 질환을 처음으로 발견한 알로이스 알츠하이머. 치매의 가장 흔한 형태이며 치매 환자의 75%가 알츠하이머병이다. 미국 대통령 로널드 레이건, 노벨 문학상 수상 작가 가브리엘 마르케스, 영국 총리 마거릿 대처 등이 알츠하이머로 고생하다 세상을 떠났다. 노년 인구 증가와 함께 급격히 증가하고 있으며, 2050년에는 전 세계에서 1억 5,300만 명이 될 것으로 추정한다. ⓒNational Library of Medicine

로이드 단백질이 덩어리amyloid plaques처럼 쌓여 있었고, 세포 안에는 타우 단백질tau protein이 꼬여 만든 신경 섬유 다발이 넝쿨처럼 얽혀(타우 단백질 엉킴) 있었다. 이것이 바로 오늘날 '알츠하이머병'이라 부르는 병의 정체였다.

이후 뇌과학은 알츠하이머병의 퍼즐을 조금씩 맞춰나갔다. 1970~80년대 연구자들은 환자의 뇌에서 아세틸콜린acetylcholine이라는 신경전달물질이 급격히 줄어든다는 사실을 밝혀냈다. 아세틸콜린은 기억을 저장하고, 집중을 유지하는 데 핵심적인 역할을 한다. 그렇다면 이를 되살릴 방법은 없을까?

알츠하이머병 치료제의 역사는 시행착오의 연속이었다. 한때는 뇌 순환을 돕는 약이나 대사를 개선한다는 약들이 쓰였다. "뇌 혈류를 늘리면 기억이 되살아나지 않을까?" 하는 기대였다. 그러나 임상 시험의 결론은 냉정했다. 인지기능 개선 효과는 거의 없거나 미미했다.

뇌과학자들은 알츠하이머병의 원인으로 뇌에 쌓이는 아밀로이드 단백질과 타우 단백질의 엉킴을 주목한다. 그러나 이것도 어디까지나 가설에 가깝다. 아밀로이드 축적이 원인인지, 결과인지조차 명확하지 않다. 타우 단백질 역시 병리 과정과 인지기능 저하 사이의 정확한 연결 고리는 여전히 논란 중이다. 이처럼 뚜렷한 원인이 규명되지 않아, 임상적으로 의미 있는 효과를 보인 약물을 개발하기는 쉽지 않았다.

전환점은 1990년대에 찾아왔다. 알츠하이머 환자의 뇌에서 신경전달물질 아세틸콜린이 급격히 줄어든다는 사실이 밝혀지면서, 이를 붙잡으려는 약물이 개발된 것이다. 아세틸콜린은 학습과 기억을 담당하는 신경 회로에서 중요한 역할을 하는데, 이 물질이 부족해지면 새로운 정보를 저장하거나 집중하는 능력이 현저하게 떨어진다.

이런 배경에서 등장한 약이 바로 도네페질donepezil이다. 아리셉트Aricept라는 제품명으로 알려진 이 약은 아세틸콜린을 분해하는 효소(아세틸콜린 에스터라제acetylcholinesterase)를 억제함으로써 뇌 속의 신경전달을 유지한다. 복용 후 일정 기간 환자의 인지 능력이 개선되거나, 최소한 더 급격히 떨어지지 않도록 돕는 효과가 확인되었다.

도네페질의 성공은 알츠하이머병 치료의 새로운 장을 열었다. 뒤이어 리바스티그민rivastigmine과 갈란타민galantamine 같은 약이 잇달아 개발되었다. 엑셀론Exelon이라는 제품명으로 나온 리바스티그민은 경구제뿐 아니라 피부에 붙이는 패치 형태로도 사용된다. 레미닐Reminyl이라는 제품명으로 나온 나온 갈란타민은 아세틸콜린 분해 억제뿐 아니라 니코틴 수용체를 조절해 신경 신호를 강화하는 이중 기전을 가진다.

이 약들이 병의 진행을 완전히 막을 수는 없다. 그러나 인지기능 저하를 늦추고, 환자와 가족이 함께할 수 있는 시간을 조금이라도 더 확보해준다는 점에서 그 가치는 분명하다.

알츠하이머병은 발병 후 3년이 지나면 환자의 상태가 빠르게 악화되어, 가족이 집에서 돌보기가 힘들 정도로 심해진다. 그러나 조기에 발견해 약물 치료를 꾸준히 받으면 상황이 달라진다. 5년이 지나도 가족과 함께 일상생활을 이어갈 수 있고, 환자를 돌보는 가족의 부담을 덜어주는 일이기도 하다.

현재 알츠하이머 연구는 의학계에서 가장 활발한 분야 중 하나다. 2025년 기준, 전 세계에서 182개 후보 물질을 대상으로 138건의 임상 시험이 진행 중이다. 이 가운데 안전성과 효과를 최종적으로 확인하는 임상 3상 단계의 약물만 31개에 달한다. 기존의 베타 아밀로이드와 타우 단백질 가설에 근거한 치료제는 물론, 면역·시냅스 기능 회복과 신경 염증 조절 같은 새로운 기전의 신약 개발로 확장되고 있다.

100여 년 전, 한 의사의 집요한 호기심에서 비롯된 세심한 관찰은 오늘날 알츠하이머 연구의 출발점이 되었다. 이제는 한때 공상처럼 여겨지던 수많은 신약 후보가 실제 임상 시험 무대에 오르고 있다. 그것만으로도 인류가 난제에 맞서 한 걸음 더 나아가고 있음을 보여주는 희망의 신호다. 알츠하이머병은 여전히 풀리지 않은 거대한 수수께끼지만, 도전은 멈추지 않는다. 그리고 그 도전 속에서 조금씩, 그러나 확실히 미래를 향해 나아가고 있다. 치매에서 시작된 뇌 질환 치료제의 여정은, 곧 또 다른 거대한 도전인 파킨슨병으로 이어진다.

두 거인을 흔든 작은 떨림,
파킨슨병

"나비처럼 날아서 벌처럼 쏜다." 무하마드 알리_{Muham-}

mad Ali를 상징하는 이 말은 단순한 수사가 아니라 그의 삶 그 자체였다. 기독교 가정에서 태어나 이슬람으로 개종한 그는 통산 56승 5패, 세 차례나 세계 헤비급 챔피언에 오른 전설적인 복서다. 링 위에서의 화려한 발놀림과 강력한 펀치는 관중을 열광시켰고, 그는 누구도 넘볼 수 없는 세계 챔피언으로 군림했다. 그러나 알리는 단지 복서에 머무르지 않았다.

1967년, 알리는 베트남전쟁 징집을 거부했다. "나는 양심의 명령을 따를 뿐이다." 확고한 종교적 신념과 반전의 소신은 그에게 혹독한 대가를 안겼다. 유죄 판결, 타이틀 박탈, 그리고 복싱계에서의 추방. 그러나 그는 굴하지 않았다. 다시 링에 서서 세계의 주목을 받았고, 1976년 내한해 서울에서 카퍼레이드를 벌이며 우리나라 팬들에게도 강렬한 인상을 남겼다. 권투의 왕관을 넘어 인권의 투사로서 그는 세계인 앞에 섰다.

1981년 은퇴한 그는 불과 3년 뒤 파킨슨병 진단을 받았다. '작은 떨림'으로 시작된 병은 세기의 복서를 링 밖으로 밀어냈지만, 그의 존재감까지 지워내지는 못했다. 알리는 투병 중에도 장애인 인권, 흑인 인권, 종교적 관용 같은 사회적 약자를 위한 목소리를 높이며 꺼지지 않는 불꽃처럼 살았다. 세계 챔피언이자 인권의 전사, 그리고 파킨슨병과 끝까지 맞선 인간. 그의 흔적은 여전히 살아 있으며, 사람들에게 인간의 강인함과 유한함을 동시에 일깨운다.

"검은 고양이든 흰 고양이든 쥐만 잘 잡으면 된다." 덩샤오핑鄧小平의 흑묘백묘론은 중국 현대사를 뒤흔든 실용주의의 상징이었다. 이념보다 민생을, 구호보다 실용을 앞세운 그의 철학은 중국을 개혁·개방의 길로 이끌었고, 20세기 후반 세계 질서를 재편한 거대한 동력이 되었다.

샤오핑小平이라는 이름은 작고 평범하다는 뜻을 담고 있다. 그러나 역설적으로 작은 체구(150cm대)에 불과한 그는 세계 질서를 뒤흔든 거인으로 기억된다. 대장정에 참여하고, 문화대혁명의 광풍 속에서 두 차례나 실각하고도 다시 복귀한 그는 '오뚜기'라 불렸다. 마오쩌둥 사후 1978년 권좌에 복귀한 그는 집요한 생명력과 강인한 의지의 화신이었다. "가난은 사회주의가 아니다"라는 서늘한 선언과 함께 중국의 문을 세계에 활짝 열었다. 멈췄던 공장은 재가동되었고, 침묵하던 시장은 활기를 되찾았다. 그는 '개혁개방의 총설계사'로 불리며 변화의 상징으로 자리 잡았다.

그러나 세월은 이 작은 거인에게도 잔혹한 시련을 안겼다. 1980년대 말, 파킨슨병은 그의 손을 떨리게 했고, 걸음을 더디게 만들었다. 10억이 넘는 인구를 지휘하던 강철 같은 카리스마가, 몸 하나 뜻대로 움직이지 못하는 신경 퇴행성 질환 앞에서 무너졌다. 중국의 항로를 바꾼 결단력 있는 손이, 이제는 젓가락조차 제대로 쥘 수 없게 된 것이다. 세계적 실력자가 뇌신경세포의 파괴라는 불가항력 앞에서 흔들리는 장면은 인간의 위대함과 한계를 동시에 보여주는 역설이었다.

덩샤오핑은 정치 무대 전면에서 물러났지만, 그의 개혁은 되돌릴 수 없는 물줄기로 중국을 바꾸어놓았다. 오늘의 중국은 여전히 그의 영향력 속에서 움직인다. 한 인간의 강철 같은 신념과 병든 육체, 거대한 업적과 불가항력의 질병이 교차하는 그의 삶은 역사를 만든 한 시대의 거울이다. 동시에 유한한 존재일 수밖에 없는 인간 실존의 비극적인 초상으로 남아 있다.

무하마드 알리와 덩샤오핑. 한 사람은 링 위에서, 한 사람은 세계 정치 무대에서 군림했다. 그러나 그들의 삶은 영광만이 아니라, 파킨슨병과의 치열한 싸움이기도 했다. 미세한 떨림은 나약함이 아니라, 유한한 육체를 지닌 인간이 남긴 마지막 투쟁의 흔적이었다.

혈액뇌장벽을 넘어선 약,
레보도파

19세기 초 런던은 산업혁명의 소용돌이 속에 있었다. 증기기관이 거리를 달리고 인구는 급격히 불어나며, 빈곤과 전염병이 뒤섞인 혼란의 도시였다. 이때 런던 북부의 작은 거리를 오가

며 환자를 돌보던 한 개업의가 있었다. 제임스 파킨슨James Parkinson
이 그의 이름이다.

그는 의사였을 뿐 아니라, 화석과 지질학에 깊은 관심을 가진
자연철학자였다. 또 정치 개혁을 주장하던 사회운동가이기도 했
다. 그는 의학을 넘어선 다양한 분야에 눈을 돌렸지만, 무엇보다
눈앞에서 고통받는 환자들의 모습을 세심하게 관찰하는 데 천부
적인 재능이 있었다.

1817년 파킨슨은 의학사에 길이 남을 얇은 책 한 권을 세상에
내놓았다. 바로 『진전 마비에 대하여An Essay on the Shaking Palsy』다. 이
책은 단순히 병의 증상을 나열한 의학 보고서가 아니었다. 파킨슨
은 런던 거리와 자신의 진료실에서 만난 환자들의 삶을 관찰하며
그들의 떨리는 손, 굳어가는 얼굴, 점점 좁아지는 걸음걸이를 세밀
하게 기록했다.

환자들은 처음엔 손끝이 가볍게 떨리는 것으로 시작했다. 하지
만 시간이 갈수록 떨림은 팔다리로 번지고, 얼굴 표정은 굳어지고,
목소리는 작아졌다. 글씨는 잔뜩 움츠러들어 읽기 어려워지고 걸
음걸이는 리듬을 잃고 불규칙하게 흔들렸다. "떨림과 마비가 동시
에 진행되는 독특한 질환"이라고 파킨슨은 묘사했다.

당시만 해도 의학계에서는 이 병의 원인이나 치료 방법을 알지
못했다. 그러나 파킨슨의 날카로운 기록은 후대 과학자들에게 결
정적인 단서를 남겼다. 60여 년 뒤, 프랑스의 신경학자 장 마르탱
샤르코Jean Martin Charcot는 이 병을 다시 정리하면서 파킨슨의 이

름을 붙였다. 이렇게 '파킨슨병Parkinson's disease'이라는 용어가 탄생했다.

파킨슨병은 중뇌 흑질의 신경세포가 파괴되면서 도파민 분비가 줄어드는 데서 비롯된다. 도파민은 우리 뇌가 몸을 매끄럽게 조율해 움직이도록 돕는 신경전달물질이다. 지나치게 많으면 환각이나 도취를 불러오지만, 부족하면 몸의 떨림과 경직, 곧 파킨슨병으로 이어진다.

1957년 파킨슨병과 도파민의 연관성이 밝혀지자, 연구자들은 곧바로 도파민을 직접 투여하는 방법을 시도했다. 그러나 결과는 실패였다. 도파민이 뇌에 들어가지 못했기 때문이다. 뇌에는 특별한 방어막, 혈액뇌장벽BBB, blood brain barrier이 있다. 소중한 뇌를 보호하기 위해 다른 혈관보다 세포가 치밀하게 배열되어 있어, 외부의 유해 물질이 쉽게 침투하지 못한다. 문제는 이 장벽이 도파민마저 가로막는다는 사실이었다.

이에 뇌과학자들은 새로운 길을 찾았다. BBB를 통과한 뒤 뇌 속에서 도파민으로 전환되는 물질, 곧 전구체 약물을 개발한 것이다. 이 돌파구 덕분에 파킨슨병 치료가 비로소 가능해졌다.

1968년 레보도파levodopa의 등장은 파킨슨병 치료를 완전히 바꾸어놓았다. 침대에 누워 눈을 깜빡이는 것조차 힘들던 환자가 며칠 만에 일어나 걷는 모습은 기적처럼 보였다. 레보도파는 뇌 속에서 도파민으로 전환되어 부족한 신경전달물질을 보충한다.

그러나 대부분의 약물이 뇌에 도달하기 전에 혈액 속에서 도파민으로 변해 약효가 사라진다는 것이 문제였다. 뇌에 도달하는 양은 고작 1~5%에 불과했다. 나머지는 말초에서 도파민으로 전환되며 구역질, 두근거림, 심지어 충동 조절 장애 같은 부작용을 일으켰다.

해결책은 의외로 단순했다. 레보도파와 함께 말초 효소 억제제인 카비도파carbidopa나 벤세라지드benserazide를 병용하는 것이다. 이렇게 하자 부작용은 줄고, 더 많은 약물이 뇌에 도달해 치료 효과는 극대화되었다. 실제 임상에서는 이들을 한 알에 담은 복합제가 표준 치료로 널리 사용된다. 레보도파의 등장은 단순한 약물 개발을 넘어, 뇌과학과 약학의 집요한 도전이 어떻게 환자의 삶을 바꿀 수 있는지 보여주는 역사적 사건이었다.

레보도파와 효소 억제제의 결합은 파킨슨병 치료에 혁신을 가져왔지만, 시간이 흐르면서 또 다른 벽에 부딪혔다. 약효가 오래가지 않는 약효 소실 현상이 나타난 것이다. 복용 초기에는 반나절 이상 지속되던 효과가 점점 짧아져, 몇 년이 지나면 두 시간 남짓으로 줄어들었다.

여기에 더해 온·오프 현상도 문제였다. 약효가 있을 때는 정상에 가깝게 움직이던 환자가 갑자기 몸이 굳어 서 있지도 못하고 떨며 주저앉는 일이 반복되었다. 마치 전등 스위치가 켜졌다 꺼지듯, 예고 없는 변화는 환자를 불안하게 했다. 일상 속 사소한 순간조차 위험으로 바뀔 수 있었다.

그래서 오늘날 레보도파는 여전히 가장 강력한 치료제이지만,

장기 복용에 따른 부작용을 고려해 젊은 환자, 특히 60세 이하에서는 가급적 사용을 늦추는 것이 좋다.

파킨슨병은 직접적으로 생명을 위협하는 질환은 아니다. 그러나 파킨슨병의 진행 과정에서 발생하는 폐렴, 욕창, 요로감염 같은 합병증이 심각한 위험을 초래한다. 병의 진행은 느리지만 피할 수 없는 길이다. 치료 목적은 완치가 아니라 알츠하이머와 마찬가지로 일상과 사회생활을 오래 지켜내는 데 있다. 레보도파 같은 약물은 그 돌파구를 마련했지만, 시간이 지나면 한계에 부닥친다. 그때는 심부 뇌 자극술 같은 수술이 새로운 선택지가 된다.

세계 챔피언의 탄탄한 근육도 파킨슨병을 막아내지 못했다. 중요한 것은 병을 늦게 알아차리는 것이 아니라, 일찍 발견해 꾸준히 관리하는 것이다. 파킨슨병은 고령화 시대가 우리에게 던지는 현실적 도전이다. 건강한 노후란 몸뿐 아니라 뇌까지 지켜내는 일, 우리가 함께 풀어야 할 과제다. 신경이 쇠약해지는 질환을 살폈다면, 이번에는 반대로 신경 전류가 갑자기 폭발하는 뇌전증으로 시선을 돌려보자.

러시아 대문호와 후기 인상파 화가의 간질

러시아 대문호 표도르 도스토옙스키Fyodor Dostoevsky는 평생 간질과 함께 살았다. 뇌 발작은 그에게 고통이었지만, 동시에 문학적 영감의 원천이기도 했다. 그는 황홀한 순간과 파멸적 절망을 동시에 맛보며, 인간 존재의 모순을 누구보다 깊이 체험했다.

그의 대표작 『카라마조프가의 형제들*The Brothers Karamazov*』에는 간질 환자 스메르자코프가 등장한다. 그는 서자라는 신분과 병의 굴레에서 흔들리며, 아버지 살해 사건의 중심에 선다. 이 인물은 도스토옙스키 자신의 그림자이자, 인간 내면의 심연을 드러내는 장치라 할 수 있다.

소설은 단순한 추리적 흥미를 넘어, 인간의 근본적인 물음에 맞선다. "과연 신이 있느냐 없느냐?"라는 아버지 표도르의 질문에 둘째 아들 무신론자 이반과 막내아들 유신론자 알료샤의 주장이 대비를 이룬다. 이들의 대립은 도스토옙스키 자신이 평생 씨름한 신에 관한 치열한 사색이다. 특히 소설 속의 16세기 스페인의 세비야를 배경으로 이반이 쓴 극시 「대심문관大審問官」 장면은 이 작품의 백미로 신과 인간에 대한 깊은 사유를 담고 있다. 인간의 자유와 신의 침묵, 권력의 본질을 정면으로 다룬 이 이야기는 한 세기가 지난 오늘날에도 여전히 생생한 질문을 던진다.

『카라마조프가의 형제들』은 살인사건을 다루지만, 그 속에 담긴 의미는 심오하다. 이반은 당시 러시아 사상계를 강타한 서유럽의 무신론과 합리주의에 영향을 받았다. 그는 "신이 없다면 모든 것이 허용된다"라는 생각을 하게 된다. 신이 도덕의 근원이라면, 신 없는 세상에서는 살인조차 죄가 아니라는 논리였다.

아버지 표도르가 살해되자 이 생각은 현실이 된다. 범인은 서자 스메르자코프였다. 그는 간질 발작을 알리바이로 삼아 법망을 피해갔지만, 마지막에는 양심의 무게에 짓눌려 스스로 목숨을 끊는다. 이반 역시 스메르자코프를 부추겼다는 죄책감에 시달린다. 작가 자신도 평생 간질에 시달렸지만, 그 고통을 문학으로 승화시켰다.

도스토옙스키에게 간질은 치명적인 질병이었지만, 동시에 인간과 신, 선과 악을 탐구하게 만든 문학적 통로였다. 『카라마조프가의 형제들』은 그 고통이 남긴 가장 깊은 흔적이자, 지금도 "우리는 무엇을 믿고 살아야 하는가?"라는 물음을 되새기게 하는 인류의 지혜를 담은 고전이다.

후기 인상파 화가 빈센트 반 고흐Vincent van Gogh는 불꽃 같은 창작 열정과 불안정한 정신세계를 가진 예술가다. 1888년 겨울, 그는 남프랑스 아를에서 함께 지내던 친구 폴 고갱Paul Gauguin과 격렬하게 다투었다. 얼마 후 흥분한 고흐는 면도칼을 집어 들어 자신의 귀를 잘랐다고 한다. 피투성이가 된 채 발견된 고흐는 병원으로 실려갔고, 당시 의사들은 그에게 간질 진단을 내렸다.

고흐는 사건의 구체적인 경위를 거의 기억하지 못했다. 발작과 망상, 흥분이 뒤엉킨 상태에서 그에게는 현실과 환각의 경계가 무너져 있었다. 그러나 며칠 뒤 진정되자 그는 곧바로 붓을 들었다. 귀에 붕대를 감고 파이프를 문 자신의 모습을 자화상으로 남긴 것이다. 고통조차도 그림으로 바꾸는 집요한 창작 본능, 그것이 고흐

빈센트 반 고흐의 〈별이 빛나는 밤〉, 1889년 작. 고흐가 프랑스 생레미 정신병원에서 그린 작품으로, 밤하늘의 소용돌이치는 모습과 숭고한 분위기가 특징인 후기 인상주의 풍경화다. 정신병원에 있던 고흐의 고통과 혼란을 표현한 것으로 보이며, 동시에 굴하지 않는 예술혼과 희망을 상징하는 것으로 해석된다.

었다.

오늘날 학계는 그의 병을 간질 하나로만 규정하지 않는다. 조울증, 조현병, 알코올 중독 등 다양한 해석이 제기된다. 하지만 분명한 것은 병이 그의 삶을 파괴한 동시에 예술적 영감의 원천이 되었다는 사실이다. 간질 발작 직전의 황홀한 순간을 그는 강렬한 색채와 격정적인 붓질로 화폭에 담았고, 그것은 〈별이 빛나는 밤The Starry Night〉 같은 불멸의 작품으로 남았다.

19세기 말, 도스토옙스키와 고흐에게 간질은 삶을 갉아먹는 고통이었지만 동시에 창작의 불씨가 되었다. 당시 의사들이 처방한 약은 브롬화칼륨potassium bromide이었다. 1857년 간질 치료에 처음 사용한 뒤, 무려 한 세기 동안 사용된 거의 유일한 항간질제였다. 과도하게 흥분된 신경을 억제해 발작을 완화했지만, 심한 졸림과 피로, 정신 혼미 같은 부작용을 동반했다.

이후 다양한 항간질제가 개발되며 브롬화칼륨은 역사의 뒤안길로 사라졌다. 하지만 당시로서는 환자들에게 주어진 거의 유일한 희망이었다. 도스토옙스키와 고흐 역시 이 약 덕분에 일시적으로 발작에서 벗어났고, 잠깐 회복한 동안 고통은 문학과 그림으로 승화되어 불멸의 자취를 남겼다. 브롬화칼륨은 치료의 한계를 드러내면서도, 절망 속에서 새로운 예술적 감각으로 이어지는 매개가 되었다.

뇌 속 전기 폭풍을
가라앉힌 약

브롬화칼륨의 한계가 드러나던 시기, 1912년 독일에서 합성된 페노바르비탈phenobarbital이 새로운 길을 열었다. 강력한 수면 효과와 함께 발작을 억제하는 이 약은 당시 "인류가 손에 넣은 첫 현대적 항간질제"라 불렸다.

그러나 빛은 길지 않았다. 발작은 줄었지만, 환자들은 깊은 졸음에 갇혔고, 장기 복용 시 의존성과 기억·인지 저하라는 대가를 치러야 했다. 그럼에도 일부 지역에서 계속 쓰였다는 사실은, 그만큼 당시 환자에게 '대안'이 부족했음을 보여준다.

항간질제 역사의 흐름을 바꾼 약은 페니토인phenytoin이다. 1938년 미국 제약사 파크-데이비스Parke-Davis가 출시한 이 약은 발작 억제 효과가 탁월했을 뿐 아니라, 환자를 깊은 졸음에 빠뜨리지 않았다. 세계 최초의 뇌파EEG, Electroencephalography 연구실에서 진행된 실험을 통해 밝혀진 이 특성은 간질 치료의 판도를 바꾸었다.

무엇보다 중요한 변화는, 페니토인이 환자에게 '졸음 없는 삶'과 '사회로의 복귀'를 가능하게 했다는 점이다. 간질 치료가 단순한 생존의 연장에서, 비로소 삶의 회복을 향해 나아간 결정적 전환점이었다.

1960년대 프랑스 리옹에서 박사과정에 있던 연구자 피에르 에이마르Pierre Eymard는 새로 합성한 화합물의 항간질 효과를 시험하고 있었다. 그는 용매로 19세기 말 합성된 발프로산valproic acid을 택했다. 그런데 예상치 못한 결과가 나왔다. 실험을 반복할수록 어떤 후보 화합물이든, 발프로산이 들어간 시료에서만 일관된 항간질 효과가 나타난 것이다. 이 일관성은 곧 발프로산 자체가 항간질 작용을 지닌다는 사실을 드러냈고, 이후 발프로산은 대표적인 간질 치료제로 자리 잡게 되었다.

발프로산은 간질, 조울증, 편두통 예방에 쓰이는 대표적인 약이다. 이 약은 뇌 신경세포의 흥분을 억제해서 간질을 치료한다. 뇌에는 흥분성 신경세포뿐 아니라, 억제성 신경세포도 있는데 발프로산은 억제성 신경세포의 작용을 높여 뇌의 과도한 흥분을 가라앉힌다. 가장 중요한 기전은 뇌 속 억제 신호물질인 GABA를 늘려주는 것이다. 발프로산은 GABA가 쉽게 분해되지 않도록 막아주고, 때로는 더 많이 만들어지도록 도와준다. 덕분에 흥분한 신경세포 활동이 가라앉아 발작이 줄어드는 것이다.

1967년 프랑스에서 허가된 뒤, 발프로산은 유럽과 미국으로 퍼졌다. 소아와 성인 모두에서 다양한 발작을 억제했고, 환자를 깊은 졸음에 빠뜨리지 않아 곧 1차 선택 약물로 자리 잡았다. 하지만 드물게 치명적인 간 독성, 특히 2세 미만 영아에서 나타나는 위험성은 피할 수 없는 그늘이었다.

1960년대 독일에서 등장한 카르바마제핀carbamazepine은 간질 치료의 흐름을 바꾼 약이다. 기존 약물로는 치료하기 어려운 부분 발작을 효과적으로 억제하며 환자에게 일상의 희망을 돌려주었다.

하지만 간 독성, 임신 중 기형 유발, 재생불량성 빈혈 같은 부작용이 나타났다.

1990년대를 기점으로 이전에 나온 고전적인 간질 치료제와 이후 나온 약에는 큰 차이가 있다. 이전 약은 효과는 강하지만 부작용이 많다. 최근에 나온 약은 효과는 전과 비슷하지만, 부작용이 적은 편이다. 단순히 발작을 막는 약을 넘어, 환자의 삶 전체를 개선하는 약으로 진화한 것이다.

라모트리진lamotrigine(제품명: 라믹탈Lamictal)은 그 상징적인 출발점이었다. 1990년대 임상에 도입된 이 약은 발작 억제는 물론, 양극성 장애의 기분 변동까지 잡아냈다. 간질 환자에게 일상을 회복시켜준 데 더해, 정신과 치료의 적용 범위까지 넓혀주었다.

뒤이어 나온 토피라메이트topiramate(제품명: 토파맥스Topamax)는 '여러 가지 방식으로 작용하는 약'으로 불린다. 뇌의 과도한 흥분을 막는 여러 작용을 동시에 수행해, 기존 약으로 조절이 안 되던 환자에게 새로운 희망을 주었다. 또한 편두통을 예방하는 효과가 있어 간질 이외의 목적으로도 널리 쓰이게 되었다.

레베티라세탐levetiracetam(제품명: 케프라Keppra)은 무엇보다 안전성으로 눈길을 끌었다. 다른 약과 상호작용의 위험이 거의 없고, 간에 부담도 주지 않아 환자와 의사 모두 안심할 수 있었다. 그래서 나오자마자 빠르게 보급되었고, 기존 약의 부작용에 시달리던 환자에게는 한결 편안한 선택지가 되었다.

2012년 우리나라 의학계는 오래 쓰이던 병명 간질癎疾을 뇌전증_{腦電症, epilepsy}으로 바꾸었다. 단순한 명칭 변경으로 보이지만, 환자에게는 사회적 낙인을 덜어내는 중요한 조치였다. 간질이라는 단어는 오랫동안 귀신 들린 병, 불치병 같은 오해와 차별을 낳았다.

간질로 나타나는 발작보다 무서운 것은 병명에 붙은 편견이었다. 이에 세계보건기구와 국제뇌전증연맹도 이미 영어 epilepsy의 번역어로 뇌전증을 권장해왔다. 뇌전증이 뇌 속의 비정상 전기 신호에서 비롯된다는 과학적 사실을 드러내면서, 부정적 이미지를 지우고자 한 것이다. 간질이라는 단어의 역사적 무게 때문에, 환자들은 자신이 겪는 질병을 숨기는 일에 더 많은 에너지를 쏟아야 했다. 직장을 잃을까 봐 두려워했고, 결혼이나 사회생활에서 불이익을 당할까 전전긍긍했다.

정신분열증을 조현병으로 바꾼 것처럼 병명을 바꾼 일은 새 약을 만든 것만큼 큰 의미가 있었다. 병을 바라보는 사회의 시선을 부드럽게 바꾸고, 환자들이 조금 더 당당하게 살아갈 수 있는 길을 열었기 때문이다.

뇌전증 환자가 모두 평생 약을 먹는 것은 아니다. 환자의 절반 정도는 3년 이상 발작이 없고 뇌파에도 이상이 없다면, 의사의 판단에 따라 약을 서서히 줄여 중단할 수 있다. 항뇌전증 약은 70% 이상의 환자에게 효과적이다. 열 명 중 일곱은 약만 잘 먹어도 발작을 충분히 억제할 수 있다는 뜻이다.

그러나 약만큼 중요한 것이 생활 습관이다. 충분한 수면, 과로와 음주를 피하는 것 그리고 마음의 안정을 지키는 것이 발작을 예방하는 또 다른 열쇠다. 뇌가 안정될 때 발작도 차분해지기 때문이다. 오늘날 뇌전증은 더 이상 두려운 질병이 아니다. 올바른 약과 바른 생활 관리가 함께한다면, 누구나 '뇌 속 전기 폭풍을 잠재우고' 평범한 삶을 이어갈 수 있다.

치매·파킨슨병·뇌전증은 서로 다른 모습이지만, 모두 뇌가 보내는 신호다. 기억이 흐려지고, 몸이 굳어가고, 전류가 요동치는 순간 속에서 인류는 묻는다. "닫힌 뇌의 문을 약으로 열 수 있을까?" 그 답을 찾기 위해 알츠하이머의 신경전달물질을 조절하고, 파킨슨병에서는 혈액뇌장벽을 넘었으며, 뇌전증의 폭풍을 잠재우는 약을 만들었다. 모두 뇌 질환의 고통을 덜려는 집념의 결실이었다. 뇌의 비밀은 여전히 남아 있지만, 연구는 멈추지 않는다. 오늘의 작은 전진이 뇌의 운명을 바꾸고, 더 많은 삶을 다시 일으켜 세울 것이다.

뇌 질환 치료제의 도약

알츠하이머병 치료는 오랫동안 증상을 완화하는 대증 요법에 머물러 있었다. 병의 근본 원인에 직접 개입할 수 있는 길은 꿈처럼 여겨졌다. 그 막막한 상황을 뚫고 등장한 약이 바로 레켐비Leqembi(성분명: 레카네맙lecanemab)다. 2024년 11월부터 처방이 시작된 레켐비는 뇌 속에 쌓이는 베타 아밀로이드 단백질을 직접 제거해 병의 진행 속도를 늦춘 최초의 항체 치료제다.

이 약이 나오자 불과 6개월 만에 700명이 넘는 환자가 투여받을 정도로 의료 현장의 반응은 뜨거웠다. 하지만 혁신의 빛에는 곧 어두움이 드리웠다. 우선은 비용이다. 환자 한 명이 1년간 치료를 이어가려면 2,000만 원이 넘는 비용이 필요하다. 일부 환자는 실손보험으로 어느 정도 보전받을 수 있지만, 대다수는 이 무게를 온전히 짊어져야 한다.

여기에 또 하나의 장벽은 안전성이다. 뇌부종이나 출혈 같은 중대한 부작용을 예방하려면 투여할 때마다 MRI 등 정밀한 모니터링이 필요하다. 이런 관리 부담 때문에 레켐비는 사실상 대형 병원에서만 투여할 수 있는 구조적 한계를 지닌다.

그럼에도 레켐비의 등장은 알츠하이머병을 바라보는 시선을 완전히 바꿔놓았다. 이제 알츠하이머는 '피할 수 없는 노화의 그림자'가 아니라, 조기에 발견해 적극적으로 개입할 수 있는 질환으로 인식이 바뀌고 있다.

또 다른 뇌 질환, 파킨슨병 치료의 핵심은 도파민을 지켜내고 부족한 부분을 보충하는 일이다. 최근의 약물들은 단순한 보존을 넘어, 환자 삶의 편리함까지 고려하는 방향으로 진화하고 있다. 대표적인 예가 사피나미드safinamide다. 이 약은 하루 한 번 복용하며, 용량 조절이 단순하고, 레보도파 효과가 떨어지는 오프 타임off time을 줄여 일상을 더 안정적으로 만들어준다는 점에서 환자 친화적이다.

파킨슨병 치료를 한 단계 넓힌 기술로는 로티고틴rotigotine 패치가 꼽힌다. 하루 한 번 피부에 붙이면 약효가 안정적으로 유지되어, 하루 여러 차례 알약을 삼키지 않아도 된다. 약효가 떨어질 때마다 찾아오는 공포로부터 환자를 해방시켰다는 평가를 받는다. 아직 파킨슨병을 완치하는 약은 없지만, 치료의 방향은 분명하다. 더 오래 작용하고, 더 안정적이며, 더 편리한 약으로 나아가고 있다. 이는 단순한 약물의 발전이 아니라, 환자의 일상을 지탱하는 새로운 희망이다.

잇따른 글로벌 혁신과 더불어, 국내 제약사의 성과도 주목할 만하다. 2019년 11월, SK바이오팜이 자체 개발한 뇌전증 치료제 엑스코프리Xcopri가 미국 FDA의 시판 승인을 받았다. 기존 약물로 조절되지 않는 난치성 환자에게 투여했을 때, 12주 동안 환자의 28%가 발작을 전혀 경험하지 않았다. 뇌의 흥분성 신경전달물질 글루탐산을 억제하고 억제성 신경전달물질 GABA 작용을 강화하는 새로운 기전 덕분이다.

엑스코프리의 탄생은 결코 우연이 아니었다. 2001년 기초 연구에서 출발해

18년에 걸쳐 2,000여 종의 화합물을 합성했고, 미국 FDA에 제출한 자료만 230만 쪽에 달했다. SK바이오팜은 5,000억 원 이상을 연구개발에 투입하며 성과가 보이지 않는 긴 개발의 터널을 묵묵히 통과했다.

국내 제약사가 외부 도움 없이 미국 FDA 임상과 허가 전 과정을 독자적으로 완주한 것은 이번이 처음이다. 선례 없는 길을 스스로 개척해 국산 신약이 세계 무대에 당당히 이름을 올렸다는 사실은 우리 제약산업에 뚜렷한 이정표로 남았다.

알츠하이머병, 파킨슨병, 뇌전증은 모두 뇌 속 신경전달의 균형이 무너져 생기는 뇌 질환이다. 아직 완치를 보장하는 약은 없지만, 최근의 신약들은 단순한 증상 조절을 넘어 치료 선택지를 넓히고 있다. 레켐비는 병의 원인에 직접 작용하는 치료 가능성을 열었고, 사피나미드와 로티고틴은 환자 친화적 편의성을 보여주었으며, 엑스코프리는 국내 제약 기술이 세계 무대에 도달할 수 있음을 증명했다.

각자 서로 다른 약이지만, 세 가지 사례가 전하는 메시지는 같다. 신약 개발은 오랜 시간, 막대한 투자, 끈질긴 집념 위에서만 가능하다는 것이다. 고령화로 환자가 급격히 늘어나는 현실에서 새로운 뇌 질환 치료제는 단순한 약을 넘어 인간의 존엄을 지켜내는 방패가 된다. 앞으로의 과제는 더 안전하고 효과적인 약을 만들어내는 것, 그리고 그 성과가 실제 환자의 희망으로 이어지도록 제도와 사회가 뒷받침하는 일이다.

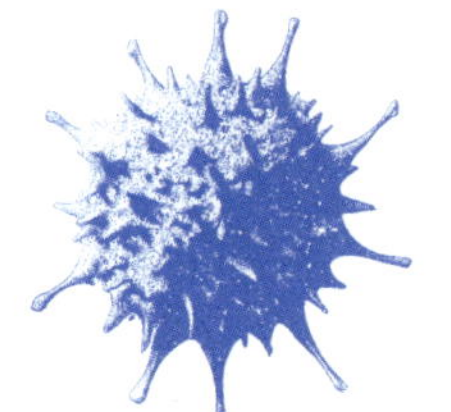

9

혈당을 낮춰주는 당뇨약

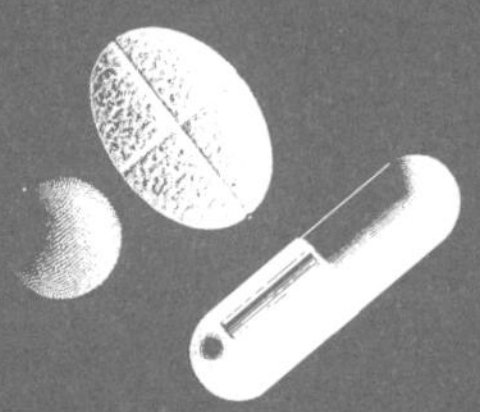

1922년 1월 23일 토론토 종합병원.

말라붙은 팔에 바늘이 꽂히자, 병실은 숨을 삼켰다.

29kg으로 쇠약해진 13세 소년 레너드 톰슨.

며칠 전 실패와 부작용을 남긴 주사와는 달리,

이번엔 콜립이 정제한 인슐린이었다.

잠시 후 혈당 수치가 미끄러지듯 떨어지고,

창백하던 얼굴에 미세한 혈색이 번졌다.

침상에 반듯이 누워만 있던 소년이

천천히 상체를 일으켰다.

떨리는 다리로 한 발을 내딛는 순간,

병실의 의사와 조수들의 눈가가 동시에 젖었다.

#당화혈색소 #인슐린 #인슐린저항성 #유전자재조합 #메트포르민
#GLP-1작용제 #DPP-4억제제 #SGLT-2억제제

장수의 조건,
혈당 관리

당뇨병은 의학적으로 'diabetes mellitus'라 부르는데, 이 말에는 두 가지 의미가 담겨 있다. diabetes는 그리스어로 '물을 퍼내듯 흘려보낸다'라는 뜻이고, mellitus는 라틴어로 '꿀'을 의미한다. '꿀처럼 단 소변이 흘러넘치는 병'이라는 뜻이다. 실제로 고대 의사들은 환자의 소변을 직접 맛보아 단맛을 확인했다고 전해진다. 현대 의학에서 이 질환은 제1형 당뇨병으로 분류되고 대부분 어린 시절에 시작된다.

2세기 로마제국 시대에 활동한 카파도키아(오늘날 튀르키예 지역) 출신 의사 아레타이오스Aretaios는 당뇨를 이렇게 묘사했다. "살과 뼈가 소변으로 녹아내리듯 줄어들고, 끝없는 갈증에 시달리는 병."

동양에서도 이 병은 오래전부터 알려져 있었다. 이름은 소갈병消渴病. 소消는 '몸이 야위어 가는 것'을, 갈渴은 '꺼지지 않는 갈증'을 뜻한다. 당뇨에 걸리면 음식을 먹어도 허기가 지고, 물을 마셔도 갈증이 해소되지 않으며, 소변이 끝없이 쏟아진다. 이른바 삼다三多(다식, 다갈, 다뇨)가 당뇨의 대표적인 증상이다.

이러한 고대의 관찰은 현대 의학과도 맞닿아 있다. 혈액 속에 당이 지나치게 많아지면 삼투 현상으로 소변이 늘고, 탈수로 갈증이 심해지며, 세포는 에너지원인 포도당을 활용하지 못해 끊임없이 허기를 느낀다. 서양의 '꿀 같은 소변'과 동양의 '꺼지지 않는 갈증'. 표현은 서로 다르지만, 병의 본질을 꿰뚫은 통찰은 놀라울 만큼 일치한다.

아레타이오스가 기록한 '살과 뼈가 소변으로 녹아내리는 병'은 현대 의학 기준으로 보면 치료받지 못한 제1형 당뇨병에서 흔히 나타나는 모습이다. 이는 혈당이 장기간 매우 높게 유지될 때 발생하는 전형적인 대사 붕괴 상태에 가깝다. 하지만 오늘날의 당뇨병은 소리 없이 다가온다. 많은 사람이 별다른 증상을 느끼지 못한 채 지내다가 정기 검진이나 혈액검사에서 비로소 진단 사실을 알게 된다.

다시 말해 갈증·다뇨·체중 감소처럼 눈에 보이는 증상이 나타날 때는 이미 혈당이 상당 기간 높게 유지된 경우가 많다. 40대 이후 중년에서 흔히 나타나는 이 질환을 제2형 당뇨병이라고 하며, 일상에서 가장 쉽게 볼 수 있는 당뇨병이다. 제2형 당뇨병은 전체

아레타이오스. 소아시아(현재의 튀르키예)의 로마 속주 카파도키아 출신의 의사로, 2세기 후반 로마와 알렉산드리아에서 활동했다. 그는 세밀한 관찰을 바탕으로 여러 의학 저술을 남겼는데, 특히 조울증과 당뇨병에 대한 초기 기록을 남긴 것으로 유명하다. 현재까지 남아 있는 그의 질병에 관한 논문 8편은 가장 중요한 그리스-로마 의학 저작 중 하나로 손꼽힌다.

당뇨병의 약 90%를 차지한다.

당뇨의 진단과 관리는 주로 당화혈색소HbA1c 수치로 이뤄진다. 적혈구 속 혈색소(헤모글로빈)가 혈중 포도당과 결합한 정도를 측정한 값으로, 2~3개월 동안 평균 혈당이 어땠는지를 보여준다. 정상인이라도 혈액에는 항상 포도당이 있으므로 HbA1c는 누구에게나 존재하지만, 혈당이 높을수록 혈색소와 결합해 이 수치는 올라간다.

기준은 명확하다. 5.6% 이하는 정상, 5.7~6.4%는 당뇨 전 단계, 6.5% 이상이면 당뇨병으로 진단한다. 이미 당뇨로 진단받았다면 이 수치를 6.5% 미만으로 유지하는 것이 치료 목표다. 다만 환자의 나이와 합병증 위험도에 따라 7% 미만을 목표로 잡기도 한다.

일반적으로 혈당이 오르면 췌장에서 인슐린이 분비되어 세포가 포도당을 흡수하고, 이를 에너지로 바꾸면서 혈당이 내려간다. 하지만 인슐린이 부족하거나, 있어도 제 기능을 하지 못한다면(이를 '인슐린 저항성'이라 한다) 혈당은 쉽게 떨어지지 않는다. 인슐린 저항성의 가장 큰 원인은 과식과 운동 부족에 따른 과영양 상태다. 이런 생활 습관이 지속되면 지방이 복부와 간 주변에 쌓이면서 인슐린 신호가 점점 둔해지고, 저항성은 더 악화된다.

겉으로는 아무 이상이 없는 듯 보여도, 만성 고혈당은 몸 안에서 조용히 세포와 혈관을 파괴한다. 특히 눈·신장·신경처럼 미세 혈관이 모여 있는 곳이 먼저 무너진다. 그중 당뇨망막병증은 성인 실명의 주요 원인으로 꼽힌다. 흔히 황반변성, 녹내장과 함께 '3대 실명 질환'으로 불리는데 그 가운데 당뇨망막병증은 고혈당과 직접적으로 연결된 합병증이다. 또한 큰 혈관이 손상되면 죽상경화(혈관 속에 찌꺼기가 쌓여 좁아지고 딱딱해지는 현상)가 진행되어 심근경색, 뇌졸중, 말초동맥 질환 같은 대혈관 합병증이 발생한다.

이때 당화혈색소 수치가 높을수록 합병증 위험도 함께 높아진다. 연구에 따르면 당화혈색소를 단 1% 낮추는 것만으로도 미세혈관 합병증 발생 위험을 30~40% 줄일 수 있다. 숫자 하나의 차이가 시력, 신장 기능, 삶의 질을 좌우한다.

2016년만 해도 국내 당뇨 환자는 500만 명 수준이었는데, 현재는 상황이 더 심각하다. 대한당뇨병학회에 따르면, 2022년 기준 30세 이상 성인 일곱 명 중 한 명꼴로 당뇨가 있다. 환자 수는 약 533만 명에 이른다. 여기에 당뇨 전 단계인 공복혈당 장애까지 포함하면 30세 이상 전체 인구의 40%에 해당하는 약 1,500만 명이 혈당 이상 상태에 해당한다. 말 그대로 '국민병'이라는 표현이 과장이 아니다.

다행히 환자의 인지율과 치료율은 과거보다 높아졌다. 당뇨 환자의 열 명 중 일곱 명가량이 자신이 병이 있음을 알고, 약물 치료를 받는 비율도 70%를 넘어섰다. 그러나 문제는 그다음이다. 치료를 받는다 해도 혈당이 제대로 조절되는 경우는 많지 않다. 실제로 당화혈색소를 6.5% 미만으로 유지하는 환자는 여전히 세 명 중 한 명에 불과하다.

40대 이후부터는 당뇨병의 위험이 눈에 띄게 높아진다. 유전적 요인에 더해 과식과 운동 부족, 만성적인 스트레스 같은 생활 습관이 발병의 불씨가 된다. 그러나 예방할 방법은 있다. 첫째, 식사 순서를 바꿔야 한다. 채소와 단백질을 먼저 먹어 혈당의 급격한 상승을 막고, 그다음에 밥이나 면 같은 탄수화물을 섭취하는 것이다. 흰 쌀밥 대신 잡곡밥이나 통곡물처럼 저혈당 지수GI의 식품을 선택하는 것도 도움이 된다.

둘째, 운동을 생활화해야 한다. 특히 식사 후 1시간 이내에 10분 이상 걷는 습관은 식후 혈당을 빠르게 안정시킨다. 여기에 주 3회 이상 유산소 운동과 근력 운동을 병행하면 인슐린 민감도가 높아지고, 혈당 조절이 훨씬 수월해진다. 설령 당뇨병이 생겼더라도 철저한 관리는 질병의 흐름을 분명히 바꿀 수 있다. 혈당을 잘 조절하면 미세혈관 합병증은 물론, 심근경색과 뇌졸중 같은 큰 혈관 질환의 위험까지 줄일 수 있다.

평균수명이 길어진 지금, 오래 사는 것이 곧 행복을 의미하지는 않는다. 혈관에 쌓이는 과도한 포도당을 방치한다면 장수는 오히려 고통이 될 수 있다. 생활 습관을 바로잡아 혈당을 지키는 것, 그것이 건강한 장수를 가능하게 하는 첫걸음이다.

건강의 적,
설탕

당뇨는 과도한 당분 섭취와 밀접한 관련이 있다. 보

통 탄수화물을 소화해 포도당을 얻는데, 설탕이나 액상과당(포도당과 과당의 혼합물) 같은 단순한 형태의 당은 복잡한 분해 과정이 필요 없어 몸에 바로 흡수되어 혈당을 높인다. 숟가락으로 설탕을 직접 떠먹는 경우는 드물어도, 빵·과자·탄산음료·아이스크림에는 어김없이 당분이 들어 있다.

예로부터 설탕은 사탕수수에서 얻었다. 사탕수수는 뜨거운 햇볕을 받아 광합성으로 설탕을 만들어낸다. 잘 자란 줄기의 절반 이상은 즙으로 차 있고, 즙에는 보통 10~15%의 설탕이 녹아 있다.

사탕수수의 원산지는 남태평양의 따뜻한 섬들, 특히 뉴기니다. 햇살 가득한 해변과 비가 많은 열대 기후에서 자란다. 이 열대 식물은 인도를 거쳐 서아시아로 전해지며 인류 문명의 무대에 등장한다. 기원전 4세기 알렉산더 대왕이 인도를 원정했을 때 그의 부하들은 '꿀벌 없이도 꿀이 나는 신비한 풀'이라며 사탕수수를 묘사했다. 당시 서양인에게 단맛은 낯설고도 놀라운 감각이었다.

그러나 중세까지 설탕은 흔한 재료가 아니었다. 르네상스 이전, 이슬람 세계에서 설탕은 약이었다. 아랍 의사는 설탕을 강장제와 소화제로 처방했다. 노인이나 병에서 회복하는 환자에게 설탕을 탄 시럽을 마시게 하며 기운을 돋았다. 달콤한 맛은 병든 육신을 일으켜 세우는 힘으로 여겨졌다.

십자군 전쟁 뒤 유럽에 들어온 설탕은 처음에는 '달콤한 소금'으로 불렸다. 16~17세기 유럽 의사는 설탕을 결핵이나 감기 환자에게 처방했다. 설탕의 높은 열량이 쇠약한 몸에 힘을 불어넣어 회

사탕수수. 16~17세기에 설탕은 결핵과 감기를 치료하는 약이었다. 당시는 공급이 충분하지 않아 귀했지만, 17세기 중반 카리브 해안에서 상업적으로 재배된 사탕수수에서 설탕이 대량 생산되면서 기호품이 되었다. ⓒruurmo

복을 돕는다고 믿었기 때문이다. 설탕은 오직 귀족만이 누릴 수 있는 희귀한 약이었고 부족한 칼로리를 채워주었다.

그러나 시대는 곧 변했다. 17세기 중반 이후 카리브 해안에서 사탕수수가 대규모로 재배되면서 설탕은 귀한 약재가 아니라 값싼 기호품으로 전락했다. 문제는 설탕의 달콤함 뒤에 상상할 수 없을 만큼 가혹한 노동이 자리하고 있었다는 점이다. 재배와 수확, 압착과 결정화까지 끊임없는 인력이 필요했는데 그 자리를 채운 것은 대서양을 건너온 아프리카 노예들이었다.

노예선은 아프리카에서 끌려온 사람들을 싣고 대서양을 건넜다. 아메리카에서 그들이 혹독한 노동으로 생산한 설탕·담배·면화·카카오는 유럽의 번영을 떠받치는 자원이 되었다. 하얀 설탕은 입안에서는 달콤했지만, 그 달콤함의 이면에는 노예들의 피와 눈물이 배어 있었다. 땀과 고통으로 얼룩진 설탕은 곧 사교와 노동 문화의 중심으로 자리 잡았다.

아메리카에서 건너온 커피와 카카오, 중국에서 수입한 홍차가 설탕을 만난 순간, 새로운 문화가 싹텄다. 고급 찻잔을 앞에 두고 벌이는 티 파티tea party는 신분과 품위를 과시하는 상류층의 사교장이 되었다. 저렴해진 설탕은 노동자들에게 홍차 한 잔의 여유를 즐기는 티 브레이크tea break라는 새로운 휴식 문화를 만들어주었다. 아침마다 빵과 설탕이 든 홍차로 하루를 시작하는 풍경은 산업사회의 일상이었다.

그러나 오늘날, 설탕의 달콤함은 당뇨와 비만이라는 쓰라린 대가를 요구한다. 우리나라 성인은 하루 평균 50g의 설탕을 섭취한다. 청소년은 그보다 훨씬 많은 80g에 이른다. 세계보건기구가 권고하는 하루 당류 섭취량은 25g. 권장 기준의 두세 배를 넘기는 셈이다. 설탕을 과하게 섭취하면 혈당이 급격히 상승하고, 이를 낮추기 위해 췌장은 인슐린을 빠르게 분비한다.

인슐린은 세포 표면의 수용체에 결합해 포도당이 들어가도록 문을 연다. 하지만 당분이 지나치면 췌장은 계속해서 인슐린을 만들어내야 하고, 이 과정이 반복되면 인슐린이 제대로 작용하지 않는 상태에 이른다. 인슐린이 신호를 보내도 세포가 반응하지 않는 현상, 이것이 바로 인슐린 저항성이다.

인슐린 저항성은 칼로리 섭취 과다가 주원인이다. 특히 복부 비만이 중요한데, 내장지방은 염증성 물질을 분비해 세포의 신호 체계를 방해한다. 정상이라면 인슐린 자극으로 포도당 운반체GLUT4가 세포막으로 이동해 포도당을 끌어들이지만, 저항성이 생기면 이 과정이 제대로 작동하지 않는다. 그래서 포도당은 혈관에 흘러 넘치고, 세포는 에너지를 충분히 얻지 못한다.

같은 물질(설탕)이라도 시대가 바뀌면 의미가 달라진다. 약에서 사치품으로, 칼로리의 원천에서 건강의 적으로. 설탕의 역사는 달콤함이 어떻게 쓰디쓴 아이러니로 바뀌는지를 잘 보여준다. 이제 필요한 것은 풍요가 아니라 절제다. 가공된 당류를 줄이고 혈관 건강을 지키는 것, 그것이 현대인의 과제다.

췌장에서 찾은
인슐린

당뇨는 인류가 오래전부터 알고 있던 병이다. 예전에는 살이 찌고 활동량이 적은 사람에게 흔하다 해서 '부자병'이라 불렀지만, 현대에는 인구 대부분에서 나타나는 대표적인 만성질환이 되었다. 이 질환의 실체를 과학적으로 밝히는 일은 19세기 후반에 시작되었다.

1869년 베를린의 젊은 병리학자 파울 랑게르한스Paul Langerhans는 현미경 속 췌장에서 뜻밖의 광경을 마주했다. 소화세포 사이사이에 작은 점 같은 세포 집단이 흩어져 있는 것이다. 그는 이를 바다 위의 군도처럼 보인다고 글로 남겼으나 기능은 알 수 없었다. 당시 학계도 관심을 두지 않았으나, 훗날 이 세포들은 그의 이름을 따 '랑게르한스섬Langerhans islets이라 불리며 당뇨병의 수수께끼를 푸는 결정적인 열쇠가 된다.

1889년 독일 슈트라스부르크 대학의 요제프 폰 메링Josef von Mer-ing과 오스카 민코프스키Oskar Minkowski는 개의 췌장을 제거하는 실험을 했다. 그러자 개는 갑자기 물을 많이 마시고 소변을 쉴 새 없이 보았다. 바닥에 넘친 소변에는 당이 포함되어 파리떼가 몰려들었다. 췌장을 떼어내자, 당뇨병이 생긴 것이다. 몇 주 후 고통받던 개는 죽고 말았다. 이 실험은 췌장이 당뇨병과 직결된 기관임을 처음으로 증명한 사례였다.

이후 민코프스키는 췌장을 제거한 동물에 다시 췌장을 이식하면 당뇨 증상이 사라진다는 사실까지 확인했다. 췌장은 단순히 소화액을 분비하는 곳이 아니라, 혈당을 조절하는 중요한 기능이 있다는 사실이 명확해진 것이다. 췌장이 당뇨병의 관문이라는 사실이 밝혀지자, 연구자들은 그 안에 숨은 세밀한 구조, 랑게르한스섬에 주목하기 시작했다.

랑게르한스섬에는 특별한 두 가지 세포가 있다. 알파세포는 혈당을 높이는 글루카곤glucagon이, 베타세포는 혈당을 낮추는 인슐린insulin을 분비한다. 인슐린이라는 이름은 라틴어 'insula(섬)'에서 유래했는데 '섬에서 나오는 물질'이라는 뜻이다.

하지만 인슐린의 실체를 추출하고 확인하는 일은 쉽지 않았다. 췌장은 글루카곤과 인슐린 같은 호르몬만 분비하는 기관이 아니다. 탄수화물·단백질·지방을 분해하는 강력한 소화효소가 함께 분비된다. 이 효소들이 인슐린 호르몬을 곧바로 분해한다. 20세기 초까지 수많은 과학자가 인슐린을 얻으려 노력했으나 번번이 실패했다.

전환점은 1921년 캐나다 토론토에서 찾아왔다. 제1차 세계대전에 군의관으로 참전한 한 의사가 있었다. 개업한 지 얼마 되지 않아 환자 한 명 없는 병원, 늘어만 가는 빚에 근심하던 젊은 정형외과 의사 프레더릭 밴팅Frederick Banting은 우연히 췌장에 관한 논문을 읽게 된다. 당뇨로 세상을 떠난 친구를 가슴에 묻은 뒤, 그는 이 병을 치료할 방법에 강한 집념을 품고 있었다. 밴팅의 눈길이 췌장에서 분비되는 미지의 물질, 혈당을 조절하는 '인슐린'에 닿았다.

그러나 당시까지 인슐린 연구는 번번이 실패로 끝났고, 의학계의 관심도 시들해졌다. 그런 가운데 그는 당 대사 연구의 권위자인 토론토 대학의 생리학 교수 존 매클라우드John Macleod를 찾아간다. 처음에 매클라우드는 회의적이었다. 실패를 거듭하는 인슐린 연구에 부정적이었고 젊은 개업의가 성공할 리 없다고 생각했다. 그럼에도 그는 밴팅에게 실험실 한 칸과 의대생 찰스 베스트Charles Best를 조수로 붙여주었고 실험용 개 열 마리를 제공해주었다.

1921년 여름, 허름한 대학 실험실의 한구석에서 밴팅과 베스트는 매일 같이 개의 췌장을 해부하며 인슐린을 찾아 헤맸다. 하지만 시도할 때마다 결과는 똑같았다. 인슐린을 꺼내기도 전에 췌장의 소화효소, 특히 트립신trypsin이 이를 모두 파괴해버린 것이다. 수십 번 넘게 실패가 이어졌고, 연구실은 허탈한 정적만 감돌았다.

그러던 어느 날, 밴팅의 머릿속에 번쩍이는 아이디어가 떠올랐다. "트립신을 먼저 막아버리면 어떨까?" 그는 개의 췌장에 있는 소화관을 묶어 트립신을 만드는 세포를 먼저 제거하기로 했다. 그렇게 하면 인슐린은 분해되지 않은 채 보존될 수 있다는 계산이었다.

밴팅과 베스트는 개의 췌장 관을 묶어 소화효소 세포를 억제한 후, 인슐린이 파괴되지 않은 채 보존될 수 있는지 확인하려 했다. 그러나 실험에 필요한 개가 부족해 토론토 시내의 떠돌이 개를 데려오기도 했다. 이들은 확보한 개들의 복부를 절개해 췌장 관을 실로 묶어 차단하는 수술을 시행했고, 일정 기간이 지난 뒤 해당 조직에서 추출물을 얻어 혈당 강하 효과를 관찰하려 했다.

며칠 뒤, 긴장 속에 다시 진행된 실험. 드디어 그들은 작은 시험관에서 신비로운 혼합물을 얻어냈다. 완전히 순수한 물질은 아니었지만, 그 안에는 혈당을 낮추는 결정적인 힘이 들어 있었다. 밴팅과 베스트는 당뇨를 앓도록 췌장을 제거한 개에게 이 추출물을 주사했다. 그리고 숨을 죽인 채 혈당 수치를 확인했다.

바늘이 가리킨 숫자는 믿기 어려울 만큼 낮아져 있었다. 개는 숨 가쁜 증세에서 벗어나 한결 안정된 호흡을 내쉬었다. 두 사람은 서로 바라보며 환희에 젖었고, 밴팅은 떨리는 손으로 실험 노트에 이렇게 적었다. 'sugar free(당이 사라졌다).' 그 순간, 인류의 오랜 염원인 당뇨병 치료에 한 줄기 빛이 스며들었다.

그들이 얻은 성과는 분명 놀라웠지만, 이를 들은 세계적인 권위자 존 매클라우드의 반응은 냉담했다. "단 한 건의 실험 결과는 아무 의미도 없다!" 밴팅은 더 큰 지원을 요청했으나, 매클라우드는 쉽게 움직이지 않았다. 두 사람 사이에는 팽팽한 갈등의 기운으로 가득 찼다.

그러나 연구는 멈추지 않았다. 밴팅과 베스트는 이번에는 충분한 양의 인슐린을 얻기 위해 송아지의 췌장에서 인슐린을 추출해 실험을 이어갔다. 송아지에서 얻은 인슐린을 당뇨병에 걸린 개에게 주사하자 놀라운 변화가 일어났다. 무려 두 달 동안 그 개는 혈당이 정상으로 유지된 채 건강하게 생존했다. 인슐린의 효과가 확실히 입증된 순간이었다.

이제 남은 과제는 순수하게 정제하는 과정이었다. 연구가 깊어지자, 매클라우드는 생화학자 제임스 콜립James Collip을 연구팀에 합류시켰다. 콜립의 손길로 순수한 인슐린을 얻고, 사람에게 투여할 만큼의 양도 확보하게 되었다.

1922년 1월 8일 토론토 종합병원에서 역사적인 첫 임상이 진행되었다. 대상은 13세의 중증 당뇨 환자 레너드 톰슨. 29kg 몸무게의 그는 이미 죽음을 앞둔 아이였다. 밴팅은 자신이 추출한 인슐린을 직접 소년에게 주사했다. 하지만 밴팅의 치료는 혈당을 낮추는 데 실패했고 부작용을 초래했다. 밴팅의 추출물에는 독성 오염 물질이 있었다. 그러나 실패의 원인은 인슐린이 아니었다. 문제는 오염된 추출물의 순도였고, 이를 해결할 사람은 따로 있었다.

2주 후 1월 23일. 소년은 콜립이 정제한 인슐린을 맞았다. 그러자 기적 같은 변화가 일어났다. 검사 결과 소변 속 당수치가 눈에 띄게 떨어졌고, 창백하던 아이의 얼굴에 혈색이 돌기 시작했다. 몇 달째 힘없이 누워 있던 레너드 톰슨은 서서히 몸을 일으켰다. 떨리는 다리로 한 걸음을 내딛자, 지켜보던 의사들과 조수들의 눈가가 동시에 젖었다.

소년은 숨을 고르며 말을 하기 시작했고, 그 목소리는 병실을 가득 메우며 모든 이들의 가슴을 울렸다. 병상에 갇혀 있던 소년이 활기를 되찾는 그 순간, 벅찬 환희와 눈물이 흘렀다. 죽음의 병이라 불리던 당뇨가, 인슐린 주사로 최초로 제압된 순간이었다.

그러나 기적 같은 발견 뒤에는 또 다른 드라마가 기다리고 있었다. 당뇨병을 굴복시킨 네 명의 연구자(밴팅, 베스트, 매클라우드, 콜립)는 생명을 구했지만, 정작 서로 공을 차지하려고 치열한 다툼에 휘말렸다.

"순수한 인슐린을 얻은 건 내 덕이야. 내가 아니면 불가능했어."

콜립은 당당히 목소리를 높였다.

"말도 안 돼. 인슐린을 처음 추출한 건 바로 나라고!"

밴팅은 억울함에 치를 떨며 맞섰다.

언쟁은 곧 몸싸움으로 번졌다. 실험실에서 분노를 주체하지 못한 밴팅은 주먹을 휘둘렀고, 콜립의 눈가에는 시퍼런 멍이 번졌다. 위대한 신약 발견의 성취는 한순간에 갈등의 소용돌이로 변해버렸다.

1923년 노벨 생리·의학상 수상자가 발표되던 순간, 전 세계의 시선이 스톡홀름에 모였다. 그리고 마침내 이름이 불렸다. 프레더릭 밴팅과 존 매클라우드. 인슐린의 기적을 이끈 두 사람이 공동 수상자로 선정되었다. 노벨상은 보통 오랜 시간 동안 업적의 가치를 검증한 뒤에야 주어지지만, 인슐린은 당뇨 치료에 가져온 혁신적 효과와 즉각적인 임상 성공 덕분에 예외적으로 빠르게 수상으로 이어졌다.

하지만 밴팅은 분노했다. 실험의 대부분을 자신과 베스트가 했는데, 연구실과 장비를 내준 매클라우드가 수상의 영예를 차지하는 것은 부당하다고 생각한 것이다. 그는 끝내 스웨덴 시상식에 가

찰스 베스트(왼쪽)와 프레더릭 밴팅(오른쪽). 혈당을 조절하는 '인슐린'을 발견한 베스트와 밴팅이 토론토 대학의 한 건물 옥상에서 인슐린을 투여한 개 한 마리와 함께 있다. 밴팅은 인슐린을 추출하고 최초 환자에게 투여하는 데 성공한 공로를 인정받아 1923년 노벨 생리·의학상을 받았다. ©Thomas Fisher Rare Book Library

지 않았다. 대신 받은 상금을 베스트와 나누며, 진정한 공로자가 누구인지 세상에 알리고자 했다.

매클라우드 역시 뒤늦게 자신의 몫을 콜립에게 나눠 주었다. 그리하여 네 명은 모두 상금의 일부를 손에 쥐었으나, 더 이상 하나의 팀은 아니었다. 명예와 돈이 끼어든 순간, 협력과 열정으로 쌓아 올린 신뢰는 무너지고 말았다. 과학사에 길이 남을 인슐린의 발견은, 인류에게는 희망의 선물이지만 연구자들 사이에는 깊은 갈등의 상처를 남겼다.

인슐린 발견으로 밴팅은 캐나다의 영웅으로 떠올랐다. 정부는 연구비와 연금을 약속하며 그를 예우했다. 하지만 명성은 언제나 기쁨만을 주지는 않았다. 연구 공로를 둘러싼 갈등과 대중의 지나친 기대는 정작 그를 점점 더 깊은 고독 속으로 밀어 넣었다.

제2차 세계대전이 발발하자 밴팅은 다시 조국을 위해 헌신하고자 했다. 항공 의학 연구 임무를 띠고 영국으로 향하던 밴팅은 1941년 캐나다 뉴펀들랜드 상공에서 비행기 추락 사고를 당했다. 그는 추락 직후 중상을 입은 채 잠시 생존했으나, 구조의 손길이 닿기 전 끝내 숨을 거두었다. 이렇게 그의 삶은 49세의 적은 나이에서 멈추었다. 그가 남긴 인슐린은 수많은 생명을 구한 '희망의 선물'이지만, 정작 그의 삶은 명예와 고통이 교차한 비극으로 막을 내렸다.

바이오의약품 시대를 연
유전자 재조합 인슐린

밴팅과 베스트는 인슐린 제조 특허를 단돈 1달러라는 상징적인 가격으로 토론토 대학에 넘겼다. 인슐린은 특정인의 소유물이 아니라, 누구나 필요하다면 쓸 수 있어야 한다는 신념에서였다. 토론토 대학은 곧바로 미국 제약사 일라이 릴리와 협력해 인디애나폴리스에 대규모 생산공장을 세웠다.

불과 1년 만에 일라이 릴리는 소와 돼지의 췌장에서 인슐린을 추출·정제해 '아이레틴Iletin'이라는 이름으로 시판하기 시작했다. 당뇨 환자에게 인슐린은 더 이상 실험실 속 발견이 아니었다. 병원으로 몰려든 환자들에게 그것은 생명을 이어주는 유일한 희망이었다.

그러나 동물에서 얻은 인슐린에는 한계가 있었다. 인슐린은 51개의 아미노산으로 이루어진 단백질인데, 사람과 동물의 배열이 조금씩 달랐다. 돼지 인슐린은 단 1개, 소 인슐린은 3개의 아미노산이 달랐고, 이 작은 차이가 일부 환자에게 알레르기 반응을 일으켰다. 사람과 완전히 동일한 인슐린을 얻으려면 인간의 췌장에서 추출해야 했다. 그러나 살아 있는 사람이 스스로 장기를 내어줄 리 없으니, 이는 애초에 실현 불가능했다. 그래서 인슐린 주사가 보급된 뒤에도 수십 년 동안 환자들은 동물에서 얻은 인슐린에 의존해야 했고, 그 과정에서 알레르기와 같은 부작용을 견뎌야 했다.

인슐린의 비밀을 끝까지 풀어내지 않는 한, 이 난제는 극복할 수 없었다. 바로 이 도전에 맞선 인물이 영국의 젊은 생화학자 프레더릭 생어Frederick Sanger다. 그는 FDNB(1-Fluoro-2,4-Dinitrobenzene)라는 물질로 단백질의 맨 앞 아미노산을 표시한 뒤, 잘게 나눈 조각을 종이에 펼쳐 분리해 하나하나 분석했다. 이렇게 퍼즐을 맞추듯 조각을 이어 붙여 인슐린이 어떤 순서의 아미노산으로 이루어졌는지 최초로 해독했다.

이 업적으로 그는 1958년 노벨 화학상을 수상했다. 이로써 인슐린은 당뇨병 치료제를 넘어, 인류가 처음으로 전체 구조를 완전히 밝혀낸 단백질이라는 역사적 의미를 갖게 되었다. 동시에 '단백질의 비밀을 풀 수 있다'라는 확신을 심어주었다.

인슐린의 아미노산 배열을 알아냈지만, 새로운 문제가 드러났다. 51개의 아미노산이 정교하게 이어진 단백질인 인슐린을 화학적으로 하나하나 합성하는 것은 현실적으로 너무 복잡하고 비용도 막대했다. 사람과 동일한 아미노산 배열을 가진 인슐린을 안정적으로 그리고 대량으로 만들기 위해서는 전혀 새로운 기술이 필요했다. 해답은 20세기 후반 생명공학이 제시한 혁신, 바로 유전자 재조합 기술이었다.

1970년대 들어 분자생물학자들은 DNA를 원하는 부위에서 정확히 잘라내고 다시 연결하는 기술을 개발했다. 세균이 바이러스로부터 자신을 지키기 위해 사용하는 제한효소restriction enzyme와 잘린 DNA 조각을 다시 이어주는 연결효소DNA ligase의 발견 덕분이었다. 제한효소와 연결효소는 마치 생명체의 유전 정보를 다루는 가위와 풀 같은 역할을 한다.

1976년 설립된 미국 샌프란시스코에서 출범한 바이오 벤처기업 제넨테크Genentech는 2년 후 이 기술을 인슐린에 적용했다. 연구진은 사람 인슐린 유전자를 합성하여 대장균에 삽입했고, 세균이 인간 인슐린 단백질을 발현한다는 사실을 처음으로 입증했다. 이는 '유전자 재조합 의약품' 시대의 막을 연 역사적인 사건이었다.

제넨테크는 당시 인슐린 시장의 강자였던 일라이 릴리와 손잡고 대규모 생산 시스템을 구축했다. 1982년 세계 최초의 유전자 재조합 인간 인슐린인 휴물린Humulin이 미국 FDA의 승인을 받아 출시되었다. 휴물린은 사람human과 인슐린insulin의 합성어로 대장균이 만든 인간 인슐린이다. 이는 최초로 세균을 '작은 공장'처럼 이용해 의약품을 대량생산한 사례로, 현대 생명공학의 문을 연 기넘비적 순간이었다.

휴물린의 등장은 당뇨병 치료의 새로운 장을 열었다. 더 이상 소나 돼지의 췌장에서 인슐린을 힘들게 추출하지 않아도 되었다. 무엇보다도 사람 인슐린과 아미노산 배열이 완전히 같아, 부작용을 크게 줄일 수 있었다. 이 작은 단백질은 수많은 환자의 생명을 구했고, 삶의 질을 바꾸어놓았다.

휴물린은 시작에 불과했다. 뒤이어 왜소증 치료에 사용하는 인간 성장호르몬, 백혈병 치료제 인터페론, 신부전 환자의 빈혈 치료제 에리스로포이에틴 같은 단백질 약물이 유전자 재조합 기술로 쏟아져 나왔다. 이와 함께 제약산업의 중심축도 점차 달라졌다. 전통적으로 화학합성 약물이 지배하던 시장에서 바이오의약품이라는 새로운 주역이 등장한 것이다. 이 전환은 단순한 기술 혁신을 넘어, 제약산업 전체의 지형을 바꾸어놓았다.

바이오의약품 시대의 문을 연 인슐린은 이제 환자들의 일상 깊숙이 자리 잡았다. 그러나 치료의 길이 열렸다고 해서 문제가 끝난 것은 아니었다. 남은 과제는 단 하나, 이 약을 어떻게 환자의 몸속에 가장 안전하고 효과적으로 전달하느냐였다.

인슐린은 단백질 호르몬이라 알약처럼 먹을 수 없다. 위와 장에 들어가면 소화효소가 단백질을 잘게 분해해버리기 때문이다. 그래서 대부분의 인슐린은 피하 주사로 투여된다. 일부 국가에서는 흡입형 인슐린이 사용되고 있지만, 기본적인 투여 방식은 여전히 주사제다. 혈당을 조절하기 위해서는 식사 때마다 속효성 인슐린을 맞는 것이 이상적인데, 현실에서는 쉽지 않다. 하루 한 번만 맞으면 되는 지속형 인슐린이나, 속효성과 중간형을 섞은 혼합형 주사제가 널리 쓰이는 이유다. 환자의 생활 패턴과 혈당 조절 상태에 따라 약제 선택은 달라진다.

주사 외에 인슐린 펌프도 있다. 작은 장치를 복부에 부착해 주삿바늘을 통해 인슐린을 일정 속도로 주입하는 방식이다. 필요할 때는 버튼을 눌러 추가 투여도 할 수 있어 혈당 조절이 한결 정밀하다. 하지만 가격이 비싸고 기계 사용에 익숙해지는 데 시간이 걸린다는 한계가 있다. 고장 위험과 주입선 막힘, 꾸준한 관리가 필요한 부담 탓에 인슐린 펌프는 사용이 제한적이다. 따라서 모든 환자에게 일률적인 해답은 없고, 각자에게 가장 적합한 방식을 찾는 것이 중요하다.

주사제에서 경구용으로

인슐린 주사는 당뇨병 치료의 상징처럼 자리 잡았다. 췌장의 베타세포가 파괴되어 인슐린이 거의 분비되지 않는 제1형 당뇨병 환자에게 인슐린은 꼭 필요한 약물이기 때문이다. 그러나 우리가 흔히 마주하는 제2형 당뇨병은 양상이 다르다. 인슐린 저항성과 분비 저하가 서서히 진행되기 때문에, 대부분의 환자는 처음부터 인슐린 주사에 의존하지 않아도 된다.

치료의 첫걸음은 생활 습관을 개선하고 경구용 혈당 강하제를 복용하는 것이다. 혈당이 심각하게 높아(당화혈색소 9% 이상, 혹은 공복 혈당 300mg/dL 전후) 먹는 약만으로 조절하기 어렵거나 급성 증상이 나타날 때는 인슐린 치료가 고려된다. 주사가 아니라 알약으로도 혈당을 조절할 수 있게 되었다는 사실은 환자들에게 큰 위안이 되었다. '당뇨병은 곧 평생 주사'라는 막연한 두려움을 거두고, 병을 스스로 관리할 수 있다는 새로운 희망을 열어준 것이다.

경구용 당뇨약의 출발점은 뜻밖에도 항균제 연구에서 비롯되었다. 합성 항균제에서 의외의 현상이 발견된 것이다. 제2차 세계대전이 한창인 1940년 6월, 파리가 함락되자 프랑스는 독일에 항복했고, 부총리 필리프 페탱Philippe Pétain은 프랑스 남부 비시Vichy에 이른바 '비시 정부Vichy France'를 세워 나치 독일과 협력하며 점령 통치에 동참했다. 그러나 1942년 11월 독일군이 남부까지 직접 점령하자 비시 정권은 사실상 힘을 잃었다.

그 무렵 전쟁의 먹구름이 드리운 프랑스 지중해 연안의 도시 몽펠리에. 오염된 식수와 식량 부족으로 전염병이 돌았고, 몽펠리에 의대 교수 마르셀 장봉Marcel Janbon은 장티푸스 환자들에게 새로운 항균제 IPTDisopropyl thiodiazole를 투여했다. 하지만 결과는 참담했다. 기대했던 치료 효과는 나타나지 않았고, 오히려 환자들에게서 전혀 예상치 못한 부작용이 속출했다. 고열에 시달리던 환자들이 갑자기 심한 경련을 일으키거나 의식을 잃고 쓰러진 것이다. 일부는 끝내 깨어나지 못했다. 원인은 세균이 아니라, 약물이 유발한 심각한 '저혈당 쇼크'였다.

이어서 프랑스 약리학자 오귀스트-루이 루바티에르Auguste-Louis Loubatières는 개 실험을 통해 IPTD가 췌장의 베타세포를 자극해 인슐린 분비를 촉진한다는 사실을 입증했다. 전쟁의 소용돌이 속에서 이 성과는 널리 알려지지 못했지만, 이 작은 발견은 당뇨병 치료에 큰 전환점이 되었다.

1950년대 독일 제약사 회흐스트Hoechst는 IPTD가 남긴 단서를 놓치지 않았다. 그들은 설폰아마이드 분자구조를 끈질기게 개량하여 마침내 톨부타마이드tolbutamide를 합성했다. 이로써 당뇨병 치료는 새로운 국면을 맞이했다. 1957년 나온 이 약은 최초의 경구용 당뇨약이라는 타이틀을 거머쥐었다. 다만 시간이 흐르면서 심혈관계 부작용이 드러났고, 더 안전한 후속 약물들에 자리를 내주게 된다.

이후 2세대(1960년대), 3세대(1990년대)를 거치며 다양한 종류의 경구용 당뇨약이 나왔다. 대표적인 제품이 다오닐, 디아미크롱, 아마릴이다. 설포닐우레아sulfonylurea 계열에 속하는 이 약은 베타세포에 작용해 인슐린을 분비시켜 혈당을 떨어뜨리므로 인슐린을 분비하는 췌장의 기능이 어느 정도 남아 있어야 효과가 있다. 현재 임상에서 사용되는 아마릴Amaryl(성분명: 글리메피리드glimepiride)은 혈당을 효과적으로 낮추지만, 저혈당과 체중 증가라는 부작용이 단점으로 지적된다.

저혈당은 음식을 거르거나 과도한 운동, 과음, 혹은 인슐린이나 당뇨약을 과량 복용했을 때 흔히 발생한다. 혈당이 70mg/dL 이하로 떨어지면 어지럼증, 식은땀, 심계항진, 불안·초조 증상이 나타나고, 40mg/dL 이하에서는 혼수나 사망에 이를 수 있다. 이럴 때는 과일주스나 사탕처럼 흡수가 빠른 단순당을 섭취하는 것이 가장 효과적이다.

톨부타마이드가 등장한 직후, 프랑스에서는 또 다른 경구용 당뇨약 메트포르민metformin이 임상에 도입되었다. 메트포르민은 간에서 포도당 생성을 억제하고, 근육과 지방조직에서 인슐린 민감성을 높여 혈액 속 포도당이 세포 안으로 들어가도록 돕는다. 인슐린 효율을 높이면서도 저혈당 위험이 적어 안전성이 뛰어나다.

메트포르민의 뿌리는 유럽에서 프렌치 라일락french lilac이라 불린 풀, 고트루goat's rue(학명: Galega Officinalis)에 있다. 오래전부터 사료나 장식용으로 재배하던 이 식물에는 구아니딘guanidine이라는 성분이 들어 있는데, 1920년대 이 풀을 먹은 토끼에서 포도당 수치가 낮아진다는 사실이 발견되었다. 그러나 당시에는 인슐린이 당뇨병 치료의 중심이었기에 큰 주목을 받지 못했다.

1950년대 프랑스에서 구아니딘을 개량해 독성을 줄이고 효과를 높인 메트포르민을 개발했다. 대표적인 제품명은 글루코파지Glucophage로, 이름 그대로 '포도당을 먹는 자glucose eater'라는 의미를 담고 있다.

최근에는 메트포르민을 장기간 복용한 환자에게서 일부 암의 발생 위험이 낮아진다는 연구 결과가 보고되고 있다. 아직 뚜렷한 인과관계가 입증되지는 않았지만, 세포 에너지 대사 경로에 작용해 암세포의 증식을 억제할 수 있다는 가설이 힘을 얻고 있다. 혈당을 낮추는 작용이 단순히 당뇨병 관리에 그치지 않고, 암 연구의 새로운 가능성을 열어준 셈이다.

메트포르민은 값싸고 효과적이며 저혈당 위험이 적은 기본 약제로, 대부분 당뇨 환자에게 단독 혹은 병용 치료의 축으로 오랫동안 사용되고 있다. 그러나 제2형 당뇨병 치료의 1차 약제로 굳건히 자리하던 메트포르민의 위치가 2025년 가이드라인에서 달라졌다. 미국당뇨병학회와 대한당뇨병학회가 '모든 환자에게 무조건 첫 약'이라는 고정된 지위를 내려놓았다. 심혈관 질환·심부전·신장병·비만 여부에 따라 GLP-1 수용체 작용제나 SGLT-2 억제제 같은 비교적 최근에 개발된 약을 초기부터 우선 고려하도록 권고했다.

경구용 당뇨약의 등장은 환자에게 '주사 없이도 혈당을 조절할 수 있다'는 새로운 희망을 열어주었다. 오늘날에도 설포닐우레아 계열의 대표 주자인 아마릴과 메트포르민은 값싸고 편리한 고전적 치료제로 여전히 널리 사용되고 있다. 제2차 세계대전 중 항균제를 투여하다 우연히 발견된 저혈당 현상, 그리고 프렌치 라일락 풀을 먹은 토끼에게서 확인된 혈당 강하 효과는 하나의 사실을 말해준다. 과학의 진보는 위대한 연구실에서만 나오는 것이 아니라, 작은 현상을 놓치지 않는 관찰에서 시작된다. 바로 그 세심한 시선이 세상을 바꾸는 약을 탄생시킨 것이다.

도마뱀 독이
혈당 강하제로

미국 남서부 사막과 멕시코 북부에 사는 힐라 몬스터 Gila monster는 검은빛 바탕에 붉고 노란 무늬가 얽힌 독특한 외모로 눈길을 끈다. 애리조나주를 흐르는 힐라강에서 이름을 얻은 이 도마뱀은 길이 40cm 남짓하지만, 물리면 극심한 통증과 구토, 저혈압을 일으킬 만큼 독성이 강하다.

그런데 이 치명적인 독에서 뜻밖의 단서가 발견되었다. 힐라 몬스터 타액에서 나오는 독 성분인 엑센딘-4exendin-4가 췌장의 인슐린 분비를 촉진해 혈당을 낮춘다는 사실이 밝혀진 것이다. 강한 독성 때문에 한때 두려움의 상징으로 여겨졌던 물질이, 생명을 구하는 약으로 다시 태어났다. 이를 토대로 합성한 엑세나타이드exen-atide 주사제의 등장은 제2형 당뇨병 환자에게 치료의 지평을 넓혀주었다.

엑센딘-4는 39개의 아미노산으로 이루어진 단백질이다. 이것은 사람의 장에서 분비되는 호르몬 GLP-1glucagon-like peptide-1과 놀랍도록 닮았다. 음식을 먹으면 소장에서 분비되는 GLP-1은 인슐린은 늘리고 글루카곤은 억제한다. 그 결과 혈당이 자연스럽게 낮아진다. 엑센딘-4는 GLP-1과 유사하게 작용하지만, 효소로 쉽게 분해되지 않아 생체 내 반감기가 훨씬 길다는 장점이 있다.

인슐린은 혈중 포도당을 글리코겐으로 저장해 혈당을 낮추는 호르몬이고, 글루카곤은 반대로 간에 저장된 글리코겐을 포도당으로 바꾸어 혈당을 올리는 호르몬이다. 간과 근육에는 글리코겐이 많은데 글리코겐은 포도당이 뭉친 복합체다. 간에 있는 글리코겐은 혈액의 포도당을 조절하고 근육에 있는 글리코겐은 운동에 필요한 에너지 원료가 된다.

아메리카 독도마뱀 힐라 몬스터. 독도마뱀에 물리면 혈당이 급격하게 떨어지는데, 여기서 착안해 독이 당뇨약이 되는 발상의 전환이 일어났다. ⓒSearchNet Media

음식이 소화관을 지나 소장을 자극하면 혈당을 조절하는 호르몬이 분비된다. 이를 인크레틴incretin이라고 부르며, 대표적인 것이 GLP-1과 GIPglucose-dependent insulinotropic polypeptide다. 제2형 당뇨병 환자에서는 이 인크레틴의 분비와 작용이 떨어져 혈당 관리가 어려워진다. 흥미로운 점은, 같은 양의 포도당이라도 혈관에 주사하는 것보다 음식으로 섭취할 때 인슐린이 훨씬 많이 분비된다는 사실이다. 이 현상이 바로 인크레틴의 존재를 밝혀준 단서였다.

그 가운데 GLP-1은 혈당이 높을 때만 인슐린 분비를 촉진해 저혈당을 거의 일으키지 않는 '스마트 호르몬'으로 불린다. 췌장을 직접 자극해 혈당 수치와 무관하게 인슐린을 분비시키는 아마릴 같은 약과 달리, GLP-1은 상황에 따라 정교하게 작동하며 우리 몸의 균형을 조절한다.

GLP-1과 유사한 작용을 하면서 효과가 뛰어난 엑세나타이드는 2005년 바이에타Byetta라는 제품명으로 출시되었다. 당뇨 치료를 위해 최초로 인크레틴을 기반으로 만든 약이다. 바이에타는 혈당을 낮추고 식욕 억제 효과까지 있어 체중까지 줄여준다. 경구용 당뇨약으로 혈당 조절이 불충분한 환자에게 인슐린 주사 외에 새로운 대안이 나온 것이다.

독은 공포의 상징이지만, 바이에타처럼 독에서 출발해 약이 된 사례가 여럿 있다. 치명적인 세균이 만드는 보툴리눔 독소는 '세상에서 가장 무서운 독'으로 불렸지만, 극소량을 정제해 주름 개선과 근육 경직 치료에 쓰이는 보톡스가 되었다. 곡식에 기생하는 맥각 곰팡이는 중세 유럽에서 집단 중독을 일으킨 재앙의 원인이었으나, 거기서 분리된 알칼로이드가 편두통 치료제 에르고타민ergot-amine으로 다시 태어났다.

보라색 방울꽃 디기탈리스도 유독해서 '마녀의 약초'로 오해받았다. 그러나 18세기 영국에서 디기탈리스잎을 달여서 복용하면 다리 부종이 줄고 심장이 강해진다는 사실을 밝혀내면서, 강심제 디곡신digoxin이 나오게 되었다.

동양에도 비슷한 지혜가 전해 내려온다. 한때 사약의 재료인 맹독성 오두烏頭의 곁뿌리인 부자는 위험하지만, 120℃ 고열에 달구어 독성 아코니틴aconitine을 줄이면 포부자炮附子라는 약재가 된다. 이를 '법제炮製' 또는 '수치'라 부르며, 고온 처리로 아코니틴이 분해되어 독성이 줄어든다. 죽음을 부르던 독은, 인간의 손을 거쳐 생명을 살리는 약으로 바뀌었다. 독과 약은 종이 한 장 차이였고, 인간은 그 경계에서 생존의 해답을 찾아왔다.

바이에타를 시작으로 GLP-1 기반 주사제들이 속속 등장했다. 그중 우리나라에서는 주 1회 제형인 트루리시티Trulicity(성분명: 둘라글루타이드dulaglutide)가 오랫동안 널리 사용되었다. 하지만 최근에는 덴마크 제약사 노보 노디스크Novo Nordisk의 오젬픽Ozempic(성분명: 세마글루타이드semaglutide)의 처방과 매출이 빠르게 증가하면서 두 약제가 나란히 주요 GLP-1 주사제로 자리 잡고 있다. 아직 인슐린만큼 널리 알려지지는 않았지만, GLP-1 주사제의 장점은 분명하다. 혈당을 낮추는 데 그치지 않고 체중을 줄이고, 심장 건강까지 지켜준다. 바야흐로 당뇨병 관리는 혈당 조절을 넘어 전신 건강을 관리하는 시대로 진입했다. GLP-1 주사제는 그 판도를 바꾸는 가장 강력한 무기가 되었다.

혈당을 낮추는 기술, 삶을 바꾸는 습관

음식을 먹으면 소장에서 분비되는 GLP-1은 혈당을 낮추는 데 뛰어난 호르몬이지만, 아쉽게도 생명이 짧다. 만들어진 지 불과 1~2분 만에 효소 DPP-4_{dipeptidyl peptidase-4}에 의해 분해되기 때문이다. 연구자들은 여기서 방법을 찾았다. DPP-4를 억제하면 GLP-1이 오래 살아남아 혈당을 더 효과적으로 낮출 수 있을 것이라는 아이디어다.

이 원리를 토대로 나온 약이 DPP-4 억제제다. 단독으로도 쓰이지만, 가장 흔한 형태는 메트포르민과의 복합제다. 안전하고 값이 저렴한 메트포르민에 DPP-4 억제제를 더하면, 저혈당 걱정이 적고 체중 증가도 막을 수 있다. 특히 위장 장애를 줄여주는 서방정 제형은 환자들에게 큰 호응을 얻고 있다. 효과 면에서 GLP-1 주사제만큼 강력하지는 않지만, 먹기 편리한 알약이라는 장점 덕분에 DPP-4 억제제와 메트포르민 복합제는 당뇨 치료의 주축을 담당하고 있다.

DPP-4 억제제는 미국 제약사 머크가 개발한 자누비아Januvia(성분명: 시타글립틴sitagliptin)로 시작되었다. 2007년 국내에 도입되자 당뇨 치료의 판도가 바뀌었다. 환자와 의사 모두 빠르게 반응했고, 기존에 쓰던 약은 곧 자누비아와 그 복합제인 자누메트Janumet, 서방형 약물 자누메트 XR Janumet XR로 대체되었다.

이후 여러 회사에서 새로운 DPP-4 억제제가 등장해 현재 우리나라에는 9종이 사용되고 있다. 그중 독일 제약사 베링거인겔하임Boehringer Ingelheim의 트라젠타Trajenta(성분명: 리나글립틴linagliptin)는 차별성이 뚜렷하다. 대부분의 약이 신장을 통해 배설되어 신장 기능이 떨어지는 환자에게 부담을 줄 수 있는데, 트라젠타는 담즙과 장관을 통해 배설된다. 덕분에 신부전 환자에게도 안전하게 쓸 수 있는 대안이 되었다. 자누비아의 등장과 트라젠타의 차별성은 하나의 사실을 말해준다. 당뇨 치료제는 단순히 혈당을 낮추는 약을 넘어, 환자의 조건과 상황에 맞춰 정교하게 진화하고 있다는 사실이다.

2025년 기준, 국내 당뇨병 치료제 시장은 1조 원을 훌쩍 넘는 규모로 급성장했다. 경구용 치료제가 주류를 이루며, 그중 DPP-4 억제제는 오랜 기간 검증된 효능 덕에 처방의 큰 비중을 차지한다.

최근에는 시장 판도에 뚜렷한 변화가 나타났다. 자누비아와 트라젠타처럼 한때 시장을 주도하던 오리지널 제품들의 특허가 잇달아 만료되면서, 수많은 제네릭이 쏟아져 나와 경쟁이 치열해진 것이다. 여기서 눈에 띄는 약이 있다. 바로 국산 신약 19호, LG화학의 제미글로Zemiglo(성분명: 제미글립틴gemigliptin)다. 제미글로는 한국인 환자 데이터를 기반으로 한 탄탄한 임상 근거와 우수한 혈당 강하 효과를 발휘한다. 이를 바탕으로 수입 오리지널 제제를 맹추격하며 국내 시장의 주력 치료제로 당당히 자리매김하고 있다.

당뇨병이 진단되면 약이 처방되고, 시간이 흐를수록 약의 가짓수가 늘어나는 것이 현실이다. 당뇨의 근본 원인은 생활 습관이므로, 이를 바로잡는 노력이 필수적이다. 달콤한 음식을 즐기고, 불규칙한 식습관에 길들고, 신체 활동량이 적은 삶을 이어가면 몸은 점점 무너진다. 당뇨는 한순간의 실수가 아니라 오랫동안 쌓여온 습관의 결과다.

당뇨 환자가 가장 기뻐하는 순간은 혈당과 당화혈색소 수치가 떨어질 때다. 이것은 단순한 숫자가 아니다. 절제와 노력, 땀의 결과가 수치로 증명되는 것이다. 그만큼 생활 습관의 변화는 약물 못지않은 강력한 힘이 있다.

오늘날 당뇨병은 개인을 넘어 사회 전체의 과제가 되었다. 인구 고령화와 비만 증가가 맞물리면서 당뇨 환자가 늘고 있다. 그러나 해답은 의외로 간단하다. 조금 덜 먹고, 조금 더 걷고, 조금 더 움직이는 것이다. 생활 습관을 고치는 작은 선택들이 모여 혈당을 잡고, 합병증을 막으며, 삶의 질을 바꾼다. 혈당을 안정시키는 가장 확실한 방법은 식습관과 신체활동을 바로잡는 일이다.

살 빠지는
당뇨약

국제당뇨연맹에 따르면, 2024년 기준 전 세계 당뇨병 환자는 5억 명을 넘어섰고 2030년에는 6억 명에 이를 것으로 전망된다. 이제 성인 열 명 중 한 명은 당뇨와 함께 살아간다. 이처럼 당뇨는 우리 일상에서 흔한 만성질환이 되었다. 환자가 늘어난 만큼 새로운 약도 쏟아져 나온다. 그중 가장 최근에 주목받는 약물이 SGLT-2 sodium glucose linked transporter-2 억제제다.

이 약은 신장에서 포도당이 다시 흡수되는 통로를 막아 소변으로 배출시킴으로써 혈당을 떨어뜨린다. 단순히 혈당 조절에 그치지 않고 체중 감소(평균 2~4kg)와 심장·신장 보호 효과까지 보여, 당뇨 치료의 패러다임을 바꾸고 있다.

신장은 혈액에서 노폐물을 걸러낼 뿐 아니라, 필요한 영양소가 빠져나가지 않도록 다시 흡수하는 정교한 조절 기능을 수행한다. 포도당 역시 마찬가지다. 보통 소변으로 배출되지 않고, 세뇨관에 있는 단백질인 SGLT-2가 다시 흡수해 혈액 속으로 돌려보낸다. 신장에서 이뤄지는 포도당 재흡수의 약 90%가 바로 SGLT-2의 몫이다.

여기서 착안한 것이 바로 SGLT-2 억제제다. 이 단백질의 작용을 차단하면 혈액 속 포도당이 소변으로 빠져나간다. 실제로 SGLT-2 억제제를 복용하면 하루 약 70g, 칼로리로 환산하면

280kcal 정도의 포도당이 소변으로 배출된다. 성인이 1시간 가까이 유산소 운동을 해야 비슷하게 소모되는 열량이다. 덕분에 혈당이 낮아질 뿐 아니라 체중까지 줄어드는 효과가 뒤따른다. 이 약을 '살 빼주는 당뇨약'이라고 부르는 이유다. 그와 함께 몸 안의 나트륨Na(영어로 소듐)이 포도당과 연결되어 같이 소변으로 나가서 이뇨 효과가 발생하고, 혈압 강하 효과와 심장의 부담을 줄이는 결과로 이어진다.

체중 감소 효과만 따지면 GLP-1 주사제가 훨씬 강력하다. GLP-1은 식욕을 억제하고 위의 배출을 늦춰 음식 섭취량 자체를 줄여준다. 고용량으로 사용하면 5kg, 많게는 10kg 이상 감량할 수 있다는 임상 결과도 있다. 다만 매번 주사를 맞아야 하고, 비용 부담이 적지 않다는 점이 걸림돌이다. 반면 SGLT-2 억제제는 하루 한 알로 복용할 수 있어 사용하기 훨씬 편하다.

2012년 아스트라제네카가 선보인 포시가Forxiga(성분명: 다파글리플로진dapagliflozin)는 세계 최초의 SGLT-2 억제제다. 뒤이어 베링거인겔하임과 일라이 릴리가 공동 개발한 자디앙Jardiance(성분명: 엠파글리플로진empagliflozin)이 가세했다. 혈당을 낮추고, 나트륨과 포도당을 함께 배출해 사구체 압력과 혈압을 낮추고 신장의 부담을 줄여주는 효과가 확인된 것이다.

출시 초기에는 신장 기능이 떨어진 환자에게 혈당 강하 효과가 충분하지 않다는 이유로 사용에 제약이 있었다. 하지만 대규모 임상에서 강력한 신장·심장 보호 효과가 입증되면서 상황이 바뀌었다. 이제 SGLT-2 억제제는 당뇨병은 물론 심부전과 만성신부전에서도 핵심 치료제로 사용된다.

2018년만 해도 SGLT-2 억제제의 시장 점유율은 한 자릿수에 불과했으나, 성장세는 가파르다. 현재 전 세계적으로는 GLP-1 계열 주사제가 매출 1위를 휩쓸고 있지만, 우리나라에서는 SGLT-2 억제제의 처방이 급격히 늘어나며 치료의 중심축이 이동하고 있다. SGLT-2 억제제는 이제 환자의 삶과 장기까지 지켜주는 약으로 거듭나고 있다.

SGLT-2 억제제의 이점만큼이나 간과해서는 안 될 부분이 있다. 이 약은 소변으로 포도당을 배출시키는 기전 때문에, 요로와 생식기에서 세균과 곰팡이가 번식하기 좋은 환경을 만든다. 그래서 요로감염이나 질염 같은 불편한 부작용이 나타날 수 있다. 대부분은 항생제나 항진균제로 쉽게 치료되지만, 드물게 심각한 감염으로 이어지는 경우도 보고된다.

당뇨약은 인슐린을 제외하면 이름이 낯설고 복잡하다. DPP-4 억제제, GLP-1 작용제, SGLT-2 억제제처럼 알파벳과 숫자가 섞여 있어 환자에게는 암호처럼 느껴진다. 그러나 당뇨약은 잠깐 복용하고 끝낼 약이 아니라, 장기간 함께해야 하는 치료의 동반자다. 그렇기에 내가 먹는 약의 이름과 계열을 아는 일은 단순한 지식이 아니다. 그것은 치료에 주체적으로 참여하는 첫걸음이며, 건강을 지키는 가장 확실한 방법이다. 약을 처방하는 것은 의사지만, 삶을 지켜내는 힘은 환자 자신에게서 나온다.

당뇨약에서 시작한 비만 치료제
삭센다, 위고비, 마운자로

비만은 오랫동안 개인의 게으름과 의지 부족 탓으로 여겨졌고, 사회적 낙인은 깊었다. 마땅한 치료제가 없던 때에는 식욕 억제용 향정신성 약물에 기대며 중독성·요요 같은 문제를 감수해야 했다. 효과도 떨어져 체중 감량 효과가 10%가 넘는 약은 거의 없었다. 그러나 이 프레임은 인크레틴이 도입되면서 근본적으로 흔들렸다. 비만을 치료 가능한 대사 질환으로 재정의하게 만든 약물, 바로 GLP-1 수용체 작용제가 등장한 덕분이다.

특이한 점은 이 약들이 처음부터 비만을 겨냥해 만든 것이 아니라는 사실이다. 원래는 제2형 당뇨병 치료제로 개발되었지만, 임상 과정에서 전혀 뜻밖의 효능이 발견되었다. 혈당을 낮추는 동시에 놀라운 체중 감소 효과까지 보여준 것이다. 예기치 못한 발견은 비만 치료제의 새 장을 여는 계기가 되었다. 노보 노디스크의 삭센다와 위고비, 그리고 일라이 릴리의 마운자로. GLP-1 기반의 약물은 '꿈의 비만약'이라는 수식어를 얻으며 세계 시장을 뒤흔들고 있다.

GLP-1 계열의 비만 치료 시대를 연 것은 삭센다Saxenda(성분명: 리라글루타이드 liraglutide)이다. 2014년 성인 비만 치료제로 최초로 미국 FDA의 승인을 받았다. 이 약은 GLP-1과 매우 흡사한 아미노산 서열을 지녀, 몸속에서 GLP-1과 같은 방식으로 작용한다. 하지만 효소 DPP-4에 의해 쉽게 분해되지 않기 때문에 효과가 오래간다. 인슐린 분비를 촉진할 뿐 아니라, 음식이 위에서 천천히 배출되도록 하고 뇌의 포만 중추를 자극해 식욕까지 억제한다.

기존의 향정신성 식욕 억제제와 달리 부작용 위험이 크지 않고, 체중 감량뿐 아니라 혈당과 혈압까지 함께 개선하는 효과를 보였다. 하지만 한계도 분명했다. 매일 주사를 맞아야 하는 번거로움이 있었고, 식사와 운동을 병행하더라도 체중 감량은 평균 5~10% 수준에 머물렀다.

2021년 주 1회 투여로도 높은 효과를 입증한 위고비Wegovy(성분명: 세마글루타이드semaglutide)가 나오면서 판도가 달라졌다. 임상 시험에서 위고비는 체중의 10~15% 감소라는 획기적인 성과를 보였다. 약물의 편의성도 주목할 만하다. 주 1회만 피하 주사를 맞으면 되니 훨씬 간편하다. 초기에는 메스꺼움이나 구토 같은 위장관 부작용이 나타날 수 있지만, 1~2주 지나며 신체가 적응하면 점차 그 빈도가 줄어든다.

2023년 미국 FDA 승인을 받은 일라이 릴리의 마운자로Mounjaro(성분명: 티르제파타이드tirzepatide)는 단순한 후발 주자가 아니다. 이 약은 비만 치료의 기준 자체를 바꾸어놓았다. 비밀은 독특한 기전에 있다. 마운자로는 GLP-1뿐 아니라 또 다른 인크레틴 호르몬인 GIP 수용체에도 동시에 작용한다. GLP-1이 식욕을 줄이고 위장 운동을 늦춘다면, GIP는 인슐린 감수성을 높이고 지방 대사를 조율한다. 두 가지 기전이 만나면서, 지금까지의 약물 치료로는 도달하기 힘들었던 평균 20% 이상 체중이 줄었다.

이는 비만 수술에서나 기대할 수 있던 수치다. 말 그대로 약이 수술의 효과를 발휘한 것이다. 이 약의 등장은 의료계와 환자 모두에게 큰 충격을 주었고 시장은 곧 '위고비 vs. 마운자로'라는 양강 구도로 재편되었다. 2025년 발표된 임상 시험(SURMOUNT-5)에서 마운자로를 72주 동안 투여한 결과 위고비보다 더 큰 체중 및 허리둘레 감소 효과를 기록했다.

효과가 강력한 만큼 주의해야 할 점도 있다. 두 약물 모두 메스꺼움, 구토, 설사 등 위장관 부작용이 흔하며, 급격한 체중 감량에 따른 일시적인 탈모와 담석증이 생길 수 있다. 이를 줄이려면 용량을 천천히 증량하고 식사량을 조절하는 생활 습관 관리가 필요하다. 무엇보다 약을 중단하면 체중이 쉽게 다시 늘어난다는 점은 두 약물의 공통된 과제다. 체중 감량은 시작일 뿐, 이를 장기적으로 유지할 전략이 반드시 함께 마련되어야 한다.

위고비와 마운자로는 식욕을 억제하고 포만감을 오래 유지시켜 자연스럽게 섭취 칼로리를 줄이며 체중을 감소시킨다. 지방 감소가 주를 이루지만, 전체 감량 중 25~40%는 근육 손실이 보고된다. 근육이 줄면 기초대사율 저하, 신체 기능 약화, 요요 위험 증가로 이어지기 때문에, 이러한 약물 치료를 할 때는 단백질을 충분히 섭취하고 근력 운동을 병행하는 것이 필수적이다.

2025년 현재, 비만 치료의 화두는 단순히 '얼마나 뺄 수 있느냐'가 아니라 '얼마나 오래, 안전하게 유지할 수 있느냐'다. 치료제는 더 강력해졌고, 적응증은 넓어졌다. 하지만 남은 과제는 한 달에 수십만 원에 달하는 비용과 지속 가능성이다. 생활 습관 개선과 심리적인 동기 부여 같은 장기적인 관리 전략이 병행될 때, 비만은 지속적으로 개선될 수 있다.

혁신은 여기서 멈추지 않는다. 제약사들은 이미 다음 단계를 준비하고 있다. 첫째는 삼중 작용제다. GLP-1과 GIP에 더해 글루카곤 수용체까지 자극해 에너지 소모를 극대화하는 방법이다. 단순한 체중 감량을 넘어 근육 손실을 막고, '건강한 감량'을 실현하는 방향으로 연구가 진행 중이다.

둘째는 경구 제형이다. 주사가 아니라 알약으로 복용할 수 있다면 진입 장벽은 크게 낮아진다. 실제로 노보 노디스크의 경구용 세마글루타이드는 주사제와 맞먹는 효과를 입증했다. 차세대 경구용 비만약이 나오면, 비만 치료의 중심이 주사에서 알약으로 옮겨갈 것이다. 여기에 월 1회 이상 지속되는 초장기 주사제 기술까지 더해지면 비만 관리는 한결 수월해진다.

당뇨 치료의 곁가지였던 GLP-1 주사제가 어느새 비만 치료의 주역이 되었고, 우리는 그 전환점을 목격하고 있다. 물론 넘어야 할 벽도 남아 있다. 높은 약값, 공급 부족, 약을 끊었을 때 나타나는 요요 현상은 여전히 어려운 숙제다.

그러나 도전은 계속되고 있다. GLP-1 계열 약물은 더 이상 일시적인 다이어트 보조제가 아니다. 비만이라는 대사성 만성질환의 짐을 덜고 수명을 연장하며, 제약산업의 판도를 뒤흔드는 핵심 치료제가 되었다.

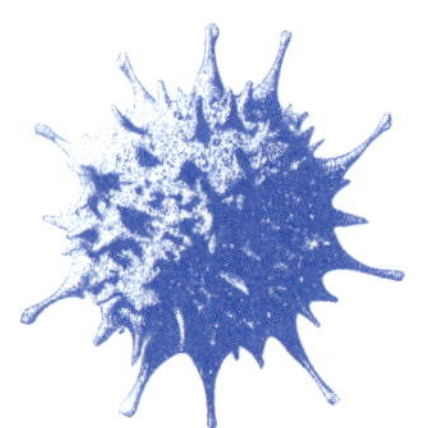

10

기생충을 없애는 구충제

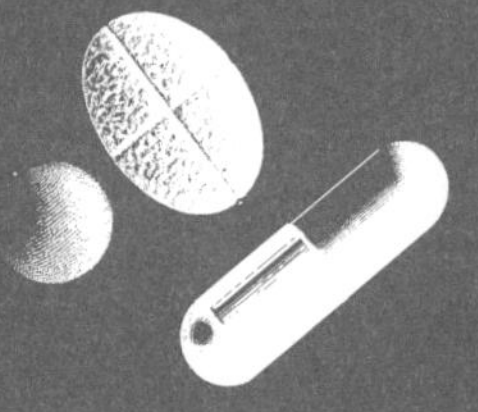

1963년 전주, 복통으로 실려 온 아홉 살 소녀가

수술대 위에서 조용히 숨을 거뒀다.

의사들이 살펴본 장은 믿기 어려운 광경이었다.

장을 꽉 틀어막은 것은 무려 1,063마리의 회충.

소녀의 죽음은 한 지역의 비극을 넘어 나라를 흔들었다.

다음 해 미군과 구호단체가 움직였고,

정부는 기생충 퇴치를 국가 과제로 선포했다.

학교마다 채변봉투가 돌고, 아이들은 줄을 서서 약을 삼켰다.

소녀의 작은 몸 하나가, 한국의 위생과 공중보건을 바꿔놓은

기폭제가 되었다.

#기생충퇴치사업 #토양매개성기생충 #흡충과촌충 #알벤다졸 #프라지콴텔
#이버멕틴 #강변실명증 #심장사상충

기생충 박멸의 기억,
공존의 역설

　　지금 학생들에게는 낯선 이야기지만, 초등학교 다닐 때 대변검사를 받은 추억이 있다. 채변봉투 안에 있는 작은 비닐봉지에 대변을 조금 넣어 학교에 제출하면, 며칠 뒤 선생님이 반 아이들에게 약을 한 움큼씩 나눠주었다. 요즘은 기생충 감염이 많지 않아 학교에 대변을 가져가는 일이 없지만, 당시에는 기생충을 박멸하는 것이 국가적 과제였다. 기생충 약을 회충약이라고 했는데, 대표적인 기생충으로 회충, 편충, 십이지장충, 요충을 들 수 있다.

　　수십 년 전, 우리 몸은 기생충의 집합소였다. 1950년대 많은 사람의 장에는 수십 마리의 회충이 살고 있었다. 암컷 한 마리는 하루에 20만 개나 되는 알을 낳는다. 대변과 함께 배출된 알은 흙 속에서 성숙한 뒤, 다시 사람의 입을 통해 들어왔다.

누가 흙에서 일부러 알을 찾아 먹은 것은 아니다. 당시 농촌에서는 인분을 비료로 썼고, 밭에서 자란 채소에는 회충 알이 묻어 있었다. 김치가 주된 반찬이던 시절, 배춧잎 사이에 붙어 있던 알까지 함께 먹게 되는 일은 흔했다. 몸속에 들어온 알은 혈관을 거쳐 다시 장으로 돌아오고, 2~3개월 뒤에는 길이 30cm가 넘는 성충으로 자랐다.

흙을 매개로 사람과 환경을 오가며 살아가는 기생충을 '토양 매개성 기생충'이라 부른다. 회충, 편충, 십이지장충이 대표적이다. 현재는 위생 환경 개선과 집단 구충 사업 덕분에 거의 사라졌지만, 반세기 전만 해도 회충은 밥상과 일상 속에 공존하던 불청객이었다.

1991년 알프스산맥의 빙하에서 5,000년 전 사람의 미라가 발견되었다. '외치Ötzi'라 불린 이 아이스맨의 몸속에서 편충 알이 나왔다. 편충은 회충처럼 흙을 거쳐 인체로 들어온다. 알은 흙 속에서 발육한 뒤 채소나 물을 통해 인간의 입으로 삼켜지고, 대장에 도달하면 3~5cm 크기의 성충으로 자란다. 수가 적으면 별 증상이 없지만, 많아지면 설사와 복통, 심지어 직장 탈출까지 일으킨다. 빙하 속 외치가 남긴 흔적은, 기생충이 사람 몸속에 얼마나 오랫동안 공존해왔는지 보여준다.

지금 우리나라의 편충 감염률은 0.3%에 불과하다. 그러나 아이러니하게도, 지나치게 깨끗해진 환경은 면역계를 단련할 기회를 줄여 아토피 같은 알레르기 질환이 늘어나는 새로운 문제를 낳았다.

흥미로운 사실은, 한때 박멸 대상이던 편충이 오히려 면역계를 조절해 자가면역 질환을 완화할 수 있다는 연구가 이어진다는 점이다. 사람 편충과 형태는 비슷하지만 사람 장내에서 오래 살아남지 않는 돼지 편충 Trichuris suis을 이용해, 크론병과 같은 염증성 장 질환을 치료하려는 시도도 있었다.

십이지장충은 흙을 매개로 사람에게 들어온다. 유충은 피부를 뚫고 혈관을 타고 이동하다가 폐와 기관지를 거쳐 십이지장에 자리를 잡는다. 성충은 길이 1cm 남짓, 갈고리 모양의 이빨로 장벽에 매달려 피를 빨아먹는다. 하루 0.2cc가량의 혈액을 흡수해, 많은 수가 기생하면 빈혈과 소화 장애를 일으킨다. 암컷이 낳은 알은 대변으로 배출되어 흙 속에서 다시 유충이 된다. 인분 비료를 쓰던 시절, 맨발로 밭일을 하던 농민들은 흙을 통해 감염되었다. 지금 우리나라에서는 위생 환경 개선과 화학비료 사용 덕분에 십이지장충이 사실상 사라졌다. 그러나 세계적으로는 여전히 수억 명이 감염되어 살아간다.

회충·편충·십이지장충은 사실상 우리나라에서는 이제 교과서 속 이름이 되었다. 그러나 요충만은 여전히 남아 있다. 길이 1cm 남짓한 하얀 실 같은 이 벌레는 대장에서 자라난 뒤, 암컷이 밤마다 항문 밖으로 기어 나와 수천 개의 알을 낳는다. 아이가 가려워 긁은 손에 알이 묻고, 손을 씻지 않은 채 음식을 먹으면 다시 입으로 들어가 감염이 이어진다.

2023년 질병관리청 조사에서 국내 미취학 아동의 요충 감염률은 0.2%로 나타나, 2018년 2.4%의 10분의 1 수준으로 줄었다. 위생 환경 개선과 관리 강화 덕분에 감염률은 2018년 2.4%, 2019년 0.6%, 2023년 0.2%로 꾸준한 하락세를 보이고 있다. 다만 어린이집과 유치원처럼 집단 생활이 이루어지는 시설에서는 집단 감염이 여전히 가능해, 장난감을 입에 넣거나 손가락을 빠는 연령대에서는 지속적으로 위생 교육을 해야 한다.

아이가 감염되면 함께 생활하는 가족 모두가 동시에 구충제를 복용해야 한다. 그렇지 않으면 금세 재감염이 일어난다. 치료법도 차이가 있다. 일반 기생충과 달리 요충은 두 번 먹어야 한다. 첫 번째 약은 성충을 없애고, 1~2주 뒤 다시 복용해 알에서 부화한 유충까지 제거해야 한다. 밤마다 항문 주위에 수천 개의 알을 낳고 죽는 암컷 요충의 특성 때문이다.

이들 기생충 외에도 흡충류가 있다. 과거에는 이들을 디스토마_{distoma}라고 불렀다. 그리스어에서 'stoma'는 '입'을 뜻하는데, 몸에 구멍이 두 개 있어 '입이 두 개'라는 의미로 붙은 이름이다. 그러나 나중에 밝혀진 사실에 따르면, 하나는 실제 입이지만 다른 하나는 숙주에 달라붙기 위한 빨판이었다. 그래서 오늘날에는 디스토마 대신 흡충이라 부른다.

대표적인 흡충으로는 간흡충(간디스토마)과 폐흡충(폐디스토마)이 있다. 간흡충은 민물고기를, 폐흡충은 가재나 게를 덜 익혀 먹을

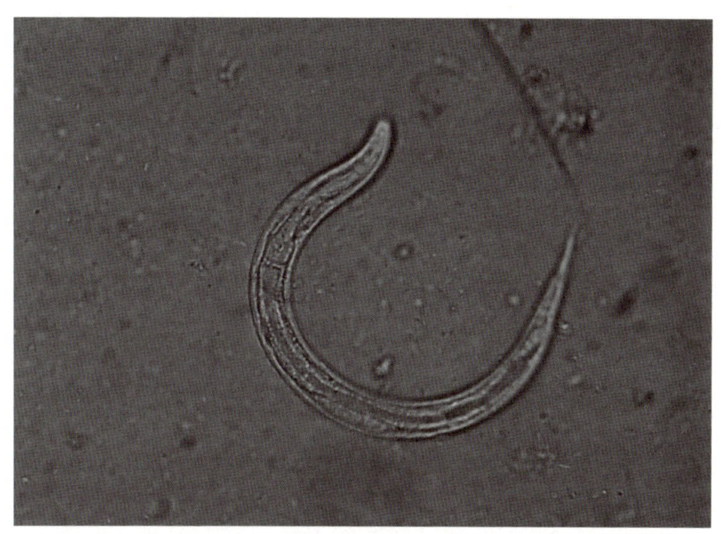

요충. 항문 부위를 간지럽히는 기생충으로, 항문을 긁은 손을 입으로 가져가거나 음식을 섭취하면서 감염된다. 위생 환경이 좋아진 오늘날에는 감염될 확률이 매우 낮은 편이지만, 다른 척추동물에 비해 손을 사용하는 영장류의 감염률이 압도적으로 높다.
©Ajay Kumar Chaurasiya

때 감염된다. 한때 우리나라 강 유역에서는 흡충이 풍토병처럼 널리 퍼져 있었다. 이들 흡충은 일반적인 구충제(알벤다졸, 메벤다졸 등)로는 잘 치료되지 않는다. 표준 치료제는 프라지콴텔praziquantel이며, 전문의약품으로 반드시 의사의 처방이 필요하다. '디스토마'라는 이름은 역사 속 용어가 되었지만, 간흡충과 폐흡충은 여전히 우리 곁에 남아 있다. 음식 문화와 위생 습관이 바뀌지 않는 한 완전히 사라지기 어려운 기생충이다.

2005년 가을, 약국마다 구충제를 찾는 사람들로 북새통을 이뤘다. 중국산 김치에서 기생충 알이 나왔다는 보도가 나오자 불안은 순식간에 전국으로 퍼졌다. 구충제는 하루 만에 동났고, 공급이 따라가지 못했다. 그해는 구충제가 가장 많이 팔린 해로 기록되었다.

원인은 인분 비료와 오염된 물로 재배한 중국산 배추였다. 충격은 거기서 멈추지 않았다. 일부 국내산 배추에서도 기생충 알이 검출되면서 불신은 더 커졌다. 값싼 중국산 김치가 식당 밥상에 자리를 차지한 지 오래였던 만큼 파장은 컸다.

다행히 실제 인체 감염 사례는 없었다. 발견된 알은 대부분 사람에게 직접 감염되지 않는 종이었고, 감염 가능성도 낮았다. 그러나 시민들이 느낀 불안과 불신은 쉽게 사라지지 않았다. 지금도 '중국산 김치'라는 말에 고개를 젓는 사람이 많은 이유다. 2005년의 구충제 대란은 단순한 해프닝이 아니었다. 우리의 밥상이 얼마나 쉽게 위협받을 수 있는지 보여준 사건이었다.

한때 기생충은 무조건 제거해야 할 절대적인 해악으로 여겨졌다. 1960~70년대만 해도 위생 환경이 열악해 회충·편충이 창궐했고, 국가적으로 대대적인 구충 사업이 펼쳐졌다. 그러나 기생충이 거의 사라진 사회에서 뜻밖의 일이 벌어졌다. 오히려 알레르기와 자가면역 질환이 늘어난 것이다.

인체는 외부에서 들어온 기생충을 침입 신호로 감지해 면역 반응을 일으킨다. 이 과정에서 면역 체계는 단련되며 강해진다. 하지만 몸속의 '이방인'이 사라지자 면역은 방향을 잃고 스스로를 공격하기 시작했다. 아토피, 천식, 비염 같은 질환이 급격히 늘어났다.

사람과 기생충은 수만 년 동안 함께 공존했다. 3만 년 전 호모 사피엔스의 유골에서도 회충 흔적이 발견된다. 기생충은 겉모습은 혐오스럽지만, 인체와 서로를 해치지 않는 범위에서 절묘한 균형을 유지해왔다. 역설적으로 그 공생의 세월이 우리의 면역을 단련시킨 셈이다.

드라마틱한
기생충 퇴치 사업

1963년 전주에서 의료 선교사로 활동하던 미국인 의사 폴 크레인Paul Crane 박사는 복통을 호소하는 아홉 살 소녀를 수술했다. 진단은 장폐색. 그러나 수술대 위에서 소녀는 끝내 숨을 거두었다. 장을 틀어막은 것은 무려 1,063마리의 회충이었다.

크레인 박사는 이 충격을 세계에 알렸다. 이듬해 주한 미군과 미국 민간구호단체 협의회는 후원을 결의했고, 당시 보건사회부는 기생충 퇴치를 국가적 과제로 선포했다. 1966년에는 '기생충 질환 예방법'이 국회를 통과하면서 대한기생충박멸협회가 출범했다.

그 뒤로 전국의 학생들은 채변봉투를 제출하고, 단체로 구충제를 삼키는 일이 보건 행정의 일상이 되었다. 불과 몇십 년 전까지만 해도 국민 다수가 기생충과 함께 살았지만, 범국가적 박멸 사업 끝에 오늘날 감염률은 1%도 되지 않는다. 아홉 살 소녀의 비극은 한국 사회를 움직인 기폭제였다. 회충 1,063마리는 위생의 결핍을 드러내는 숫자였고, 동시에 한 나라가 결단해야 할 이유를 상징하는 숫자였다.

1960년대 초 한국인의 장은 기생충으로 가득했다. 전국 조사에서 감염률은 80%를 넘었고, 사실상 국민 대부분이 기생충과 함께 살았다. 한국전쟁 직후 영양상태는 열악했고, 한창 자라야 할 학생들의 몸은 기생충에 시달리며 성장에 큰 장애를 겪었다.

1969년부터는 봄·가을마다 전국 학교에서 대변검사를 실시했고, 기생충이 확인되면 무료로 약을 나눠주었다. 이 집단검사는 1995년까지 이어졌으며, 누적 검사 건수는 3억 회를 넘었다. 구충제 보급과 더불어 인분 비료 사용 금지, 상하수도 설치, 식생활 개선이 뒷받침되면서 감염률은 눈에 띄게 줄었다. 불과 몇십 년 전만 해도 국민병이었던 장내 기생충은 역사 속 이름이 되었다.

임한종 전 고려대 교수는 우리나라 기생충학의 개척자다. 흔히

'한국 기생충학 1호 박사'로 불리며, 반세기 넘게 기생충 퇴치와 연구에 평생을 바쳤다. 1960~70년대 전국 학생들의 채변검사와 집단 구충 사업 뒤에는 늘 그의 노력이 숨어 있었다.

그의 발걸음은 국경을 넘어섰다. 사람의 발길이 닿기 어려운 오지, 심지어 아프리카 빅토리아호수까지 찾아가 주혈흡충 환자를 치료했다. '기생충이 있다면 지옥이라도 간다'라는 그의 신념은 과장이 아니었다.

임 교수는 또한 흡충 치료제 프라지콴텔의 임상 연구와 보급에도 중요한 역할을 했다. 개발은 독일 제약사에서 이뤄졌지만, 그는 아시아와 아프리카 현장에서 효과를 검증하고 치료를 확산시키는 데 크게 기여했다. 우리나라가 기생충에서 벗어날 수 있었던 배경에는 학문적 집념과 현장 중심의 실천을 결합한 그의 발자취가 있었다.

범국가적인 구제 사업이 시작되자 상황은 놀랍도록 빠르게 바뀌었다. 1981년에는 기생충 감염률이 절반가량으로 떨어졌고, 1986년 12%, 1997년에는 2%대까지 내려갔다. 불과 20여 년 만에 이룬 성과는 세계에서도 유례를 찾기 힘들었다. 한국의 기생충 퇴치 경험은 세계보건기구가 인정한 모범사례로 기록되었다.

감염률이 급속히 떨어지자, 1986년 대한기생충박멸협회는 한국건강관리협회로 새롭게 출범했다. 더 이상 기생충만을 상대할 일이 줄어든 대신, 건강검진과 만성질환 관리, 청소년 건강, 금연 캠페인 등 새로운 보건 과제를 맡게 된 것이다. 박멸 중심의 기생충 관리가 끝나면서, 공중보건의 목표도 '기생충 없는 세상'에서 '더 건강한 삶'으로 이동했다.

기생충학자 서민 교수는 『기생충 열전』에서 소녀의 사인을 다른 관점으로 해석한다. 단순히 회충 때문이 아니라, 굶주림 속에서 영양분마저 빼앗긴 끝에 사망했다는 것이다. 그는 "밥 한 숟갈만 더 있었어도 살 수 있었을 것"이라고 말했다.

실제로 기생충 퇴치의 성과는 구충제만으로 이뤄진 것이 아니었다. 경제개발을 통해 밥상이 풍요로워지고, 화학비료가 보급되며, 상하수도가 보급되는 과정이 함께 있었다. 영양과 위생, 환경이 동시에 개선되었기에 짧은 시간에 유례없는 성과를 거둘 수 있었다.

놀랍게도, 한 아이의 비극에서 출발한 박멸 운동은 이제 국경을 넘어섰다. 한국은 중국·라오스·아프리카 등지에 구충제 지원과 퇴치 경험을 전수하며, 과거의 아픈 역사를 다른 나라의 희망으로 바꾸고 있다.

기생충을 굶겨 죽이는
똑똑한 약

회충, 편충, 십이지장충, 요충은 모두 몸이 길고 원통형 모양이어서 흔히 선충roundworm이라 불린다. 이 가운데 회충과 편충은 과거 우리나라에서 가장 흔히 발견되던 장내 기생충이었다. 회충, 십이지장충은 구충제를 한 번만 복용하면 쉽게 없앨 수 있지만, 편충은 다르다. 편충은 대장 점막 깊숙이 머리를 박고 기생해 약물이 잘 스며들지 않고, 알이 두꺼워 쉽게 죽지 않는다. 그래서 1회 복용만으로는 효과가 떨어져, 보통 3일 연속 복용이 권장된다.

현재 국내에서 가장 많이 사용되는 약은 광범위 구충제 알벤다졸albendazole과 플루벤다졸flubendazole이다. 두 약물 모두 약국에서 손쉽게 구할 수 있으며, 가격 또한 아주 저렴하다. 복용 형태는 1정, 2정, 4정 단위 포장으로 공급되어 가족 단위로 복용할 수 있고, 소아용 현탁액 물약도 시판되고 있다.

연령 제한은 약물마다 다르다. 알벤다졸은 만 2세 이상, 플루벤다졸은 만 1세 이상부터 복용할 수 있다. 어린이에게는 대체로 플루벤다졸 성분의 현탁액이 사용되며, 복용 편의를 위해 딸기나 오렌지 같은 과일 향이 첨가된 제품이 많다.

구충제는 독성으로 기생충을 공격하는 대신, 영양 흡수를 막아 서서히 굶겨 없애는 방식으로 작용한다. 대표적인 벤즈이미다졸계 약물(알벤다졸, 플루벤다졸 등)은 기생충 세포의 뼈대와도 같은 미세소관microtubule의 형성을 방해한다. 미세소관은 알파$_\alpha$와 베타$_\beta$ 튜불린이 결합하여 만들어지는데, 구충제는 이 가운데 β-튜불린에 달라붙어 중합(단백질이 길게 이어지는 과정)을 차단한다.

미세소관이 무너지면 세포 골격이 무너지고, 물질 수송 통로가 막혀 포도당 흡수가 차단된다. 포도당은 기생충이 살아가는 데 필요한 주요 에너지원이므로, 영양 공급이 차단된 기생충은 에너지를 소진하며 서서히 죽어간다. 이렇게 사멸한 성충과 일부 유충, 알은 장운동으로 배설된다. 곧 구충제의 핵심 원리는 기생충을 굶겨 서서히 사멸하게 만드는 것이다.

과거에는 구충제를 먹고 나면 대변에서 살아 있는 기생충이 꿈틀거리는 모습을 눈으로 확인할 수 있었다. 당시 사용되던 피페라진piperazine이나 산토닌santonin 같은 약물은 기생충을 마비시키거나 표면을 자극해 장의 아래쪽으로 몰아내는 방식으로 작용했기 때문이다. 아이들 사이에서는 "약을 먹고 변을 보면 하얀 벌레가 나온다"라는 말이 돌기도 했다.

그러나 현재 사용하는 구충제는 원리가 다르다. 알벤다졸, 플루벤다졸 같은 벤즈이미다졸계 약물은 몸에 거의 흡수되지 않고 장 안에서만 작용하기 때문에 부작용이 낮다. 그래서 성인과 어린이가 같은 양을 복용해도 안전하다. 실제로 알벤다졸은 400mg 한 알, 플루벤다졸은 500mg 한 알로 나이에 상관없이 투여된다.

구충제는 단순히 '벌레를 몰아내는 약'이 아니라, 기생충의 대사를 정밀하게 차단하는 똑똑한 약으로 발전했다. 한 알로 끝낼 수 있는 간편한 복용법 뒤에는 이런 과학적 원리가 숨어 있다.

기생충 감염률이 급격히 낮아진 데에는 효과적인 구충제의 개발이 큰 역할을 했다. 1960년 벨기에 식민지였던 콩고가 독립하자 그곳에서 열대 질환을 연구하던 수의사와 의학자가 대거 자국으로 돌아왔다. 그 가운데 한 사람이 수의사 로베르트 마스붐Robert

Marsboom이다. 그는 귀국 후 벨기에 의사 폴 얀센이 세운 신생 제약사 얀센에 합류했다.

마스붐은 콩고 시절 쌓은 경험을 바탕으로, 아프리카에서 활동하던 기생충 학자들을 벨기에로 불러들였다. 수십 명의 연구자가 힘을 합쳐 본격적으로 구충제 개발에 착수한 것이다. 그들의 목표는 단순했다. "기생충만 마비시키거나 죽이면서, 사람에게는 해가 없는 약을 만들자."

1968년 얀센에서 새로운 구충제 메벤다졸mebendazole을 세상에 내놓았다. 메벤다졸은 회충, 편충, 십이지장충, 요충 등 주요 장내 기생충에 작용하는 광범위 구충제로, 효과는 기존 약들과 비교해 압도적이었다.

기생충을 굶겨 죽이는 방식이어서 복용 직후 곧바로 죽는 것이 아니라, 며칠에 걸쳐 점차 에너지를 잃고 사멸한다. 그러나 부작용은 거의 없었고, 사람에게는 안전했다. 무엇보다도 돋보인 점은 복용의 편리성이었다. 예전에는 효과도 미미한 약을 열 알 넘게 삼켜야 했는데, 메벤다졸은 단지 한두 알만 복용하면 회충과 요충을 손쉽게 구제할 수 있었다.

얀센은 메벤다졸을 토대로 플루벤다졸flubendazole을 개발했고, 이어 현재 GSK의 전신인 영국 제약사 스미스, 클라인 앤 프렌치SmithKline & French는 알벤다졸albendazole을 만들어냈다. 이 세 약물은 전 세계 기생충 퇴치 사업에 널리 쓰이며 위생 환경 개선과 함께 감염률 감소에 결정적인 역할을 했다. 현재 우리나라에서는 메벤다졸은 더 이상 쓰이지 않고, 알벤다졸과 플루벤다졸이 대표적인 구충제로 판매되고 있다.

국제적으로 구충제 개발이 활발히 이루어지던 무렵, 우리나라 역시 값싸고 효과적인 국산 구충제를 만들기 위한 도전에 나섰다. 1975년 국내 제약사 신풍제약이 한국과학기술연구원KIST과 손잡고, 메벤다졸을 전혀 다른 합성법으로 만들어내는 데 성공했다. 당시 우리나라에는 의약품 물질특허가 없었기에 합성 과정만 다르면 합법적으로 국산화가 가능했다.

국산 메벤다졸은 수입 약보다 값은 훨씬 싸고, 약효는 동등했다. 한두 알만 삼키면 회충과 요충이 사라졌고, 부작용도 거의 없었다. 이 약은 곧 전국 학교와 보건소로 보급되며 집단 구충 사업의 든든한 버팀목이 되었다. 신풍제약은 여기서 멈추지 않았다. 뒤이어 알벤다졸과 플루벤다졸까지 자체 합성했다.

신풍제약과 협력한 KIST는 1966년에 출범한 종합연구소로 정부 출연 연구기관의 효시라고 할 수 있다. 설립 배경에는 베트남전 참전이라는 국제정치적 환경이 있었다. 미국은 한국군 파병의 대가로 기존 원조와는 다른 형태의 지원, 곧 과학기술 연구와 산업 응용에 도움이 되는 응용과학연구소 건립을 약속했다.

1965년 5월 미국을 방문한 박정희 대통령과 린든 존슨 대통령은 한미 정상회담에서 베트남 전투부대 파병과 함께 개발차관, 그리고 응용과학연구소 설립 지원에 합의했다. 미국 바텔 기념연구소가 주도해 설계한 KIST는 정부로부터 자율성을 보장받은 비영

리기관으로, 외국에 흩어져 있던 한국인 과학자들을 고액 연봉과 우수한 연구환경 제공이라는 파격적인 대우로 불러들였다. 대학·연구소·산업계를 잇는 협력 구조도 제도화해 기술이 곧장 산업 현장으로 확산될 수 있게 했다. 그래서 서울 홍릉 KIST 본관 1층에는 아직도 '존슨 강당Johnson Hall'이 남아 있다.

연구소에서 탄생한 국산 구충제가 사회를 바꿔냈다면, 개인의 건강은 일상 속 작은 위생 습관에서 시작된다. 기생충 감염을 피하는 길은 거창하지 않다. 답은 청결이다. 기생충은 대부분 입을 통해 몸속으로 들어오기 때문에, 채소와 과일은 반드시 흐르는 물에 여러 번 씻어야 하고, 고기는 속까지 충분히 익혀 먹어야 한다. 특히 민물고기의 생식을 삼가고 식수와 조리 도구의 위생을 철저히 관리하는 것이 중요하다. 외출 후나 화장실을 다녀온 뒤 손을 씻는 일은 두말할 필요도 없다. 작은 생활 습관 하나가 감염을 막는 가장 확실한 백신인 셈이다.

독자적으로 개발한
기생충 치료제 프라지콴텔

장내 기생충은 크게 세 부류로 나눌 수 있다. 가장 흔한 회충·편충 같은 선충, 빨판으로 장기에 달라붙는 흡충, 그리고 소화관이 없어 몸 표면으로 영양을 흡수하는 촌충이다. 흡충 가운데 간흡충은 민물고기(주로 잉어과 어류)를 날로 먹을 때, 폐흡충은 덜 익힌 참게와 가재를 통해 감염된다. 아프리카와 동남아에 많은 주혈흡충은 예외적으로 물놀이 중 피부를 뚫고 들어와 감염을 일으킨다.

촌충은 고기마다 숙주가 다르다. 덜 익은 돼지고기에는 유구조충, 쇠고기에는 무구조충, 민물고기에는 어류 촌충이 숨어 있다. 이들 흡충과 촌충은 알벤다졸이나 플루벤다졸 같은 일반 구충제로는 잘 듣지 않는다. 대신 병원에서 처방받는 프라지콴텔이 표준 치료제로, 약을 복용하면 대부분 퇴치할 수 있다.

한때 우리나라 사람들은 강이나 하천에서 잡은 민물고기를 회로 즐겨 먹었다. 심지어 우렁이나 개구리, 뱀까지 날로 먹으면 정력이 좋아진다고 믿기도 했다. 그러나 이들 동물의 근육과 내장에는 흡충의 애벌레가 숨어 있고, 사람의 몸속에 들어오면 간이나 폐, 창자에서 성충으로 자라 병을 일으킨다.

특히 낙동강 유역에서는 민물회를 즐긴 이들이 중년에 이르러 얼굴이 붓고 황달에 시달리다 목숨을 잃는 일이 흔했다. 당시에는 지역의 토질 때문이라며 '풍토병'으로 여겼지만, 실제 원인은 간흡충 감염이었다.

간흡충과 폐흡충은 달팽이류, 곧 쇠우렁이나 다슬기에서 시작된다. 흡충의 유충이 달팽이류를 첫 숙주로 삼아 물고기나 갑각류로 옮겨가고, 그것을 날로 먹은 사람이 최종 숙주가 되는 기생충의 생활사가 밝혀졌다. 이렇게 풍토병으로만 여기던 질환의 진짜 원인이 드러난 것이다. 오래된 풍습이라 여겨온 민물회, 참게장, 가재 요리 등의 식문화가 사실은 흡충 감염을 유발하는 위험한 습관이었다.

기생충 치료제 가운데 가장 혁신적인 약이 프라지콴텔이다. 1970년대 독일 머크와 바이엘이 공동으로 합성해 1980년 '빌트리시드Biltricide'라는 제품명으로 세상에 나왔다. 이 약은 기생충의 세포막, 특히 칼슘 이온 통로Ca²⁺ channel에 작용한다. 그러면 칼슘 이온의 투과성이 비정상적으로 높아져 세포 안으로 급격히 유입되면서 기생충은 전신이 강직되는 마비 상태에 빠진다. 동시에 표면 구조가 손상되어 숙주의 담즙산과 면역세포에 무방비로 노출된다. 결국 기생충은 근육 마비와 면역 반응이 겹쳐 사멸하게 된다.

복용법은 단순하다. 간흡충은 하루 세 번 복용하는 1일 요법, 폐흡충은 이틀 동안 하루 세 번 복용하는 2일 요법이면 충분하다. 촌충은 한 번 복용하면 대부분 치료된다. 이때 시간 간격이 중요한데 4시간 이상 6시간 이내에 먹어야 한다. 프라지콴텔은 혈중 농도를 일정하게 유지해야 효과가 충분히 발휘된다. 복용 간격이 지나치게 짧으면 농도가 급격히 높아져 부작용이 생기고, 너무 길어지면 농도가 떨어져 기생충을 제대로 죽이지 못한다. 복용 시 몸무게도 중요해 용량을 계산해 알약을 쪼개서 조제하기도 한다.

유구조충(덜 익힌 돼지고기)과 무구조충(덜 익힌 쇠고기)은 체중 1kg당 5~10mg, 광절열두조충(잉어, 연어 등)은 10~25mg을 1회 투여한다. 단 유구조충알이 체내에서 유충으로 자라서 뇌나 근육에 자리 잡는 낭미충증은 예외다. 이때는 고용량으로 장기 투여해야 한다. 이렇게 불과 몇십 년 전까지만 해도 원인을 알 수 없는 풍토병이 약 복용만으로 완전히 사라지는 시대가 되었다.

바이엘에서 판매한 빌트리시드가 세계 시장을 석권할 무렵, 1983년 KIST 응용화학연구실장 김충섭 박사를 비롯한 김중협, 이남진 연구원이 3년간의 연구 끝에 새로운 방법으로 프라지콴텔 합성에 성공했다. 신풍제약은 이 합성법을 이전받아 '디스토시드Dis-tocide'를 생산해 판매했다. 바이엘이 만든 제법은 위험해 공장에서 대량생산이 부적합했으나 KIST의 신합성법은 안전하고 대량생산이 가능해 가격을 독일산의 절반 이하로 크게 낮출 수 있었다.

독일은 한국이 이런 약을 만들리라고는 생각지도 못했다. 바이엘은 신풍제약에 합성 특허권을 수십만 달러에 팔라고 요구했으나 넘기지 않았다. 그러자 바이엘은 국제적으로 연합해(GATT, 유럽·미국) 우리나라에 물질특허를 도입하라고 압력을 가했다. 당시 우리나라에는 '물질특허'가 없고 '합성법 특허'만 있었다.

이후 합성법이 아니라 화학적으로 제조되는 물질 자체를 대상으로 하는 물질특허제도가 1987년에 도입되었다. 이 때문에 독자적인 물질을 최초로 만들지 못하면 독점적인 권리를 인정받지 못하게 되었다. 이때부터 국내 제약사와 연구기관이 본격적으로 신약 연구개발에 뛰어들었다.

1980년대 프라지콴텔 합성의 성과는 단순한 복제가 아니었다. 그것은 한국 제약산업이 모방의 그늘에서 벗어나 스스로 길을 열어가야 한다는 강력한 신호탄이었다. 그 작은 걸음들이 모여, 오늘의 한국은 글로벌 신약을 개발하고 바이오 기술 강국으로 도약할 기반을 갖추게 되었다.

아프리카의 눈을 뜨게 한 기적의 약, 이버멕틴

사하라 사막 남쪽 아프리카에서는 시력을 잃은 어른을 아이가 나뭇가지로 인도하며 걸어가는 광경을 종종 볼 수 있다. 사람들은 이 질병을 '강변 실명증river blindness'이라고 부른다. 원인은 회선사상충이라는 기생충이며, 유속이 빠른 강가에서 번식하는 흑파리black fly에게 물리면서 전파된다.

흑파리의 침에 섞여 들어간 회선사상충은 피부밑에서 성충으로 자라 덩어리를 형성한다. 성충은 수십 년 동안 살면서 수천 마리의 미세사상충microfilariae(새끼 기생충)을 낳는다. 이 미세사상충은 피부와 눈으로 이동해 각막에 염증을 일으키고, 시간이 지나면 각막이 혼탁해져 실명으로 이어진다.

이 병은 아프리카뿐 아니라 멕시코, 과테말라, 콜롬비아, 베네수엘라, 브라질 등 중남미에서도 발생했다. 원인은 16세기 이후 시작된 노예무역이었다. 아프리카에서 끌려온 노예들이 감염된 상태로 실려오면서, 회선사상충은 아메리카 대륙까지 번졌다.

강변 실명증(회선사상충증)에 걸린 남자의 모습. 강변 실명증은 회선사상충에 감염된 흑파리에게 물려 발생하는 질병이다. 흑파리는 유속이 빠른 물가에서 번식하며, 이 파리가 매개체역할을 하여 기생충을 전파하기 때문에 '강변 실명증'이라는 이름이 붙었다. 감염되면 실명에이를 수 있으며, 주로 아프리카와 중남미 등에서 유행한다.

2015년까지 세계적으로 약 2,500만 명 이상이 감염되었고, 30만 명 이상이 실명에 이른 것으로 추정된다. 이는 가장 참혹한 기생충 질환 가운데 하나로 알려져 있다. 다행히 세계보건기구와 여러 국제기구가 이버멕틴ivermectin을 대규모로 보급하면서 중남미 지역에서는 대부분 근절 단계에 도달했으며, 아프리카에서도 점차 퇴치에 가까워지고 있다.

사상충이 일으키는 병은 한 가지가 아니다. 아프리카 강가에서 실명을 일으키는 회선사상충증뿐 아니라, 모기를 통해 전파되는 림프사상충증도 있다. 이 기생충은 사람의 림프관 속으로 침투해 점차 그 통로를 막아버린다. 림프관은 혈관에서 새어나온 림프액을 심장으로 되돌려 전신을 순환시키는 중요한 통로인데, 여기가 막히면 팔, 다리, 가슴, 심지어 고환까지 퉁퉁 붓게 된다.

림프사상충은 생존 중에도 림프관을 해치지만, 죽을 때는 손상이 훨씬 심해진다. 벌레에서 방출된 단백질이 혈액 속으로 흘러나오면 강한 면역 반응을 일으켜 심한 염증과 극심한 통증을 유발한다. 림프관이 막혀 팔다리가 붓고, 피부가 코끼리 가죽처럼 두껍고 단단해진다. 그래서 이 병을 흔히 코끼리 다릿병elephantiasis이라 부른다.

강변 실명증과 코끼리 다릿병, 이 두 사상충 질환을 막아낸 약이 바로 이버멕틴이다. 이 약은 미세사상충의 활동을 억제해 실명과 부종을 예방하고, 대규모 공중보건 사업에서 수억 명의 환자를 구해냈다. 이 놀라운 성과는 2015년 노벨 생리·의학상으로 이어졌

다. 수상의 영예는 일본의 미생물학자 오무라 사토시大村智와 아일
랜드 출신 미국 연구자 윌리엄 캠벨William Campbell에게 돌아갔다.

오무라는 1970년대 흙 속에 있는 미생물을 체계적으로 탐색하
며 해마다 2,000~3,000종의 새로운 균주를 발견했다. 그중 일본
동부 시즈오카현의 한 골프장 근처 토양에서 얻은 방선균이 기생
충에 탁월한 효과를 내는 물질인 아버멕틴avermectin을 생산한다는
사실을 발견했다. 이 발견이 이버멕틴의 출발점이었다.

일본은 전통적으로 천연물에서 유효 성분을 탐구하는 데 강한
나라다. 19세기 말 교토 제국대학의 화학자 나가이 나가요시長井長
義는 한방에서 감기약으로 쓰이는 마황麻黃에서 에페드린ephedrine
을 분리해냈다. 오늘날까지 감기약과 천식 치료제에 쓰이는 이 물
질은 동아시아 약초 연구가 근대 과학으로 이어진 대표적 사례다.

인삼 연구 역시 마찬가지다. 인삼의 효과를 내는 성분인 진세노
사이드ginsenoside는 1960년대 일본 학자들이 처음으로 추출해 화
학구조를 규명했다. 우리나라의 대표 약재인 인삼에 대한 성분 연
구 역시, 아이러니하게도 일본에서 먼저 본격적으로 시작되었다.

이런 배경에서 태어난 인물이 바로 오무라 사토시다. 그는 흙
을 샅샅이 조사해 방선균을 찾아내고 미생물을 분리했다. 오무라
는 이 균주를 미국 머크에 보냈고, 머크의 기생충학자 윌리엄 캠벨
이 독성이 있는 아버멕틴을 개량해 이버멕틴을 개발했다. 이 약은
회선사상충증과 림프사상충증 같은 열대 기생충병을 퇴치하는 데
결정적인 역할을 했다.

이 약은 어떻게 기생충을 죽일까? 이버멕틴의 비밀은 아주 작은 문, 이온 통로ion channel에 있다. 신경이나 근육은 전기 신호를 통해 움직이는데, 이 신호는 이온이 드나드는 문을 통해 전달된다. 나트륨, 칼륨, 칼슘, 염소 같은 이온들이 세포막을 오가며 흥분과 이완을 조절한다.

기생충의 신경과 근육에도 이런 문이 있다. 그 가운데 하나가 글루탐산에 의해 열리는 염소 이온 통로glutamate-gated Cl⁻ channel다. 평소에는 신호가 오갈 때만 문이 열리지만, 이버멕틴이 통로에 달라붙으면 상황이 달라진다. 문이 계속 열린 채로 고정되면서 염소 이온이 과도하게 들어오고, 신경과 근육은 전기적 균형을 잃고 마비된다.

이런 원리로 기생충은 움직이지 못하고, 흡혈이나 기생을 이어갈 힘을 잃는다. 재미있는 점은 사람을 비롯한 포유류에는 이러한 통로가 중추신경계에만 존재하고 혈액뇌장벽에 막혀 약물이 뇌에 도달하지 못한다. 그래서 이버멕틴은 기생충에는 치명적이면서 사람에게는 비교적 안전한 약으로 쓸 수 있다.

1981년 이버멕틴은 동물용 의약품으로 출시되었다. 말, 돼지, 양, 소 같은 동물에 기생하는 회충, 편충, 십이지장충 같은 장내 기생충, 림프관에 숨어드는 사상충, 그리고 피부를 파고드는 진드기와 이, 심지어 구더기에까지 강력한 효과를 보였다.

당시까지만 해도 이렇게 광범위하면서도 안전한 구충제는 없었다. 대부분의 약은 특정 기생충에만 제한적으로 작용하거나, 부작용이 문제였다. 하지만 이버멕틴은 달랐다. 다양한 기생충을 동시에 억제하면서도 안전성이 뛰어났다. 덕분에 축산업계에서 이버멕틴은 순식간에 '혁신의 아이콘'이 되었고, 매년 10억 달러가 넘는 매출을 올리며 블록버스터 동물약품으로 자리 잡았다.

하지만 이버멕틴의 역할은 여기서 끝이 아니었다. 진정한 가치는 동물에서 사람으로 무대를 옮기면서 드러났다. 눈을 멀게 하는 강변 실명증(회선사상충증), 팔과 다리를 코끼리 다리처럼 붓게 만드는 림프사상충증 같은 열대병에서 이버멕틴은 놀라운 힘을 발휘했다.

사람에게 적용하기 위한 이버멕틴의 임상 시험은 1980년대 초 서아프리카(세네갈, 말리, 라이베리아, 가나 등)에서 진행되었다. 임상 1상에서는 안전성이 확인되었고, 이어진 이중맹검·위약 대조 임상 시험에서 효능이 입증되었다. 이중맹검 시험은 환자와 의사 양쪽 모두 어느 쪽이 진짜 약과 가짜 약(플라세보)인지 알려주지 않는 검사법이다. 임상 시험에 참가하지 않는 3자만이 진짜 약을 구별할 수 있다. 수천 명 규모의 임상 3상을 통해 효능과 안전성이 입증되었다. 1986년에는 강변 실명증 치료제로 허가되었고, 림프사상충증으로의 확대는 1998년부터 시작되었다.

이때 머크의 CEO 로이 베겔로스Roy Vegelos는 심각한 딜레마에 빠졌다. 이버멕틴(제품명: 멕티잔Mectizan)이 필요한 사람은 대부분 저개발국의 빈곤층인데, 고가의 신약으로는 널리 보급하기 어려웠다. 그렇다고 무상 공급을 선언하면 다른 질환(말라리아나 에이즈 등)

신약 개발에 악영향을 줄 수 있다는 우려도 컸다. 신약의 연구개발 비용이 엄청나서 이익이 나지 않으면 만들 시도조차 하지 않기 때문이다. 중대한 선택의 기로에 선 그는 마침내 선언했다. "멕티잔이 필요한 사람에게는 어디서든, 필요한 만큼 무료로 공급한다."

1987년 시작된 멕티잔 기부 프로그램Mectizan Donation Program은 오늘날까지 이어지며 매년 2억 명 이상에게 약을 제공한다. 1년에 1~2회만 복용하면 효과가 있고 부작용도 거의 없어, 대규모 공중 보건 사업에 적합했다. 그 결과 2010년대 중반까지 콜롬비아, 에콰도르, 멕시코, 과테말라 등 중남미 4개국에서는 강변 실명증이 공식적으로 근절되었다.

림프사상충증은 전 세계 1억 2,000만 명 넘게 감염된 질환으로, 이 중 약 4,000만 명은 팔과 다리가 코끼리 다리처럼 붓는 심각한 장애를 겪는다. 1998년부터 머크는 림프사상충증을 근절하기 위해 알벤다졸(GSK 기부)과 병용하는 복합 요법까지 기부 사업을 확대했다. 이버멕틴은 주로 유충을 억제하고, 알벤다졸은 성충을 억제해 함께 복용하면 치료 효과가 높아진다. 지금까지 수억 명이 이 프로그램의 혜택을 입었으며, 국제보건기구는 강변 실명증과 림프사상충증을 2030년까지 근절하는 것을 목표로 하고 있다.

우리나라에는 흑파리가 없어 강변 실명증은 발생하지 않지만, 과거에는 제주도를 중심으로 림프사상충증이 풍토병으로 퍼져 있었다. 대규모 방역 활동 덕분에 2008년에 근절되었으며 현재는 국내에서 발생하지 않는다. 다만 외국여행이나 장기 체류 중 감염되어 귀국 후 발병하는 사례가 드물게 보고된다. 림프사상충증은 심한 경우 음낭수종을 일으켜 고환이 비정상적으로 커질 수 있으며, 중국 남부·동남아 등 열대 지역에서 흔히 관찰된다. 일본 역시 규슈와 오키나와 지역에서 유행했으나 방역으로 사라졌다.

오무라 사토시와 윌리엄 캠벨은 자국에서는 찾아볼 수 없는 풍토병을 연구 대상으로 삼아, 머나먼 아프리카와 중남미에서 고통받는 이들을 위해 신약 개발에 헌신했다. 여기에 제약사의 파격적인 무상 지원이 더해져 인류의 고질병을 치료할 수 있었다.

좋은 약은 단순히 생명을 연장하는 데 그치지 않고, 삶의 질을 크게 개선한다. 멕티잔 사례가 보여주듯, 과학과 인류애가 만나는 순간 약은 한 시대의 운명을 바꿀 힘이 생긴다. 우리나라에서도 세계적인 공중보건에 기여할 마음 따뜻한 연구자와 인물이 많이 나오기를 기대한다.

반려견의 동반자
심장사상충 약

심장사상충Dirofilaria immitis은 개뿐 아니라 고양이에게도 감염될 수 있다. 하지만 고양이는 기생충이 오래 살지 못해 성충까지 자라는 경우가 드물다. 반대로 개는 심장사상충의 '주요 숙주'라 불릴 만큼 훨씬 잘 감염된다.

심장사상충의 새끼 기생충을 미세사상충이라고 부른다. 이는 발육 단계상 L1 유충에 해당한다. 흔히 '유충'을 뜻하는 영어 단어 라바larva와는 다르다. 라바는 L1부터 L5까지 모든 발육 단계를 아우르는 말이고, 미세사상충은 그중 첫 단계인 L1을 가리키는 좀 더 구체적인 용어다.

감염된 개의 혈액에는 미세사상충(L1 단계)이 헤엄치듯 떠다닌다. 모기가 이런 개를 물면, 이 작은 기생충이 모기 몸속으로 옮겨 간다. 모기 몸에서 약 2주 동안 성장하면서 L2 단계를 거쳐, 다른 개를 감염시킬 수 있는 L3 단계 유충으로 변한다.

문제는 여기서부터다. 모기가 다시 다른 개를 무는 순간, L3 유충은 피부를 뚫고 침입한다. 이후 두 달 동안 조직에서 자라며 L4와 L5 단계를 거쳐 마침내 성충으로 발달한다. 성충은 개의 심장과 폐동맥에 들어가 혈액순환을 방해하고, 심하면 심부전과 폐고혈압 같은 치명적인 질환을 일으킨다.

심장사상충증은 초기에는 뚜렷한 증상이 없지만, 감염이 진행되면 기침, 호흡곤란, 식욕부진 등이 나타난다. 성충은 주로 우심실과 폐동맥에 기생하며, 수가 많아지면 심장으로까지 확장되어 우심부전을 일으킨다. 이 과정에서 혈류가 막히고 판막 기능이 떨어져 다리가 붓고 복수가 차며, 혈뇨가 발생할 수 있다. 심한 경우 대정맥 증후군과 급사로 이어질 수 있어, 몸이 붓거나 지속적인 기침과 호흡곤란이 있는 개는 심장사상충증을 의심해야 한다.

심장사상충 예방은 오랫동안 계절성 관리에 의존해왔다. 모기가 활동을 시작하는 4월부터 11월까지, 매달 한 번씩 약을 먹이거나 피부에 발라주는 방식이다. 그 이유는 분명했다. 심장사상충 유충이 모기 몸속에서 감염력이 있는 L3 단계로 자라려면 일정한 기온이 필요한데, 평균 14℃ 이하로 내려가면 발육이 멈추기 때문이다. 그래서 겨울철은 '안전한 계절'로 여겨졌다.

하지만 이제 상황이 달라졌다. 아파트 공동 주택 생활과 실내 난방으로 겨울에도 기온이 20℃ 이상 유지되고, 지구 온난화로 모기 활동 기간이 길어지고 있다. 과거의 계절별 예방만으로는 더 이상 안심할 수 없다. 반려견을 지키기 위해서는 1년 내내, 12개월 연중 예방이 새로운 표준이 되었다.

과거 우리나라에서는 반려견의 10~40%가 심장사상충에 감염된 것으로 보고되었으나, 최근에는 예방약 사용이 늘고 실내 생활이 늘어나면서 감염률이 크게 줄어들었다. 다만, 예방하지 않는 개에서는 여전히 높은 감염률이 나타난다. 특히 실외에서 생활하는 개나 몸집이 큰 대형견은 모기에 자주 노출되어 감염 위험이 높다. 예방약은 생후 6주령부터 투여할 수 있다. 그보다 어린 강아지는 약을 먹지 않아도 되지만, 만약 이 시기에 모기에 물려 감염이 시작되더라도 성충으로 자라기 전이므로 예방약으로 초기 유충 단계를 없앨 수 있다.

한 달에 한 번 약을 먹이거나 발라주는 데에는 비용이 들지만, 이는 감염 치료에 비하면 훨씬 경제적이다. 실제로 심장사상충증에 걸리면 치료 과정이 복잡하고 위험하며, 비용도 100만 원 넘게

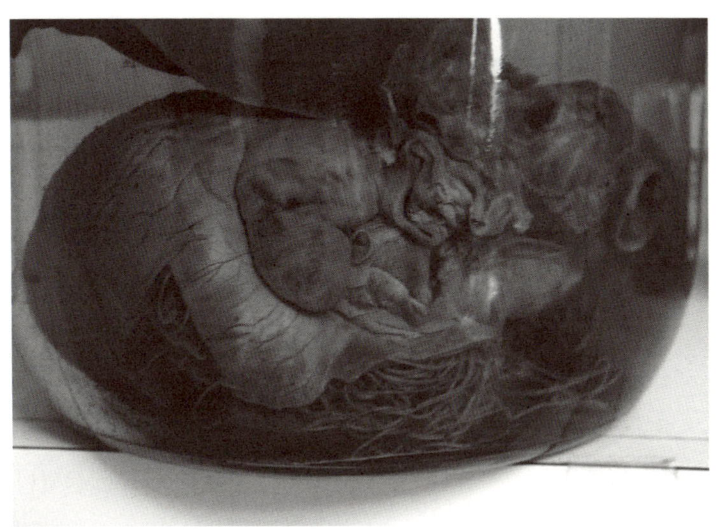

심장사상충에 감염된 독일 셰퍼드의 심장. 심장사상충은 모기를 매개로 하여 전염되며, 작은 실처럼 생겨 사상충絲狀蟲이라고 불린다. 특히 사람이 널리 기르는 개와 고양이에게 위험한 기생충으로, 감염되면 기생충이 동물의 심장으로 이동해 치명적인 결과를 유발한다.
ⒸJoelmills

(체중·중증도에 따라 수백만 원까지) 들 수 있다. 무엇보다 반려견의 생명을 위협한다는 점이 가장 큰 문제다.

고양이도 심장사상충에 걸릴 수 있지만, 개에 비하면 빈도가 매우 낮다. 국내외 여러 조사에 따르면 집고양이보다 야생고양이에서 감염률이 높고, 2~3%라고 보고되었다. 그렇다고 해서 안심할 수 있는 것은 아니다. 고양이의 경우 기생충 수가 적어도 치명적인 호흡기 증상이 나타날 수 있기 때문이다.

심장사상충 예방약 가운데 널리 쓰이는 것이 하트가드Heartgard다. 주성분은 이버멕틴으로, 심장사상충의 미세사상충을 사멸시켜 감염을 예방한다. 여기에 피란텔pyrantel 성분을 함께 넣은 혼합제도 흔하다. 피란텔은 개와 고양이의 회충, 십이지장충을 없애는 구충제로 쓰인다.

또 다른 성분으로는 셀라멕틴selamectin(제품명: 레볼루션Revolution), 목시덱틴moxidectin(제품명: 애드보킷Advocate)이 있는데, 이들은 목덜미에 바르는 액상 제형으로 벼룩과 진드기까지 동시에 예방한다. 이 약들은 모두 이버멕틴 계열의 후속 성분이다. 이버멕틴이 축산과 농업 전반에 큰 영향을 미치자, 여러 제약사가 다양한 유도체를 개발해낸 것이다.

주의할 점도 있다. 콜리, 셔틀랜드 쉽독, 오스트레일리아 셰퍼드 같은 일부 품종은 유전적 특성으로 이버멕틴에 예민하게 반응해 신경 독성이 나타날 수 있다. 이럴 땐 더 안전한 성분 밀베마이신milbemycin이 권장된다.

밀베마이신과 아폭솔라너afoxolaner 성분의 복합제 넥스가드 스펙트라Nexgard Spectra는 한 달에 한 번, 씹는 정제로 투여하는 제품이다. 외부와 내부 기생충을 동시에 구제하는 폭넓은 효과를 나타낸다. 벼룩과 진드기 같은 외부 기생충으로부터 개를 보호하는 동시에, 심장사상충을 예방하고 회충, 십이지장충, 편충 등 주요 장내 기생충을 함께 없앤다.

흙에서 찾아낸 약이 인류의 운명을 바꾼 사례는 이버멕틴만이 아니다. 같은 흙 속 미생물에서 얻은 스트렙토마이신streptomycin은 오랫동안 난치병으로 여겨졌던 결핵 치료의 길을 열었다. 일본의 한 골프장 근처 흙에서 발견된 물질로 개발된 이버멕틴 역시 아프리카와 중남미의 수많은 사람을 실명 위기에서 구해냈다. 이 약은 인간의 건강을 지키는 데 그치지 않고, 반려동물의 생명을 보호하는 데에도 중요한 역할을 하고 있다.

이같이 신약을 개발함으로써 얻는 유익은 상상을 초월한다. 세일러문과 슈퍼맨·아이언맨 같은 마블 주인공은 만화와 영화에서 지구를 구하지만, 잘 만든 약은 현실에서 인류를 구한다. 약이야말로 인간이 만든 가장 위대한 무기이자, 진정한 영웅이라 할 수 있다.

펜벤다졸이
암을 치료한다고?

2019년 가을, 미국의 폐암 말기 환자 조 티펜스Joe Tippens가 유튜브에 영상을 올렸다. 그는 개 구충제인 펜벤다졸fenbendazole을 복용하고 암이 완치되었다고 주장했다. 이 이야기는 순식간에 전 세계로 퍼져나갔고, 우리나라에서도 큰 반향을 일으켰다.

펜벤다졸은 단숨에 '기적의 항암제'로 떠올랐다. 약국과 동물병원에서 품귀 현상이 벌어졌고, 일부 환자와 가족은 외국 온라인 쇼핑몰을 통해 직접 구입하기도 했다. 암환자에게 이 약은 희망의 불씨처럼 다가왔다.

그러나 문제는 분명했다. 펜벤다졸은 어디까지나 개 구충제일 뿐, 어느 나라에서도 항암제로 승인된 적이 없다. 임상 시험도 진행되지 않았고, 안전성과 효능을 입증할 과학적인 근거가 부족했다. 식품의약품안전처와 의료계는 "간과 신장에 치명적인 손상을 일으킬 수 있으며, 장기 복용의 안전성은 전혀 검증되지 않았다"라며 복용을 자제하도록 권고했다.

그럼에도 많은 환자는 정부와 의료계의 경고를 믿지 않았다. 오히려 "단 한 사람이라도 효과가 있다면 과학적으로 검증해야 한다"라며, 청와대 국민청원 게시판에 임상 시험을 요구하는 목소리가 이어졌다. 환자들의 절실한 희망은 이해할 수 있지만, 그 열망은 과학적인 증거와 제도의 절차 앞에서 충돌할 수밖에 없었다.

2024년 발표된 국가암등록통계(2022년 기준)에 따르면 우리나라의 암 유병자는 약 260만 명에 이른다. 이는 국민 20명 중 한 명이 암 환자라는 의미다. 암 치료비 역시 갈수록 늘고 있다. 건강보험심사평가원의 악성 신생물(암) 진료 현황 분석에 따르면, 2023년 한 해 동안 암 환자에게 지급된 총진료비는 사상 처음으로 10조 원을 돌파했다. 의사가 만류하는데도, 암 진단을 받은 사람들은 마지막 희망이라도 붙잡고 싶어 한다. 말기 암 판정을 받은 사람은 완치 사례가 있다는 소문에 더욱 귀를 기울이게 된다.

'혹시 이 약이 암을 낫게 하지 않을까?'라는 기대는 사람의 마음을 파고들었다. 펜벤다졸에 실낱같은 희망을 거는 것이다. 그러나 약은 민간요법과 다르다. 임상 시험과 통계 데이터를 바탕으로 효능과 안전성이 입증되어야만 비로소 약으로 공인된다. 따라서 정식으로 사람에게 허가되지 않은 약을 임의로 복용하는 행동은, 펜벤다졸 같은 동물용 약품에서 특히 심각한 위험을 불러올 수 있다.

실제 조 티펜스가 복용한 펜벤다졸은 단독 요법이 아니었다. 그는 최첨단 면역 항암제인 키트루다Keytruda(성분명: 펨브롤리주맙pembrolizumab) 임상 시험에 참여하면서 부가적으로 펜벤다졸을 함께 먹었다. 그렇기에 그의 사례를 곧바로 "펜벤다졸만으로 완치되었다"라고 말할 수는 없다. 현재까지도 펜벤다졸 단독 사용으로 암이 호전되었다는 신뢰할 만한 임상 근거는 없다. 개인의 체험은 흥미로운 이야기일 수 있으나 과학은 반복된 검증과 객관적 수치로만 진실을 증명한다.

당시 약국에서 펜벤다졸을 찾는 사람이 많았다. 어떤 이는 약이 없다고 하자 긴 한숨을 내쉬면서 비탄에 빠지기까지 했다. 약 구매를 문의하는 전화가 빗발치고, 펜벤다졸을 구하지 못하자 분자구조가 거의 유사한 메벤다졸과 알벤다졸을 찾는 사람도 늘어났다. 말기 암을 앓는 가족에게 주려고 알벤다졸을 구하는 사람이 많아 재고는 금방 소진되었다. 그때는 제약사의 공급이 따라주지 못해 약을 구하기가 너무나 어려웠다.

결국 펜벤다졸 열풍은 과학적 근거가 부족한 안타까운 사회적 현상으로 남게 되었다. 이 사건은 한 사람의 체험담이 유튜브를 통해 얼마나 쉽게 사회적 열풍으로 번지고, 검증보다 희망이 더 앞서갈 때 어떤 일이 벌어지는지 보여주는 사례였다. 진짜 희망은 떠도는 소문이 아니라, 수많은 실험과 데이터로 검증된 과학의 언어 속에 있다.

11

새로운 지평을 여는

유전자 치료제

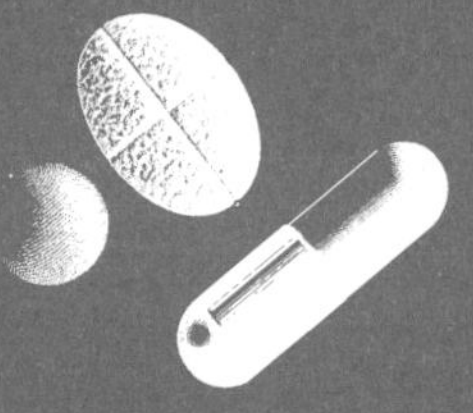

네온 조명이 번쩍이는 홍콩의 콘퍼런스 홀.

허젠쿠이가 조용히 마이크를 들고 말했다.

"유전자 편집된 쌍둥이가 태어났습니다, 루루와 나나."

순간, 객석이 술렁였고 노트북 덮개가 일제히 열렸다.

"윤리 심사는요? 데이터는 어디 있습니까?"

날카로운 질문이 빗발쳤다.

화면에 떠오른 'CCR5'라는 네 글자 뒤로,

완두콩을 헤아리던 수도원의 기억이 스쳐 갔다.

유전자를 고친 걸까, 인간을 고친 걸까.

박수가 아니라 정적 속에서 의문만 남았다.

우리는 어디까지 손댈 것인가?

#멘델의유전법칙 #왕가의병 #이중나선 #벡터 #유전자가위
#유전자치료제 #바이오의약품

완두콩에서
유전자 치료까지

꿈이 현실이 되고 있다. 희귀병이나 난치병을 근본적으로 치료할 수 있는 유전자 치료제가 속속 개발되고 있다. 유전자에 결핍이나 돌연변이가 생기면 세포는 정상적인 단백질을 만들지 못해 질병이 발생한다. 예를 들어, 혈액 응고 인자 유전자에 이상이 생기면 혈우병이, 근육세포의 운동 단백질을 만드는 유전자가 결손되면 근육이 점차 퇴화해 생명을 위협한다.

유전자 치료는 질병의 근본 원인이 되는 유전자를 직접 교정하거나, 정상 유전자를 보충해 세포가 제 기능을 회복하도록 돕는 치료법이다. 주로 병원성이 제거된 아데노연관 바이러스adeno-associated virus나 렌티바이러스lentivirus 같은 벡터를 이용해 치료용 유전자를 세포 속에 전달한다. 바이러스는 세포 안으로 침투하는 능력이 있어, 유전체를 제거하고 껍데기만 남겨 '운반체'로 사용한다. 이를 벡터라고 한다. 최근에는 바이러스 대신 지질 나노입자LNP를 이용해 유전 물질을 전달하는 차세대 기술도 개발되고 있다. 유전자 치료제는 유전 물질(치료용 유전자)과 운반체(벡터)로 구성된 약물로, 손상된 유전자를 직접 고쳐 질병의 원인을 해결하는 최첨단 의약품이다.

최초의 과학적인 유전 연구는 오스트리아의 한 조용한 수도원에서 시작되었다. 수도사 그레고르 멘델Gregor Mendel은 수도원 정원에서 완두콩을 교배하며 유전의 비밀을 탐구했다. 그는 완두콩의 색과 모양, 꼬투리 형태 등 여러 세대에 걸친 형질 변화를 꼼꼼히 기록했다. 그 결과 부모의 형질이 일정한 법칙과 비율로 자손에게 전해진다는 사실을 발견했다.

1866년 멘델은 「식물의 잡종에 관한 연구」라는 논문으로 자신의 연구 성과를 발표했다. 그러나 당시 학계는 이를 이해하지 못했다. 유전의 비밀을 수학과 통계의 언어로 풀어내려 한 그의 시도는, 시대가 감당하기엔 너무 앞서 있었다.

그로부터 수십 년 후, 다른 과학자들이 그의 논문을 재발견하면서 비로소 멘델의 이름은 세상에 알려졌다. 그가 수도원 정원에서 완두콩을 돌보며 세운 유전법칙은 유전학의 기초가 되었고 현대 생명과학의 출발점이 되었다.

멘델이 완두콩으로 유전법칙을 밝혀냈다면, 그 법칙의 실체를 찾아낸 사람은 미국 생물학자 토머스 모건Thomas Morgan이다. 그는 수명이 짧고 번식이 빠른 초파리를 이용해 유전 실험을 하며, 유전 자는 염색체의 일정한 위치에 존재한다는 사실을 증명했다. 이로 써 유전 현상을 염색체 수준에서 설명할 수 있게 되었다.

1953년 제임스 왓슨James Watson과 프랜시스 크릭Francis Crick이 DNA의 이중나선 구조를 밝혀내면서 유전의 본질이 드러났다. 네 가지 염기가 만들어내는 화학적 서열이 생명의 언어, 유전의 문 법임이 밝혀졌다. 멘델의 완두콩, 모건의 초파리, 그리고 왓슨과 크릭의 DNA로 이어진 이 여정이 누적되어 오늘날 유전자 치료 시대로 이어졌다.

2015년 미국 바이오의약품 기업 암젠Amgen은 임리직Imlygic을 출시하며, 암 치료 목적의 유전자 치료제로는 세계 최초로 승인을 받았다. 유전적으로 변형된 단순포진 바이러스가 암세포를 선택적 으로 감염·파괴해 악성흑색종 치료에 사용된다. 스위스 제약사 노 바티스Novartis의 킴리아Kymriah와 미국 제약사 길리어드 사이언스 Gilead Sciences의 예스카타Yescarta는 환자의 T 면역세포를 유전적으 로 조작해 암세포를 공격하게 만든 암 치료제(CAR-T)다. 각각 급 성 림프구성 백혈병과 비호지킨 림프종에 쓰인다. 아직 유전자 치 료제 수는 많지 않지만, 불치의 벽을 허무는 혁명적인 약으로 평가 받고 있다. 그렇지만 장점만 있는 건 아니다.

일단 유전자 치료제는 가격이 너무 비싸다. 지금까지 승인된 약 의 가격은 수억 원에서, 많게는 수십억 원에 이른다. 유럽 최초의 유전자 치료제 글리베라Glybera는 1회 치료비가 약 12억 원이었는데, 실제 치료를 받은 환자는 단 한 명뿐이었고, 수요가 없어 시장에서 퇴출당했다. 효과가 탁월한 약이라도 경제성이 없으면 지속될 수 없다는 현실을 보여준다.

또한 유전자 치료에 사용되는 바이러스 벡터는 병원성이 제거된 안전한 형태이지만, 사이토카인 폭풍 같은 면역 반응이 일어날 수 있다. 그 외 유전자가 잘못된 위치에 삽입되어 세포를 오작동하게 만드는 돌연변이 위험이 완전히 사라진 것은 아니다. 실제로 일부 환자에서 면역계가 벡터를 이물질로 인식해 간염이나 염증 반응을 일으키기도 한다. 현재의 유전자 치료는 주로 단일 유전자 결함 질환을 대상으로 하며, 여러 유전자가 얽혀 발병하는 복합 질환에 적용하기에는 아직 기술적 한계가 크다.

유전자 치료는 단순히 증상을 완화하는 치료가 아니다. 질병의 근본 원인, 곧 유전자의 결함을 바로잡아 삶의 질을 근본적으로 변화시키는 새로운 패러다임이다. 그 잠재력 덕분에 전 세계가 이 기술에 주목하고 있다.

우리나라의 바이오·제약 산업 역시 이 흐름에 빠르게 합류하고 있다. 대형 제약사부터 혁신적인 바이오 스타트업까지, 유전자 전달·세포 치료·유전자 편집 기술에 투자를 확대하며 유전자 치료를 차세대 성장 동력으로 삼고 있다

물론 아직 넘어야 할 벽은 많다. 고비용, 면역 반응, 전달 효율 등 해결해야 할 과제들이 남아 있다. 그럼에도 가능성은 분명하다.

지금 우리는 유전이라는 태생적 한계를 넘어, 난치병을 정복하고 생명을 연장하는 시대로 나아가고 있다.

수도원에서 발견한 유전법칙

서기 5세기 게르만족의 침입으로 서로마제국이 무너졌다. 문명의 폐허 속에서 사람들은 세속을 떠나 신을 향한 침묵의 길을 택했다. 4세기 무렵 기독교의 확산과 함께 이집트와 시리아의 사막에는 은둔 수도자들이 나타났고 이들의 삶은 공동체적 수도원 운동으로 번졌다. 수도자들은 기도와 노동의 질서 속에서 새로운 문명의 씨앗을 키워갔다.

6세기경 성 베네딕투스가 이탈리아 중부 몬테카시노에 수도원을 세우고 '베네딕투스 규율'을 제정하면서 서방 수도원의 체계가 확립되었다. 중세 수도원은 단순한 종교 공간을 넘어 고대 그리스·로마의 학문과 문화를 보존하고 계승한 지식의 요람이었다.

19세기 오스트리아 제국 브르노Brünn에 있는 성 토마스 수도원의 수도사 그레고르 멘델은 자연의 질서와 생명의 원리에 깊은 관심을 가졌다.

멘델이 유전을 연구하던 19세기 중반, 영국의 찰스 다윈Charles Darwin은 『종의 기원On the Origin of Species』을 발표했다. 다윈은 자연

선택 이론으로 생명의 다양성과 진화를 설명했지만, 근간이 되는 유전의 법칙은 여전히 미지의 영역이었다. 당시에는 '혼합유전설'이 널리 퍼져 있었다. 부모의 유전 형질이 자손에게 전해질 때 서로 다른 물감이 섞여서 중간색을 나타내듯 혼합되어 유전된다는 이론이다.

그러나 멘델은 형질이 섞이는 것이 아니라, 부모로부터 반씩 물려받은 미세한 유전 인자(오늘날의 유전자)가 각각 독립적으로 작용한다고 생각했다. 그는 이 가설을 증명하기 위해 수도원 정원에서 완두콩을 교배하며, 유전의 법칙을 탐구했다.

1856년부터 1863년까지 7년 동안 멘델은 완두콩의 7가지 대립 형질을 선택해 실험에 나섰다. 씨의 모양과 색, 꼬투리의 형태와 색, 꽃의 색깔과 위치 그리고 줄기의 길이를 꼼꼼히 기록했다. 세대를 거듭하며 교배와 자가수분을 반복한 끝에 그는 세 가지 유전 법칙을 찾아냈다. 우성의 법칙, 분리의 법칙, 독립의 법칙이다.

수도사이면서 수학과 통계학에 밝았던 멘델은 수많은 완두콩을 분석해 형질이 일정한 비율로 유전된다는 사실을 밝혀냈다. 완두콩의 형질은 양쪽 부모로부터 반씩 물려받는 두 개의 유전 인자에 의해 결정되며, 이 인자들은 각각 독립적으로 분리되고 조합된다는 결론에 이르렀다.

그러나 1866년 멘델의 논문은 발표 당시 주목받지 못했다. 사람들은 완두콩보다 돈이 되는 양모 산업에 더 관심이 있었다. 당시 오스트리아 제국은 양모 수출을 늘리기 위해 양의 품종 개량에

그레고르 멘델. 멘델은 수도원 정원에서 완두콩을 재배하며 유전 실험을 시작해 '멘델의 법칙'을 발견했다. 225회에 이르는 식물 인공 교배를 하여 1만 2,000종의 잡종을 얻었으며, 계속해서 실험에 열중하고 그 결과를 논문으로 발표했다. 하지만 그의 연구는 인정받지 못하고 1900년대에 들어서야 재조명을 받는다. 멘델의 연구는 '관찰→가설 설정→실험→법칙 수립'으로 이어지는 근대과학적 방법론을 충실히 따랐으며, 실질적이고도 명확한 근거를 통해 누구도 반박할 수 없는 유전학적 법칙을 완결했다는 점에서 커다란 의미가 있다.

열을 올리고 있었고, 완두콩을 연구한 어느 수도사의 실험은 실용성이 없는 연구로 여겼다. 그의 선구적인 업적은 그가 세상을 떠난 뒤에야 빛을 보게 된다.

1900년 세 과학자 휘호 더프리스Hugo de Vries, 카를 에리히 코렌스Carl Erich Correnss, 에리히 체르마크 폰 세이세네크Erich Tschermak von Seysenegg가 각각 멘델의 논문을 발견하면서 유전학의 문이 열렸다. 이어 몇 년 후 "유전 인자는 염색체에 있으며, 염색체를 통해 세대를 이어간다"라는 염색체설이 나왔다. 이로써 혼합유전설은 역사 속으로 사라지고, 멘델의 업적은 비로소 재조명되었다. 1868년 수도원장이 된 뒤 멘델은 행정에 몰두하느라 더 이상 유전 연구를 이어가지 못했다. 그러나 그가 남긴 한 편의 논문은 훗날 유전학이라는 거대한 학문의 초석이 되었다.

수도원에서 완두콩을 연구한 멘델을 생각하면 헤르만 헤세의 소설 『나르치스와 골드문트Narziß und Goldmund』가 떠오른다. 나르치스는 중세 수도원에서 학문을 쌓고 수도원장이 된다. 그에 반해 골드문트는 세상의 아름다움을 탐닉하고 방랑하며 성상을 만드는 조각가가 된다. 나르치스는 지성을 상징하고 골드문트는 감성을 상징한다. 세상과 단절된 수도원에서 지성을 키운 나르치스와 같은 멘델의 외롭고 고독한 연구가 있었기에 지식과 지혜의 등불이 꺼지지 않았다.

멘델의 연구는 서구 사회에서 종교와 수학, 과학이 서로 대립하지 않고 함께 발전해왔음을 보여준다. 수도원은 단순한 신앙의 공간이 아니라 학문의 산실이었다. 수도사들은 신학뿐 아니라 수학·과학·고전에도 능통해야 했고, 그 전통 속에서 합리적인 사고와 자연 탐구의 정신이 길러졌다.

이후 산업혁명을 거치며 중산층이 성장하자, 철학과 과학의 융합이 사회를 진보시킨다는 인식이 퍼졌다. 멘델 역시 오스트리아 빈 대학에서 익힌 수학과 과학 지식을 바탕으로 자신의 실험 결과를 통계적인 방법으로 분석하고 유전법칙으로 증명했다. 그의 연구는 신앙의 울타리 안에서도 이성과 과학이 조화를 이룰 수 있음을 보여준 대표적 사례다.

영국의 천체물리학자 스티븐 호킹Stephen Hawking은 1981년 교황청 과학원의 초청을 받아 로마에서 자신의 우주론을 강연했다. 교황 요한 바오로 2세는 그에게 "빅뱅 이전은 신의 영역이니 연구하지 말라"고 말했고, 호킹은 오히려 그 말에서 "신이 없어도 우주가 스스로 존재할 수 있는가"라는 질문을 품게 되었다. 호킹은 천지창조와 빅뱅을 결합할 수 있으리라 생각했다. 이후 호킹은 과학이 닿지 못한다고 여겨지던 '신의 영역'마저 물리 법칙으로 설명할 수 있다고 보았다. 스티븐 호킹의 세계적인 베스트셀러 『시간의 역사 *A Brief History of Time*』는 그 사유의 결과물이다.

서구 사회에서는 종교와 과학이 대립하면서도 대화하며 발전해 왔다. 그러나 우리 사회에서는 두 영역의 거리가 너무나 멀다. 과학과 종교뿐 아니라 다양한 분야가 서로 교류하고 소통할 때, 비로소 오류를 줄이고 진리에 한 걸음 더 가까워질 수 있다. 명백한 오류를 고집한 채 자신만의 닫힌 세계에 머무른다면, 이성과 신앙을 왜곡해 극단으로 치닫게 된다.

세대를 이어
고통을 주는 유전병

세계 역사에는 무력으로 유지된 평화가 세 번 있었다. 평화를 뜻하는 라틴어 '팍스pax'라는 말을 사용해 이 시대를 표현한다. 고대 로마의 군사력으로 지중해를 평정한 팍스 로마나, 19세기 산업혁명의 성과와 해군력으로 달성한 팍스 브리태니카 그리고 제2차 세계대전 이후부터 지금까지 진행되는 팍스 아메리카나가 이에 해당한다. 19세기 영국은 해가 지지 않는 나라라고 불렸다. 영국에서 밤이 오더라도 식민지 중 한 곳 이상은 낮이었기 때문이다.

영국은 선진 산업자본주의 국가이며 정치적으로는 민주주의 국가인 동시에 제국주의 국가였다. 그러나 대영제국의 영광 뒤에는 찰스 디킨스Charles Dickens의 소설에 등장하는 소매치기 소년 올리버 트위스트로 대변되는 사회 하층민과 식민지 약소국의 희생이라는 그늘이 있었다. 빛과 어둠의 시대, 화려한 영광의 이면에는 엄청난 불평등이 공존했다. 역사가들은 이 시기를 '빅토리아 시대'라고 부른다.

빅토리아 시대는 1837년부터 1901년까지 영국 빅토리아 여왕이 통치하던 64년간이다. 영국은 빅토리아 여왕 때 최전성기를 누렸다. 산업자본주의를 선도한 영국은 세계의 공장이라 불릴 만큼 생산력을 키웠고, 전 세계의 부가 영국으로 집중되었다. 최고의 황금기를 누린 빅토리아 여왕이지만, 그녀에게는 치명적인 유전의 비밀이 있었다. 빅토리아 여왕의 X염색체에는 혈우병 유전자가 숨어 있었다. 눈에 보이지 않는 이 유전자는 세대를 거치며 왕실을 따라 퍼져나갔고, '왕가의 병'이라 불리게 되었다.

혈우병 유전자는 유럽 대륙으로 건너갔고, 러시아 로마노프왕조의 황태자에게서 발병함으로써 제국의 운명을 뒤흔드는 불씨가 되었다. 당시 유럽 왕실은 각국의 왕가가 서로 정략적으로 결혼했다. 빅토리아 여왕은 남편 앨버트 공과의 사이에서 아홉 명의 자녀를 낳았다. 차녀 앨리스 메리 공주는 독일로 시집가 딸 알릭스를 출산했는데, 알릭스가 러시아 황태자 니콜라이 2세와 결혼했다.

알릭스는 할머니 빅토리아 여왕의 혈우병 유전자를 물려받은 보인자였다. 황제가 된 니콜라이 2세와 알릭스는 황태자 알렉세이를 낳았다. 알렉세이는 태어날 때부터 탯줄의 출혈이 멈추지 않았다. 아들 알렉세이에게 혈우병이 유전된 것이다. 하지만 알렉세이의 혈우병 사실은 철저히 비밀에 부쳐졌다.

혈우병은 X염색체에 있는 유전자 돌연변이 때문에 혈액을 굳게 하는 응고 인자가 부족해서 생긴다. 혈우병은 인구 1만 명 중 한 명 정도로 발생한다. 세계적으로 약 70만 명 이상의 혈우병 환자

러시아 로마노프 황가. 영국 빅토리아 여왕의 손녀 알릭스 공주는 러시아 황제 니콜라이 2세와 결혼해 알렉산드라 황후가 되었고, 그녀가 할머니에게서 물려받은 혈우병 유전자는 아들 알렉세이 황태자에게 이어진다. 2007년 예카테린부르크에서 발굴된 알렉세이의 유골에서 채취한 DNA를 분석한 결과 알렉세이가 혈우병 환자로 밝혀졌다.

가 있다고 추산하며, 우리나라에는 2024년 기준 약 2,700명의 환자가 등록되어 있다. 혈우병은 X염색체 열성 혈액 응고 질환이어서 남자에게서 병이 발생한다. 여자는 보인자인 경우가 많으며, X염색체 두 개 모두에 혈우병 유전자가 있으면 대부분 태아 때 생존하지 못한다. 혈우병은 관절, 근육, 내장기관에서 자연 출혈을 일으키기 때문에 적절히 치료하지 않으면 생명을 위협할 수 있다.

독일 헤센 공국에서 러시아 로마노프 황가에 시집간 알릭스는 알렉산드라 황후로 불렸다. 1907년 황후는 용하다고 소문난 예언자 그리고리 라스푸틴Grigori Rasputin을 만났다. 시베리아 농민의 아들 라스푸틴은 제대로 된 교육은 받지 못했지만, 혈우병을 앓는 아들 알렉세이가 낫기를 바라는 황후의 마음을 사로잡았다. 여덟 살의 알렉세이 황태자가 타박상을 입어 출혈이 생기자 황후가 라스푸틴에게 연락했고 회복될 거라는 기도의 응답을 받았다. 기적적으로 출혈이 멈추자 황후는 라스푸틴을 믿고 의지하게 되었다. 황후의 지지를 발판으로 러시아 황실을 휘어잡은 라스푸틴은 국정을 농단했다. 공직자들은 이유 없이 좌천당했고 자질 없는 사람들이 요직을 차지했다. 라스푸틴은 궁정을 술판으로 만들고, 음탕한 파티를 열어 죄를 사해준다고 사람들을 속여 황실을 타락시켰다.

제1차 세계대전이 터지고 황제 니콜라이 2세가 독일과의 전쟁으로 러시아를 떠나 최전선으로 가자, 라스푸틴의 영향력은 더욱 강해졌다. 러시아 사람들은 적국에서 온 황후를 못마땅하게 여겼고, 라스푸틴의 방탕과 탐욕을 거세게 비난했다.

보다 못한 황제의 조카사위 펠릭스 유스포프Felix Yusupov가 라스 푸틴을 암살하려고 시도했다. 초콜릿 케이크와 와인에 청산가리를 넣어 독살하려고 한 것이다. 청산가리는 세포가 숨을 쉬지 못하게 하여 생명을 앗아가는 맹독인데, 신기하게도 라스푸틴은 죽지 않았다.

유스포프는 라스푸틴을 죽이기 위해 그의 등에 권총을 쏘았다. 총성과 함께 라스푸틴이 쓰러졌다. 권총 세 발을 더 쏘고 밧줄로 꽁꽁 묶은 채 겨울철 얼음을 깨고 라스푸틴을 강물에 던졌다. 3일 뒤 시체가 발견되었을 때, 놀랍게도 밧줄이 풀려 있었다. 살기 위해 얼음을 긁은 흔적도 발견되었다. 사인도 독살이나 총살이 아니라 익사로 밝혀졌다.

1917년 러시아의 상황은 극도로 나빠졌다. 식량과 연료가 바닥 나고 폭동이 일어났다. 혁명군은 수도를 점령한 후 임시 정부를 세우고, 황제에게 퇴위를 요구하며 전제군주제를 폐기하고 입헌군주 제를 받아들이라고 압박했다. 니콜라이 2세는 한때 아들 알렉세이에게 왕위를 넘기려 했지만, 혈우병으로 병약하다는 이유로 포기하고 동생 미하일에게 양위했다.

그러나 미하일도 즉위하기를 거부하자 군주제는 종말을 맞았다. 그해 10월, 레닌의 볼셰비키가 권력을 장악해 러시아는 공산국가로 바뀌었고, 로마노프 황가는 우랄 지방의 예카테린부르크에 유폐된 뒤 총살당하고 말았다.

당시에는 혈우병을 치료할 방법이 없어, 황후는 라스푸틴 같은 신비주의자에게 의존할 수밖에 없었다. 주치의들의 치료가 효과를 보지 못하던 중 라스푸틴의 기도 후 출혈이 멎자, 알렉산드라는 그를 유일한 희망으로 믿었다. 그러나 이 기적에는 이유가 있었다. 라스푸틴은 의사들을 불신해 "의사들이 황태자를 더 괴롭히지 못하게 하라"며 황후에게 조언했고, 모든 약물 투여가 중단되었다. 당시 사용되던 기적의 진통제 아스피린은 혈액 응고를 억제해 출혈을 악화시켰다. 약을 끊자 아스피린의 효과가 사라지면서 자연스럽게 출혈이 잦아들었고, 이것이 마치 라스푸틴의 능력처럼 보인 것이다.

황태자의 혈우병은 제국의 운명을 바꿔놓았지만, 세월이 흘러 과학은 그 병을 정복할 길을 찾아냈다. 1965년 냉동 혈장을 녹일 때 생기는 침전물에서 혈액 응고 인자가 발견되며 치료의 전환점이 열렸다. 이 성분으로 만든 농축 제제가 등장했고, 이후 유전자 재조합 기술을 이용한 순수한 응고 인자 치료제가 개발되었다. 우리나라도 2005년부터 기술 개발을 시작해, 2011년 GC녹십자가 국산 유전자 재조합 치료제 그린진을 출시했다.

역사에 '만약'은 없다지만 만약 황태자 알렉세이가 혈우병에 걸리지 않았다면 러시아 제국은 다른 길을 걸었을지도 모른다. 빅토리아 여왕에게서 시작된 이 유전병은 증손자 알렉세이에게까지 이어져 왕조의 몰락을 불러왔다. 그러나 이제 과학은 운명을 거슬러, 한때 불치로 여겼던 유전병에 새로운 출구를 열고 있다.

유전의 비밀을
벗기다

1900년경 세포핵 속의 염색체가 유전과 관련 있다는 사실이 밝혀졌다. 염색체는 쌍을 이루며 부모에게서 하나씩 물려받는다. 미국 컬럼비아 대학의 생물학자 토머스 헌트 모건Thomas Hunt Morgan은 당시 지배적이던 다윈과 멘델의 이론을 의심했다. 다윈의 진화론은 너무 오랜 세월에 걸친 변화라 실험으로 증명하기 어려웠고, 멘델의 법칙은 기호로만 존재하는 추상적인 이론처럼 보였다. 모건은 실험을 통해 눈으로 확인할 수 있는 증거를 얻고자 했다.

그가 선택한 실험 재료는 작은 초파리였다. 현미경 없이도 육안으로 관찰할 수 있을 만큼 단순하지만, 그 안에는 유전의 비밀을 밝히기에 필요한 모든 조건이 들어 있었다. 초파리는 세대교체가 빠르고 다루기 쉬운 생명체다. 온도가 25도일 때 알에서 성충이 되기까지 고작 열흘 남짓 걸리고 수명은 2주 정도에 불과하지만, 번식력은 놀라울 만큼 강하다. 덕분에 연구자는 1년 동안 20세대 이상에 걸친 유전 변화를 한눈에 추적할 수 있다.

초파리의 염색체는 단 네 쌍, 모두 여덟 개뿐이다. 이처럼 단순한 구조 덕분에 모건은 유전자가 염색체에 존재한다는 사실을 최초로 실험으로 증명할 수 있었다. 게다가 초파리는 사육비가 거의 들지 않았다. 작은 병 몇 개면 충분했고, 먹이로는 잘 익은 바나나와 효모만 있으면 된다. 넓은 공간도, 큰 비용도 필요 없었다. 작고 단순한 생물 하나가 현대 유전학이라는 새로운 세계를 여는 열쇠가 되었다.

모건은 진화에 필요한 돌연변이 유전자를 얻기 위해 다양한 방법으로 초파리를 학대했다. 원심분리기에 넣어 빠른 속도로 돌리기도 하고 온도 변화를 주기 위해 냉장고나 오븐에 며칠 동안 넣어두기도 했다. 하지만 돌연변이는 쉽게 일어나지 않았다.

1910년 모건은 붉은 눈의 초파리들 사이에서 흰색 눈의 수컷 초파리가 생긴 것을 우연히 발견했다. 돌연변이가 생긴 것이다. 그는 흰 눈white-eyed 수컷 초파리를 정상적인 붉은 눈red-eyed 암컷 초파리와 교배했다. 그러자 다음 세대에서는 모두 붉은 눈의 초파리만 태어났다. 멘델이 발견한 우열의 법칙을 따른 것이다. 그다음 세대는 붉은 눈과 흰 눈의 초파리가 태어났는데, 놀랍게도 흰 눈을 가진 초파리는 모두 수컷이었다.

모건은 수천 마리의 초파리를 실험해 눈 색깔에 따라 분류했다. 붉은 눈 초파리는 2,459마리였고, 흰 눈 초파리는 1,011마리였다. 약간 오차가 있지만, 이 현상을 설명할 수 있는 것은 잡종 2대에서 약 3:1 비율로 나오는 멘델이 주장한 분리의 법칙이었다.

모건의 초파리 연구는 유전이 성염색체와 연관되어 있다는 사실을 처음으로 밝혀냈다. 작은 초파리의 눈동자 색을 통해, 유전의 비밀이 염색체에 있다는 증거가 드러난 것이다. 수컷은 XY 염색체를 가지고 있다. 단 하나뿐인 X염색체에 이상이 생기면, 이를 보완

할 짝이 없다. 그래서 혈우병이나 색맹 같은 유전병이 남성에게 더 자주 나타난다.

반면 암컷은 X염색체를 두 개 가지고 있다. 하나에 돌연변이가 생겨도 다른 하나가 이를 대신하기 때문에, 대부분 병의 증상 없이 살아간다. 그러나 그 유전자는 사라지지 않고 아들에게 병을 물려줄 수 있는 보인자로 남는다.

돌연변이의 비밀도 마침내 밝혀졌다. 1927년 모건의 제자이자 동료인 허먼 멀러Hermann Muller는 초파리에 X선을 쪼여 인위적으로 돌연변이를 일으키는 데 성공했다. 유전자는 더 이상 추상적인 개념이 아니라, 물리적 실체임이 증명된 순간이었다. 돌연변이로 생긴 형질은 환경에 적합하지 않으면 사라지고, 유리하면 다음 세대에 남았다.

다윈의 자연선택과 멘델의 유전법칙이 서로 충돌하는 이론이 아니라, 하나의 진화 메커니즘으로 이어졌음을 보여준 것이다. 초파리 실험을 통해, 모건은 멘델의 법칙이 실제 염색체에서 작동함을 확인했다. 실험으로 증명된 유전학은 진화론과 함께 생명의 비밀을 설명하는 새로운 언어가 되었다. 모건은 초기에는 다윈과 멘델의 이론 모두에 회의적이었다. 그러나 초파리 실험을 통해 그는 멘델의 법칙이 현실에서 작동함을 확인했고 유전학이 다윈의 진화론을 지지하는 과학적인 근거가 될 수 있음을 깨달았다.

초파리 연구를 통해 유전자가 염색체에 존재한다는 사실이 확실해졌다. 모건은 유전자가 염색체의 특정한 위치, 곧 유전자 좌locus

에 있으며 대립유전자는 상동염색체의 같은 위치에 존재한다는 염색체 유전설을 제시했다. 그의 제자들은 성염색체와 상염색체의 돌연변이를 추적해 세계 최초의 유전자 지도genetic map를 완성했다. '유전자가 염색체에 일렬로 배열되어 있다'라는 사실을 밝혀낸 공로를 인정받아 1933년 모건은 노벨 생리·의학상을 수상했다.

이후 염색체 연구가 본격화되면서, 염색체에는 DNA라는 물질이 존재하며 이것이 단백질 합성을 지시하고 생명 현상을 통제하는 핵심 분자임이 밝혀졌다. 1950년대에 접어들자, 과학자들은 DNA의 정체를 밝히기 위해 전 세계적으로 경쟁에 뛰어들었다. 유전의 비밀을 푸는 열쇠가 그 안에 있다고 믿었기 때문이다.

결정적 단서는 X선 회절에서 나왔다. 미세한 물질의 구조를 알아내는 이 기법은 결정에 X선을 쏘아 생기는 회절 무늬를 분석해 분자의 형태를 추적하는 방법이다. X선 회절 사진은 DNA가 어떤 구조인지 드러내는 시각적인 증거가 되었고, 지금까지도 분자생물학 연구의 핵심 도구로 사용된다.

영국의 생물물리학자 로절린드 프랭클린Rosalind Franklin은 X선 결정학의 선구자다. 그녀는 석탄의 결정 구조에서 바이러스의 형태까지, 눈에 보이지 않는 세계를 빛으로 그려내던 과학자였다. 1952년 프랭클린은 송아지 흉선에서 얻은 DNA 시료를 이용해 세계에서 가장 선명한 X선 회절 사진을 촬영했다. 사진 속 흐릿한 십자 무늬는 DNA가 두 가닥의 나선으로 꼬여 있음을 암시했다.

그러나 그녀의 연구는 완결되지 못했다. 사진은 동료 모리스 윌

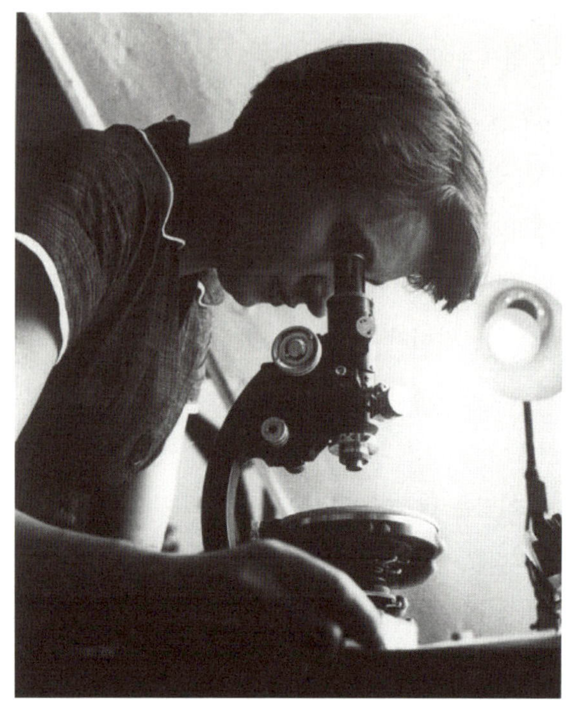

로절린드 프랭클린. 20세기 유전학에서 가장 위대한 발견으로 평가받는 DNA의 구조가 이중 나선 구조라는 사실을 발견하는 데 결정적으로 기여한 X선 사진을 찍었다. 그러나 37세에 세상을 떠나면서 그녀의 연구는 이어지지 못했고, 동료들이 그녀의 사진을 바탕으로 DNA의 이중나선 구조를 완성했다. DNA의 이중나선 구조를 밝힌 왓슨, 크릭, 윌킨스는 1962년 노벨 생리·의학상을 받았다. 프랭클린과 윌킨스의 공로를 기리고자 킹스 칼리지 런던의 워털루 캠퍼스엔 두 사람의 이름을 딴 프랭클린-윌킨스 빌딩Franklin-Wilkins Building이 있다.
ⓒJenifer Glynn

킨스Maurice Wilkins를 거쳐 케임브리지 대학의 제임스 왓슨과 프랜시스 크릭에게 전달되었고, 그들은 그 사진을 바탕으로 DNA의 이중나선 구조를 완성했다. DNA는 네 가지 염기(아데닌A, 티민T, 구아닌G, 사이토신C)로 이루어진 뉴클레오타이드가 두 가닥의 나선으로 맞물려 있는 분자다. 유전의 비밀은 네 글자의 화학 언어로 쓰여 있었다. 1953년 왓슨과 크릭은 이 발견을 세계적 과학 저널『네이처Nature』에 발표했다.

이 발견으로 각기 다른 길을 걷던 생물학과 화학이 하나의 체계로 연결되었다. 생명 현상을 분자 수준에서 해석할 수 있게 되자, 다윈이 말한 진화의 주체가 마침내 분자 속에서 그 실체를 드러냈다. 유전자의 본체가 밝혀지면서 DNA와 RNA를 연구하는 분자생물학이 태어났고, 그 흐름은 곧 유전공학이라는 새로운 시대를 열었다.

1962년 노벨 생리·의학상은 DNA의 이중나선 구조를 밝힌 왓슨, 크릭, 윌킨스에게 돌아갔다. 그러나 결정적인 단서를 남긴 로절린드 프랭클린은 이미 1958년 서른일곱의 나이로 세상을 떠난 뒤였다. 방사선 노출이 원인이라는 추측도 있었지만, 그녀의 짧은 생애만큼이나 진실도 끝내 명확히 밝혀지지 않았다. 노벨상은 살아 있는 사람에게만, 그리고 한 분야에서 최대 세 사람에게만 수여된다.

영국의 진화생물학자 리처드 도킨스Richard Dawkins는 저서『이기적 유전자The Selfish Gene』에서 인간을 포함한 모든 생명체를 유전자의 복제를 위해 만들어진 생존 기계survival machine라고 정의했다. 유전자는 자신을 다음 세대에 남기기 위해 복제하며, 단백질 합성을 통해 생명 현상을 유지한다. 생명은 유전자가 자신을 복제하기 위해 만들어낸 정교한 장치라는 것이다.

도킨스는 또 이렇게 설명했다. DNA는 마치 '이기적'으로 보이는 방식으로 진화해왔다. 개체의 행동은 모두 유전자의 생존 확률을 높이기 위한 전략이며, 심지어 이타적 행동조차 유전자의 이익을 위한 또 다른 형태의 이기심이라고 보았다. 인간의 사랑, 희생, 협동마저도 사실은 생명을 이어가려는 유전자의 오래된 계산일지도 모른다.

도킨스는 여기서 멈추지 않았다. 그는 생물의 진화법칙이 문화에서도 작동한다고 말했다. 유전자가 생명을 통해 복제되듯, 사람의 생각과 언어, 노래, 유행, 신념도 모방과 전파를 통해 스스로를 복제한다는 것이다. 그는 이를 '밈meme', 곧 문화적 복제자라 불렀다. 밈은 유전자가 몸을 빌려 퍼지듯, 인간의 뇌와 문화를 매개로 퍼져나가는 문화적 유전자, 곧 정보의 생명체였다.

도킨스는 주장했다. "인간은 이기적 유전자의 폭정에 반역할 수 있는 존재다." 우리는 본능의 프로그램을 초월해 이성, 도덕, 문화로 스스로를 다시 설계할 수 있는 지구상의 유일한 생명체다. 유전의 비밀이 DNA에서 밝혀졌다면, 문화의 진화는 밈에서 시작된다. 생명은 분자 속에서 진화하고, 인간은 생각 속에서 다시 진화한다.

세포 속 혁명,
유전자 치료 시대

유전자 치료에는 두 가지 방식이 있다. 하나는 유전자를 직접 체내에 주입하는 생체 내in vivo 방식이고, 또 하나는 체외에서 환자의 세포를 조작한 뒤 다시 주입하는 생체 외ex vivo 방식이다. 유전자가 결손되면 모든 세포의 유전자를 교정해야 하지만, 인체에는 약 60조 개의 세포가 존재하므로 이를 모두 바꾸는 것은 불가능하다. 그래서 고장 난 유전자를 그대로 둔 채, 정상 유전자를 벡터를 이용해 유전체에 삽입하는 방법을 사용한다.

현재 기술로는 여러 유전자가 작용하는 복합 질환보다는, 하나의 유전자 이상으로 생기는 단일 유전 질환이 주된 치료 대상이다. 결손된 유전자를 정상 유전자로 보충하여 세포 기능을 되살리는 방법이다.

유전자 치료의 가장 큰 난관은 '지속성'이다. 원하는 세포에 유전자를 넣더라도, 그 유전자가 몸속에서 오래 작동하지 않으면 치료 효과는 금세 사라진다. 이러면 환자는 여러 차례 치료를 반복해야 한다. 그래서 과학자들은 수명이 긴 세포, 곧 분열이 적고 오래 살아남는 세포에 유전자를 심는다. 한 번 주입으로 오랫동안 작동하도록 하기 위해서다. 이론적으로는 수정란 단계에서 유전자를 교정하면 이후 모든 세포에 반영되어 완전한 교정이 가능하다.

하지만 그 순간, 교정은 치료가 아니라 개입이 된다. 바뀐 유전자는 자손에게까지 전달되어 예측할 수 없는 결과를 남길 수 있기 때문이다. 그래서 과학계는 스스로 한계를 걸었다. 정자, 난자, 수정란 같은 생식세포의 유전자 조작은 법으로 금지된다. 유전자 도입은 생식에 영향을 미치지 않는 체세포에 한정된다. 인간은 유전자의 본질을 이해했지만, 어디까지 인위적으로 고칠지는 명확한 답을 얻지 못하고 있다.

2016년 영국 정부는 세계 최초로 인간 배아 유전자 편집 연구를 공식 허가했다. 프랜시스 크릭 연구소의 캐시 니아칸Kathy Niakan 박사팀은 유전자 가위를 이용해 수정란의 발달 과정을 연구할 수 있게 되었다. 단, 그 배아는 임신이나 출산에 사용하지 않는다는 조건이었다.

그러나 불과 2년 뒤, 경계는 무너졌다. 2018년 11월 중국 과학자 허젠쿠이賀建奎가 유전자 가위로 HIV(면역 기능을 파괴하는 바이러스) 감염을 막을 수 있도록 교정한 쌍둥이 아기가 태어났다고 발표했다. 최초의 '유전자 편집 아기' 탄생 소식에 세계는 경악했다.

중국 남부 선전深圳의 남방과학기술대학 교수 허젠쿠이는 불임 치료 중이던 부부의 배아를 유전자 가위로 편집해 HIV에 감염되지 않는 쌍둥이 아기, 루루와 나나 자매가 태어나게 했다. 두 아이의 아버지는 HIV 감염자였다. 허젠쿠이는 바이러스가 인체세포에 침입할 때, 문지기 역할을 하는 CCR5 유전자(HIV가 결합하는 수용체를 만드는 유전자)를 불활성화시켜 HIV가 세포 안으로 들어오지 못하게 만들었다고 설명했다.

그러나 그 실험은 윤리 심사도, 공식 승인도 거치지 않은 비밀 프로젝트였다. 편집된 유전자는 불완전했고, 두 아이가 실제로 면역력을 얻었는지조차 확인되지 않았다. 허젠쿠이의 실험은 질병을 치료한 것이 아니라, 아직 태어나지 않은 생명의 유전자를 강화한 행위였다. 배아에 있는 DNA에서 HIV 감염에 관여하는 CCR5 유전자를 제거한 허젠쿠이의 시도는 유전자 치료gene therapy가 아니라 인간의 유전적 능력을 바꾸려는 유전자 강화gene enhancement에 가까웠다. 중국 정부는 인간 배아 유전자 편집을 금지하고 있다. 법원은 허젠쿠이에게 징역 3년과 벌금 300만 위안(약 5억 5,000만 원)을 선고했다.

허젠쿠이는 3년간 복역한 뒤 2022년 4월 석방되었다. 그는 선전으로 돌아가 다시 연구하고 싶었지만, 정부와 학계의 강한 반발에 부딪혀 공식적인 활동은 제한된 상태다. 그가 유전자 편집으로 태어나게 한 두 아이의 건강 상태는 지금까지 공개되지 않았으며, 국제 윤리 기준에 따라 이들에 대한 추가 연구도 중단된 상황이다. 허젠쿠이 사건은 유전자 편집이 얼마나 강력한 기술인지 드러내는 동시에, 윤리와 책임이 부재할 때 그 힘이 어떻게 위험으로 바뀌는지 여실히 보여준 사례다.

유전자 치료제는 단순한 약이 아니다. 정상적인 유전자, 그 유전자를 세포 속으로 운반하는 벡터, 그리고 필요에 따라 DNA를 절단·결합하는 효소가 함께 작동하는 생명공학의 결정체다.

그렇기에 유전자 치료는 환자에게 '설명'이 아니라 '이해'를 전제로 해야 한다. 환자는 위험과 효과를 충분히 이해하고, 스스로 결정할 권리와 책임을 함께 가진다. 현재 유전자 치료는 혈우병, 진행성 망막 변성, 척수성 근육 위축증, 혈액암 등으로 그 영역을 넓혀가고 있다.

희귀병이나 난치병 환자에게 유전자 치료제는 마지막 희망이자 최후의 보루다. 기존 치료법으로는 고칠 수 없던 질환이 한 번의 유전자 주입으로 멈추거나 사라지는 시대가 열리고 있다. 그러나 기적 같은 기술 뒤에는 비싼 가격이라는 높은 벽이 있다. 한 명을 치료하는 데 수십억 원이 드는 약도 있다. 효능이 뛰어난 치료제가 속속 개발되는 것만큼이나, 비용을 낮추는 기술과 생산 시스템의 혁신도 뒤따라야 한다.

신기술은 초기 단계에서 비용이 높게 형성될 수밖에 없다. 하지만 기술은 언제나 비싸게 태어나 싸게 완성된다. 장수長壽가 진정한 축복이 되려면 건강이 뒷받침되어야 한다. 빠르게 진화하는 바이오 기술 속에서, 가격 장벽을 낮춘 유전자 치료제가 더 널리 쓰이길 바란다.

계속 갱신되는
세계에서 제일 비싼 약

2025년을 기준으로 세계에서 제일 비싼 약은 얼마일

까? 정답은 425만 달러, 우리 돈으로 약 60억 원이다. 그것도 단 한 번 맞는 주사제 약값이다. 약의 이름은 렌멜디Lenmeldy. 한 번 투여하면 이염성 백질이영양증MLD이라는 희귀 유전 질환을 치료할 수 있다. MLD는 신경세포의 수초가 점차 파괴되어 운동 기능과 인지기능이 마비되는 질환이다. 대부분 어린 시절에 발병해 몇 년 안에 식물인간 상태가 되거나 사망에 이르는 치명적인 병이다. 이 끔찍한 운명을 바꿔주는 꿈의 치료제가 바로 렌멜디다.

이 약이 나오기 전까지 세계에서 가장 비싼 약의 자리는 여러 차례 바뀌었다. 2022년에는 혈우병 B형 치료제 헴제닉스Hemgenix가 350만 달러(약 48억 원)로 주목받았다. 그 이전에는 척수성 근육 위축증을 치료하는 졸겐스마Zolgensma가 212만 달러(약 30억 원)로 '한 번 맞는 30억짜리 주사'라는 별명으로 불렸다.

이들 모두 공통점이 있다. 바로 유전자 치료제라는 점이다. 그렇다면 왜 이렇게 가격이 비쌀까?

첫째, 환자 수가 극히 적은 희귀 유전 질환을 대상으로 하기 때문이다. 전 세계에서 몇백 명, 혹은 몇천 명뿐인 환자를 위해 개발된 약은 시장 규모가 너무나 작다. 제약사는 막대한 연구·임상·제조비를 그 소수의 환자에게서 회수해야 한다.

둘째, 대부분의 유전자 치료제는 한 번 주사로 아주 긴 기간 동안 효과를 발휘한다. 그래서 '원샷one-shot' 치료라고 부른다. 지속해서 약을 먹거나 주사를 맞지 않아도 되기에, 평생에 걸친 치료비를 한 번에 계산한 가격이 붙는다.

셋째, 제조 공정이 상상을 초월할 정도로 까다롭다. 살아 있는 세포나 바이러스를 다뤄야 하기에 화학 약품처럼 공장에서 찍어 내는 대량생산이 불가능하다. 특히 환자의 세포를 꺼내 유전자를 교정한 뒤 다시 주입하는 경우, 고도의 기술력이 집약된 1:1 맞춤 생산이 필요하다.

한때 불치병으로 불리던 희귀 유전 질환을 단 한 번의 주사로 고칠 수 있는 시대가 열렸다. 그러나 이 놀라운 제약 기술의 진보 는 동시에 묵직한 질문을 던진다. "약이 인간의 생명을 구하는 도 구라면, 생명을 가격표로 나누는 것은 과연 합당한 일일까?"

유전자 치료제 시대의 약값은 기존과 비교할 수 없을 만큼 천문 학적이다. 이는 기술보다 더 어려운 질문, 생명의 값을 어떻게 정 의할 것인가로 이어진다. "희귀 질환 환자를 치료하기 위해 사회 가 감당해야 할 비용은 얼마나 되고 어디까지 보험을 적용해야 하 는가?"

화학합성 의약품이 비교적 저렴한 반면, 유전자 치료제나 면역 항암제 같은 바이오의약품은 한 번 투여하는 데도 수천만 원에서 수억 원에 이르는 경우가 많다. 예를 들어 악성흑색종 치료제 임리 직은 약 7,000만 원, 백혈병 치료제 킴리아는 5억 원이 넘는다. 이 제 감당할 수 있는 '생명 값의 한계'를 두고 사회적 합의가 필요한 시점이다.

전 세계 신약 개발을 선도하는 나라는 미국, 스위스, 독일, 영국, 일본, 프랑스, 덴마크 등이다. 이들은 오랜 제약 역사와 막대한 연구개발 투자, 그리고 혁신의 생태계를 갖춘 국가다. 글로벌 제약사, 이른바 '빅 파마big pharma'와 우리나라 기업은 매출 규모와 연구개발비 모두에서 큰 격차를 보인다.

19세기에 시작된 제약산업은 20세기 중반까지 화학이 주도했다. 특히 염료산업에서 태동한 유기화학의 발전이 혁신의 밑거름이 되었다. 1950년대 이후 생화학, 분자생물학, 면역학, 유전공학이 발전하면서 점차 생명과학으로 옮겨갔다. 지금은 화학과 생명과학의 융합으로 이전에는 상상할 수 없던 암 치료제와 유전자 치료제 시대를 맞이하고 있다.

우리나라는 신약을 개발한 역사가 짧다. 그러나 최근 기술 수출과 바이오의약품 분야에서 빠르게 성장하며 '도약 단계의 신흥 신약 국가'로 평가받고 있다. 우리나라 제약산업의 강점은 우수한 인재와 빠른 기술 흡수력이다. IT와 바이오 기술을 융합한 연구가 활발하며, 인공지능을 활용한 신약 후보 발굴과 가상 임상 설계에서도 성과를 내고 있다. 정부 지원과 함께 바이오 스타트업 생태계도 빠르게 확산되고 있다.

그러나 넘어야 할 과제는 여전히 많다. 장기 투자 기반의 취약함, 부족한 임상 경험, 미흡한 글로벌 전략 등이 현실적 장애물로 남아 있다. 유한양행, 한미약품, 알테오젠, 리가켐바이오 등 많은 제약·바이오 회사가 원천기술을 개발하는 성과를 올리고 있다. 하지만 완제품으로 발전시켜 판매하기보다 외국에 조기 기술 수출licensing out과 마일스톤milestone 형태로 수익을 회수하는 구조에 머물러 있다. 마일스톤은 임상 1상·2상·3상, 허가 신청, 제품 출시 등 개발 단계별 성과 달성 시 계약 상대방에게 지급하는 단계별 기술료를 의미한다. 직접 외국 시장을 개척해 판매하는 경우는 극소수에 불과하다.

앞으로는 단기적인 성과보다 지속 가능한 연구개발 체계와 산·학·연 협력 기반의 혁신적인 생태계가 필요하다. 인공지능 신약 개발, 유전자·세포 치료제, 희귀 질환 치료제 등 첨단 분야에서 선택과 집중이 요구된다. 우리나라가 진정한 신약 선진국으로 도약하기 위해서는 단순한 모방이 아니라, 우리만의 창조적인 길을 찾는 연구 철학이 필요하다.

제약산업은 단순히 물질을 만들어내는 업종이 아니다. 바이오 기술과 정밀과학이 결합해 생명을 다루는 최첨단 산업이다. 약은 생명을 향한 인간의 가장 숭고한 사랑이자 실천이다. 그 사랑이 모두가 누릴 수 있는 생명의 권리로 이어지길 바란다.

유전자를 편집하는 유전자 가위

지금은 바이오의약품의 시대다. 불과 10여 년 전만 해도 제약시장의 중심은 화학합성 의약품이었지만, 현재 세계 시장을 주도하는 상위 10대 의약품 중 대부분이 바이오의약품이다. 유전자 재조합 단백질 의약품, 항체 의약품, 세포·유전자 치료제가 글로벌 제약시장을 이끌고 있다. 황금알을 낳는 이 분야에서 우위를 차지하기 위해 세계적인 빅 파마들이 총력전을 벌이고 있다.

수많은 연구자와 기업의 노력으로 우리나라도 바이오시밀러(특허가 만료된 바이오의약품의 복제약) 개발과 기술 수출에서 두각을 나타내고 있다. 바이오의약품의 발전 가운데에는 생명공학의 정수라 불리는 유전자 가위 크리스퍼CRISPR가 있다. 이 기술은 세포 속 유전자를 정밀하게 편집함으로써 기존에 불가능했던 치료의 길을 열고, 의약품 개발의 미래를 새롭게 써 내려가고 있다.

유전자 가위의 출발점에는 두 여성 과학자가 있다. 미국의 생화학자 제니퍼 다우드나Jennifer Doudna와 프랑스의 미생물학자 에마뉘엘 샤르팡티에Emmanuelle Charpentier는 2012년, 세균의 면역 시스템에서 발견된 CRISPR-Cas9을 인공적으로 제어해 유전자를 정밀하게 편집하는 방법을 처음으로 제시했다. 이 연구는 생명과학의 판도를 바꿔놓았고, 두 사람은 그 공로로 2020년 노벨 화학상을 공동 수상했다.

유전자 가위는 유전자의 특정 부위를 정밀하게 잘라내고, 그 자리에 원하는 유전자를 삽입하거나 제거하는 도구다. 이 아이디어의 뿌리는 세균을 감염시키는 바이러스, 곧 박테리오파지를 연구하는 과정에서 발견된 제한효소에 있다. 제한효소는 세균이 침입한 바이러스의 DNA를 인식해 절단함으로써 자신을 보호하는, 일종의 원시적인 가위다.

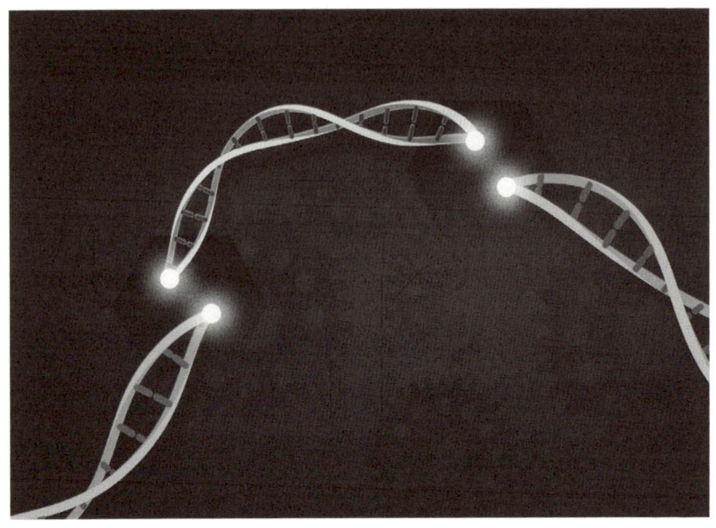

유전자 가위 크리스퍼-카스9. DNA의 특정 염기서열을 정확히 찾아 잘라내거나 그 자리에 새로운 DNA 조각을 삽입하는 데 사용되는 분자생물학적 도구로, 유전 질환과 다른 건강 문제를 치료할 목적으로 연구, 개발되었다. 편리하고 정교한 유전자 편집 기술이 등장하면서, 식물의 품종 개량에 머물던 유전자 변형 기술이 다양한 생명공학 연구로 이어지고 있다. ©NIH Image Gallery

일반적으로 바이러스가 세균에 침입하면 바이러스 유전자를 세균세포 속으로 주입해 복제를 시도한다. 적당한 시기가 되면 세균을 파괴하고, 복제된 바이러스는 다른 숙주로 옮겨간다. 이렇듯 세균에게 바이러스는 생존을 위협하는 천적이다.

그러나 세균은 살아남기 위해 스스로 '면역 시스템'을 발전시켰다. 세균에 바이러스가 침입하면, 세균은 그 바이러스의 DNA 일부를 잘라내어 자신의 유전체 속에 있는 'CRISPR 구간'에 보관한다. 바이러스와 싸워 살아남은 세균은 그 정보를 후손에게 물려주어, 바이러스 침입의 기록을 세대 간에 공유한다.

마치 인체의 면역 작용처럼, 이후 같은 바이러스가 다시 들어오면 세균은 저장된 정보를 RNA 형태로 불러내 침입한 바이러스의 유전 정보와 비교·식별한다. 만약 과거에 공격했던 바이러스와 유전 정보가 일치하면, 세균은 Cas9 효소를 이용해 바이러스의 DNA를 정확히 절단하여 복제를 차단한다.

자연에서 일어나는 정교한 면역 시스템을 모방해 만든 기술이 바로 유전자 가위, 크리스퍼-카스9CRISPR-Cas9이다. 세균의 생존 전략에서 탄생한 유전자 가위는, 인간이 유전자를 직접 편집하는 시대를 연 핵심 도구가 되었다.

크리스퍼는 세균 속에 있는 '바이러스 기록장' 같은 DNA 조각이다. 세균은 여기에 예전에 침입했던 바이러스의 정보를 저장해두었다가, 같은 바이러스가 다시 들어오면 바로 알아본다. 이때 Cas9 단백질이 가위 역할을 한다. 크리스퍼에 기록된 정보를 바탕으로, 가이드 RNA가 표적을 지정해주면, Cas9은 그 바이러스의 DNA를 정확하게 찾아가 잘라낸다.

하지만 이 기술이 완벽한 것은 아니다. 가끔은 원래 자르려던 위치가 아니라 다른 자리까지 잘라버리는 문제가 생길 수 있다. 유전자 가위를 목표로 한 세포까지 안전하게 실어 나를 전달체vector를 개발하는 문제도 여전히 풀어야 할 과제로 남아 있다. 유전자 가위는 혁신적이지만, 상용화를 위해서는 정확성과 안전성을 확보하는 것이 무엇보다 중요하다.

편리하고 정교한 유전자 편집 기술이 등장하면서, 식물의 품종 개량에 머물던 유전자 변형 기술은 이제 동물로, 나아가 인간세포 연구까지 확장되고 있다. 아직도 GMO 식품을 둘러싼 논란이 가라앉지 않았지만, 이제 인간 배아의 유전자까지 편집할 수 있는 시대가 되었다.

다만 대부분의 국가는 이를 법으로 엄격하게 금지하고 있으며, ‘질병 치료’와 ‘인간 개조’의 경계를 둘러싼 논쟁은 지금도 계속되고 있다. 병을 예방하고 고치는 기술의 발전을 부정할 수는 없지만, 더 우수한 유전자를 설계해 맞춤형 아기designer baby를 태어나게 하는 일이 과연 진보일지, 아니면 또 다른 차별의 시작일지는 아무도 확신할 수 없다. SF 영화에서나 가능하던 생명공학이 이제 현실의 문을 두드리고 있다.

유전자 편집은 인류의 미래를 뒤흔들 잠재력을 갖고 있다. 하지만 그 속도를 따라가는 사회의 인식과 윤리 문제에 관한 논의는 아직 부족하다. "신인류를 만드는 기술을 어디까지 허용할 것인가?"에 대한 사회적 논의가 시급한 시점이다.

19세기 말 독일 철학자 프리드리히 니체Friedrich Nietzsche는 『차라투스트라는 이렇게 말했다Also sprach Zarathustra』에서 위버멘쉬über-mensch, 곧 인간의 한계를 넘어서는 존재를 말했다. 초기에는 '초인superman'으로 번역되기도 했지만, 니체가 말한 위버멘쉬는 초능력자가 아니라 기존의 가치와 도덕을 넘어 자신을 극복하는 인간을 의미한다.

위버멘쉬는 정신의 자유를 바탕으로 끊임없이 성장하고, 마침내 스스로를 넘어서는 존재를 말한다. 곧 인간 정신의 한계를 넘어선 존재다. 니체는 이러한 향상심을 지닌 삶을 인간이 도달할 수 있는 가장 고귀한 모습으로 보았다. 그가 말한 위버멘쉬는 정신적 초월을 뜻하지만, 인간은 유전자 편집 기술을 통해 신체의 한계를 바꾸려고 한다.

빛의 속도로 발전하는 과학기술의 변화를 이해하고 따라가는 일은 점점 더 어려워지고 있다. 그러나 인간이 기술을 다스려야지, 기술이 인간을 지배해서는 안 된다. 이를 극복하기 위해서는 합리적인 사고와 더불어 인문학적 통찰, 그리고 폭넓은 과학적 교양이 함께 요구된다. 변화의 물결 속에서도 자신만의 철학과 판단 기준을 세운 사람만이 신기술이 만들어가는 새로운 세상을 지혜롭게 헤쳐나갈 수 있다.

인공지능AI 기반
약물 탐색

신약 개발은 가장 돈과 시간이 많이 드는 과학기술 분야다. 새로운 약 하나가 시장에 나오기까지 평균 10~15년, 비용은 약 10~20억 달러(1조 3,000억~2조 7,000억 원)가 든다. 수천 개의 신약 후보 물질 중 최종적으로 제품화에 성공하는 건 단 한두 개뿐이다. 이 막대한 '실패 비용'을 줄이기 위해 제약업계가 선택한 해법이 바로 인공지능AI이다.

AI는 방대한 화학구조와 단백질 정보를 학습해, 어떤 분자가 어떤 질병의 표적 단백질에 결합할지 예측한다. 이 과정을 가상 스크리닝virtual screening이라 부른다. 예전에는 수많은 화합물을 일일이 실험해야 했지만, 이제는 컴퓨터에서 약이 될 가능성이 높은 후보 물질을 미리 골라낼 수 있다. 신약 개발의 중요한 출발점 중 하나는 표적 단백질의 입체 구조를 규명하는 일이다. 그동안 X-선 결정법이나 저온 전자현미경으로 구조를 밝혀왔지만, 순수 형태의 결정화가 어렵고 시간과 비용이 많이 들었다. 이 한계를 극복한 것이 알파폴드2 AlphaFold2다.

이 인공지능은 단백질의 아미노산 서열만으로 각 아미노산 간의 거리와 방향을 계산해, 수년이 걸리던 입체 구조 예측을 단시간에 가능하게 했다. 이 업적을 인정받아 알파고를 만든 구글 딥마인드의 CEO 데미스 허사비스Demis Hassabis와 수석 연구원 존 점퍼John Jumper, 그리고 미국 워싱턴 대학 생화학 교수 데이비드 베이커David Baker가 2024년 노벨 화학상을 공동 수상했다. AI는 단백질 구조 예측의 혁신을 통해 신약 개발의 새로운 시대를 열었다.

최근에는 한 단계 더 진화한 생성형 AI가 직접 분자를 설계한다. 예를 들어 '암세포 성장 억제'라는 조건을 주면 AI는 수천 개의 새로운 화합물을 제안하고, 연구자는 그중 가능성이 높은 물질을 합성해 실험으로 생리활성을 검증한다. 이제 AI는 '탐색의 조수'에서 '설계자'로 진화하고 있다.

AI로 설계된 신약 후보가 실제 임상에 들어가면서, AI 신약 개발은 더 이상 미래의 약속이 아니라 눈앞의 현실이 되었다. 일본 스미토모 파마Sumitomo Pharma와 영국 스타트업 엑스사이언티아Exscientia가 협력해 개발한 DSP-1181은 AI가 설계해 임상 시험에 진입한 최초의 약물로 꼽힌다. 보통 신약 후보 물질이 임상 단계로 가기까지 4~6년이 걸리는데, 이 화합물은 단 1년 만에 임상 시험 진입에 성공한 혁신적인 사례다.

또 다른 사례로 미국의 글로벌 AI 신약 개발 기업 인실리코 메디슨Insilico Medicine이 설계한 렌토서티브Rentosertib도 있다. 폐가 서서히 굳어지는 난치병인 특발성 폐섬유증 치료제를 목표로 한다. 이 물질은 수년이 걸리던 신약 개발 초기 과정을 불과 18개월 만에 마치고 임상 1상에 진입했다. 렌토서티브는 생성형 AI가 표적 발굴부터 분자 설계까지 전 과정을 이끌어낸 신약 후보로, 임상 2상에서 유의미한 결과를 보여준 최초의 사례로 인정받고 있다. 이후 글로벌 제약사들이 앞다퉈 AI 기업과 손잡고 있다. 로슈, 화이자, 노바티스는 물론 국내 기업들도 AI 플랫폼을 도입해 신약 발굴 경쟁에 뛰어들었다.

하지만 AI가 모든 걸 해결해주지는 않는다. AI의 예측이 인체에서 그대로 작용하리라는 보장은 없다. AI는 학습 데이터에 따라 결과가 달라지고, 불완전한 데이터는 편향된 결론을 낳을 수 있다. 결국 AI는 인간 연구자를 대체하기보다, 연구의 효율을 극대화하는 동반자에 가깝다.

앞으로의 연구실에서는 AI가 후보 물질을 설계하고, 로봇이 실험을 수행하며, 인간이 최종 판단을 내리는 모습이 일반화될 것이다. 이미 일부 제약사는 하루 수천 개의 실험을 자동화 시스템으로 수행하고 있다.

이외에도 AI는 기존 약을 새로운 질병 치료에 적용하는 '약물 재배치drug re-purposing'에서도 활약하고 있다. 이미 안전성이 검증된 약을 새로운 적응증에 활용하면, 개발 기간과 비용을 크게 줄일 수 있다. 대표적으로 영국의 베네볼런트Benevolent AI는 AI를 통해 류머티즘 관절염약 바리시티닙baricitinib을 코로나19 치료 후보로 제시했고, 미국 FDA 승인을 받았다. AI는 방대한 생명 정보를 학습해 질병과 약물의 숨은 연결고리를 찾아내는 새로운 탐험가다.

질병과 싸우는 인간의 오랜 여정에, 스마트한 새로운 동료가 합류했다. 미래의 약은 실험실이 아니라 방대한 빅 데이터에서 태어날지도 모른다. AI가 설계한 약이 늘어나면 치료제가 없던 희귀 질환에도 새로운 희망이 생길 것이다. 그래서 기대가 된다. "앞으로 우리 삶은 어떻게 극적으로 변할까?"

『강건일의 현대약 발견사』, 강건일, 참 과학, 2014

『거꾸로 읽는 세계사』, 유시민, 푸른나무, 2008

『거의 모든 것의 역사A Short History of Nearly Everything』, 빌 브라이슨, 까치, 2020

『곁에 두고 읽는 니체座右のニーチェ 突破力が身につく本』, 사이토 다카시, 홍익출판사, 2015

『그림으로 보는 시간의 역사The Illustrated Brief History of Time』, 스티븐 호킹, 까치, 2021

『기생충 열전』, 서민, 을유문화사, 2013

『기호품의 역사Das Paradies, der Geschmack und die Vernunft』, 볼프강 쉬벨부쉬, 한마당, 2000

『나의 한국현대사』, 유시민, 돌베개, 2021

『노벨상 스캔들Nobelpreise』, 하인리히 찬클, 랜덤하우스, 2007

『뉴턴 하이라이트Newton Highlight』, 「놀라운 박테리아」, 편집부, 아이뉴턴(뉴턴코리아), 2016

『뉴턴 하이라이트Newton Highlight』, 「바이러스 감염증」, 편집부, 아이뉴턴(뉴턴코리아), 2015

『뉴턴 하이라이트Newton Highlight』, 「인체-소화의 과정」, 편집부, 아이뉴턴(뉴턴코리아), 2017

『대한민국, 활명수에 살다』, 전병길, 생각비행, 2015

『독의 세계사Poison: A Social History』, 조엘 레비, 세경, 2012

『로마인 이야기ローマ人の物語』, 4권, 5권, 「율리우스 카이사르」, 시오노 나나미, 한길사, 1995

『마취의 시대Narcocapitalism: Life in the Age of Anaesthesia』, 로랑 드 쉬테르, 루아크, 2019

『멘델Gregor Mendel: The First Geneticist』, 비체슬라프 오렐, 전파과학사, 2008

『문명의 충돌The Clash of Civilizations and the Reclaiming of World Order』, 새뮤얼 헌팅턴, 김영사, 2016

『바이러스Virus』, 메릴린 루싱크, 더숲, 2019

『바이러스의 습격』, 최강석, 살림, 2009

『바이오 사이언스의 이해』, 이기형 외, 바이오스펙테이터, 2017

『사이언스 오딧세이A Science Odyssey』, 찰스 플라워스, 가람기획, 1998

『상처받지 않을 권리』, 강신주, 프로네시스, 2009

『새로운 약은 어떻게 창조되나新しい藥をどう創るか創藥硏究の最前線』, 교토대학 대학원 약학연구과, 서울대학교출판문화원, 2012

『생물학과 유전학의 역사를 바꾼 숨은 주인공 초파리Fly: an Experimental Life』, 마틴 브룩스, 갈매나무, 2013

『서양철학사A History of Western Philosophy』, 버트런드 러셀, 을유문화사, 2009

『설탕의 세계사砂糖の世界史』, 가와기타 미노루, 좋은책만들기, 2003

『세계사 편력Glimpses of World History』, 자와할랄 J. 네루, 일빛, 2004

『세상을 바꾼 12가지 질병Twelve Diseases that Changed Our World』, 어윈 W. 셔먼, 부산대학교출판부, 2019

『셰익스피어 4대 비극Shakespearean Tragedies』, 윌리엄 셰익스피어, 더스토리, 2024

『수레바퀴 아래서Unterm Rad』, 헤르만 헤세, 민음사, 2001

『신약의 탄생』, 윤태진, 바다출판사, 2020

『아Q정전·광인일기阿Q正傳·狂人日記』, 루쉰, 문예출판사, 2025

『알파폴드: AI 신약개발 혁신』, 남궁석, 바이오스펙테이터, 2024

『약 이야기』, 한석규, 동명사, 2002

『약 짓는 오빠들이 들려주는 알쓸신약』, 이정철, 임성용, 시대인, 2021

『약국 동물약품 실전 가이드』, 임진형, 조윤커뮤니케이션, 2017

『약국에서 써본 두 번째 약 이야기』, 박정완, 조윤커뮤니케이션, 2016

『약의 역사』, 김규원, 범문에듀케이션, 2017

『어른이 되면 괜찮을 줄 알았다』, 김혜남, 박종석, 포르체, 2019

『에로틱 세계사Zehntausend Jahre Sex』, 난젠 & 피카드, 오브제, 2019

『에로틱 조선』, 박영규, 웅진지식하우스, 2019

『에필리아가 들려주는 뇌전증 이야기』, 에필리아 편집위원회, 범문에듀케이션, 2013

『역사를 바꾼 17가지 화학 이야기How 17 Molecules Changed History』 2, 페니 카메론 르 쿠터·제이 버레슨, 사이언스북스, 2007

『우울할 땐 뇌과학The Upward Spiral』, 앨릭스 코브, 심심, 2018

『월간 의약정보』, 「파킨슨 병」, 약업신문, 2017

『월간 의약정보』, 「피임의 이해와 최신 피임법」, 약업신문, 2004

『68혁명, 세계를 뒤흔든 상상력1968: Eine Zeitreise』, 잉그리트 길혀-홀타이, 창비, 2009

『이기적 유전자The Selfish Gene』, 리처드 도킨스, 을유문화사, 2018

『이중나선The Double Helix』, 제임스 왓슨, 전파과학사, 2004

『인류 최대의 재앙, 1918년 인플루엔자America's Forgotten Pandemic: The Influenza of 1918』, 앨프리드 W. 크로스비, 서해문집, 2010

『인류의 운명을 바꾼 약의 탐험가들The Drug Hunters: The Improbable Quest to Discover New Medicines』, 도널드 커시·오기 오거스, 세종서적, 2019

『임상신경정신약물학』, 박원명, 김찬형, 시그마프레스, 2019

『젊은 베르테르의 슬픔Die Leiden des Jungen Werthers』, 요한 볼프강 폰 괴테, 민음사, 1999

『정신병동 이야기Psychiatric Tales(증보판)』, 대릴 커닝엄, 이숲, 2014

『중국, 당시의 나라』, 김준연, 궁리출판, 2014

『중랑천에서 빅토리아호 코메 섬까지』, 임한종, 한비미디어, 2013

『GMO 사피엔스의 시대*GMO Sapiens*』, 폴 뇌플러, 반니, 2016

『질병의 역사*Disease & History*』, 프레더릭 F. 카트라이트, 마이클 비디스, 가람
    기획, 2004

『창약화학』, 김동한·정상전, 동일출판사, 1999

『철학은 어떻게 삶의 무기가 되는가武器になる哲學 人生を生き拔くための哲學』,
    야마구치 슈, 다산초당, 2019

『초콜릿 세계사チョコレ―トの世界史』, 다케다 나오코, 에이케이커뮤니케이션
    즈, 2017

『최신 바이오 의약품』, 강승훈·송지용·전수환·최용수, 홍릉과학출판사,
    2022

『카라마조프가의 형제들*The Brothers Karamazov*』 1권, 표도르 도스토옙스키, 민
    음사, 2007

『크레이지 호르몬*Aroused*』, 랜디 허터 엡스타인, 동녘사이언스, 2019

『피임약 처음 먹어요』, 천제하·최주애, 시크릿하우스, 2019

『피임의 역사*A History of Contraception*』, 앵거스 맥래런, 책세상, 1998

『한여름밤의 꿈/베니스의 상인*A Midsummer Night's Dream/The Merchant of Ven-
    ice*』, 윌리엄 셰익스피어, 동서문화사, 2008

Blockbuster Drugs, Jie Jack Li, Oxford University Press, 2014

Hallelujah Moments, Eugene H. Cordes, Oxford University Press, 2020

Named Organic Reactions, Thomas Laue & Andreas Plagens, University
    Magdeburg of Germany, 1960

New American Standard Bible, International Bible Society, 1977

Ten drugs, Thomas Hager, Abrams Press, 2019

The drug book, Michael C. Gerald, Sterling, 2013

Top drugs, Jie Jack Li, Oxford University Press, 2015

찾아보기

281~287, 296, 298, 299

파킨슨, 제임스 270, 284

팍스로비드 49, 50

팜시클로버 27

팬데믹 46, 47, 49, 50, 52

페니실린 25, 50, 70, 88, 156

펜벤다졸 378~380

편충 347~349, 353, 356, 357, 359, 361, 369, 377

포도당 304, 306, 308, 309, 312, 328, 330, 332, 337~339, 357

폴리페놀 135

프라지콴텔 352, 355, 362~364

프랭클린, 로절린드 401~403

프로게스테론 67~69, 76, 77, 90

프로스카 118, 119, 121, 122

프로이트, 지그문트 168~170, 186

프로작 216, 217, 225

프로톤 펌프 억제제 152, 154, 162~164

프리먼, 월터 179

피나스테라이드 117~121, 123, 125~127

피임약 60, 67, 69, 72, 75~76, 78~83, 88~97

핀커스, 그레고리 72, 76, 77, 79, 82

항경련제 224

항생제 25, 44, 46, 70, 88, 133, 161, 339

항히스타민제 186, 212, 216

허젠쿠이 406, 407

헤르페스 바이러스 25~27

헤마글루티닌 35

헤세, 헤르만 213, 214, 217, 390

헬리코박터 파일로리 133, 155~157, 159~160

헴제닉스 409

혈우병 383, 393~397, 400, 408, 409

활명수 132, 138, 139

회선사상충 365~367, 368, 370

회충 347~349, 353, 354, 356, 357, 359, 360, 361, 369, 376, 377

흑사병 32

흑파리 365, 366, 371

흡충 350~352, 355, 361~363

히스타민 141, 142, 144, 147, 152, 191

히요스시아민 236

히칭스, 조지 26, 27

ㅎ

하트가드 376

할로페리돌 188~189, 191

인류에게 필요한 11가지 약 이야기

개정증보판 1쇄 인쇄	2025년 12월 10일
개정증보판 1쇄 발행	2025년 12월 18일

지은이	정승규

책임편집	최안나, 이정
디자인	곰곰사무소
책임마케팅	최혜령, 박지수, 도우리, 양지환
마케팅	콘텐츠IP사업본부
해외사업	한승빈, 박고은
경영지원	백선희, 권영환, 이기경, 최민선, 강아현
제작	재영P&B

펴낸이	서현동
펴낸곳	㈜오팬하우스
출판등록	2024년 5월 16일 제2024-000141호
주소	서울특별시 강남구 테헤란로 419, 11층 (삼성동, 강남파이낸스플라자)
이메일	info@ofh.co.kr

ISBN 979-11-7577-087-4 (03900)